ZHEJIANG BUSINESS COLLEGE
1911

商通天下·诚朴育人

——浙江商业职业技术学院文化育人思考与实践

何瑶伟 主编

浙江工商大学出版社
ZHEJIANG GONGSHANG UNIVERSITY PRESS

图书在版编目（CIP）数据

商通天下　诚朴育人：浙江商业职业技术学院文化
育人思考与实践 / 何瑶伟主编 . — 杭州：浙江工商大
学出版社，2021.9
　　ISBN 978-7-5178-4666-6

　　I. ①商 … II. ①何 … III. ①高等职业教育－文化素
质教育－研究－浙江 IV. ① G718.5

中国版本图书馆 CIP 数据核字（2021）第 189896 号

商通天下　诚朴育人

——浙江商业职业技术学院文化育人思考与实践

何瑶伟　主编

出 品 人	鲍观明
责任编辑	唐　红
封面设计	潘　洋
责任印制	包建辉
出版发行	浙江工商大学出版社
	（杭州市教工路 198 号　邮政编码 310012）
	（E-mai1：zjgsupress@163.com）
	（网址：http://www.zjgsupress.com）
	电话：0571-88904980，88831806（传真）
排　　版	杭州红羽文化创意有限公司
印　　刷	杭州宏雅印刷有限公司
开　　本	710mm×1000mm　1/16
印　　张	20.5
字　　数	336 千
版 印 次	2021 年 9 月第 1 版　2021 年 9 月第 1 次印刷
书　　号	ISBN 978-7-5178-4666-6
定　　价	66.00 元

编委会

序 言

一校有一校之文化。学校教育肩负着文化传承、传播与创新的重要使命。建设并传承学校文化，对于推进以文化人、以文育人，实现高质量培养人才目标，具有十分重要的时代意义。

浙江商业职业技术学院前身是创办于 1911 年的杭州中等商业学堂，迄今已走过 110 年的历程。100 多年来，学校秉承"诚毅勤朴"的校训，坚持"育人为本，服务社会"的办学方针，浸润在浙江浓郁的商业文化氛围中，积极践行商业救国、商业兴国、商业强国的爱国主义实践，砥砺奋进，为国家培养了一大批专业技术人才，涌现出经济学家骆耕漠、爱国人士章乃器等著名校友，被誉为"浙商人才培养的摇篮"。

本书基于学校百年坎坷办学历史，系统梳理了浙江商业职业技术学院商科特色文化育人的发展历程，立足浙江发展实际，把学校放在浙江商教的兴起乃至中国近代商业职业教育发展的历史背景下，回顾了学校的办学历史、文化渊源及办学理念，总结了学校的教学文化、学生文化、教师文化、制度文化、校企文化、国际交流文化等丰富的内容，挖掘和提炼了学校富有历史特色、时代特色、高职特色和区域特色的商教文化育人案例和经验，展望了浙江商业职业技术学院的发展愿景和广阔的发展平台，展现了学校秉承"商通天下、文传古今"的精神内核。浙江商业职业技术学院肩负着商科育人的文化使命和角色担当，在中国商业职业教育的历程中，浙江商业职业技术学院将从浙江出发，走向全国，走向世界。

本书的编写，前两章挖掘、解析了学校商业教育的渊源历史、学校办学精神和办学理念；中间四章基于商科类人才培养成就，从特色商科教学文化、学生管理文化、有深度的教师文化以及制度文化这几个方面，对学校文化育人的丰硕成果进行解构研究；后四章是对学校文化育人工作的延伸，从企业文化、国际交流文化和内生文化品牌的角度，进一步拓展了学校文化育人工作。

本书是对师生进行校史校情、爱国爱校教育的生动教材，有利于培养全校师生员工对学校精神与理念的认同感、归属感和自豪感；有利于形成强大的凝聚力，促进学校优良的校风、学风的继承和发展；有利于引领全校师生员工以高质量发展为核心，以本科层次职业教育为引领，秉承、构建商科职业教育贯通体系，努力推进学校跨越式发展，打造商科职教风景的"重要窗口"，成为中国"商业职业教育"的卓越品牌。

目　录

第一章

溯源：商业文化的脉络求索

第一节
浙江商业发展的历史基石

一、浙江经济地理特征

浙商的崛起与浙江的地理特征密切相关。多山少地、地形复杂的自然地理特征、重工业所需资源匮乏以及频发自然灾害的气候特点，让浙江人的生产和生活方式有别于农业主导的中原地区；地属中央政权与正统文化中心边缘地带的人文特质，也让"工商皆本""义利并举"的思想得以传播。此外，沿海港口优良、水路通道畅通便捷等交通运输优势，为浙江地区商品经济发展创造了有利的交通条件，长三角经济一体化的进程更让浙商在新时代发展方面迎来新局面。

（一）自然地理特征

浙江省位于中国的东南沿海，地处欧亚大陆与西北太平洋大陆的过渡地带。从水陆分布来看，浙江省的陆域面积为 10.18 万平方千米，且多以山地丘陵为主，平原及盆地占比仅为 23.2%。浙江省域内地势起伏较大，自西南向东北呈阶梯状倾斜，西南地域主要以山地为主，中部地域主要以丘陵地形为主，东北部地区则多为冲积平原，"七山一水两分田"基本概括了浙江省的地貌情况[①]，山地和丘陵占比高达 70.4%。纵向来看，浙江省横跨中低纬度，加之

---

① 张环宙，沈旭炜，李寒凝．"绿水青山就是金山银山"的浙江实践与转化路径 [J]. 环境与可持续发展，2021，46(1)：120–125.

其地形起伏不断，同时受到西风带和东风带天气系统的双重影响，各类自然灾害频发，是我国受暴雨、台风、干旱、寒潮、冰雹、龙卷风等灾害影响最严重的地区之一。

从资源分布来看，浙江省在全国属"资源小省"。早在1987年国务院农村发展研究中心发展研究所的一份研究报告中就指出，在各省市的"人均资源拥有量综合指数"中，浙江省在全国居倒数第三①。从自然资源类型来看，浙江省域内煤炭、能源、金属等基础工业资源相对匮乏，这也是浙江省近代以来重工业难以发展壮大的原因之一。然而，浙江省的水资源及河流资源则相对丰富，浙江省地处亚热带季风气候区，年均降水量为1600毫米左右，是中国降水较丰富的地区之一。浙江省海洋资源十分丰富，海岸线总长6486.24千米，占中国的20.3%，居中国首位。其中大陆海岸线2200千米，居中国第5位；并有沿海岛屿3000余个，水深在200米以内的大陆架面积达23万平方千米，海域面积26万平方千米，海洋资源是浙江省得天独厚的优势资源。

（二）人文地理特征

从历史沿革来看，我国中央政权及正统文化多处于中原地区，浙江省属于正统文化的边缘地带，故传统的"重农抑商"思想对浙江省的影响较小；与之相反，"工商皆本""义利并举"等思想有了先天的孕育土壤。此外，浙江省"濒江临海、承东启西、接南济北"的区位优势在近代以来不断凸显。②一方面，浙江省域内虽多山地丘陵，但多河流水系，水路运输十分便利，错综复杂的水路将浙西与浙东、浙北与浙南构成完善的航运网络。浙江海岸线漫长，近代时期，虽受闭关锁国等海运政策的影响，海上运输规模变化不断，但浙江海运商路却始终较为发达，这为浙商的崛起奠定了良好的基础。另一方面，浙江地处长江三角洲南翼，是长三角经济带的重要一环，长三角经济一体化的进程为浙商走向实践提供了新的契机。

虽受资源匮乏局限，但浙江省一直把交通区位优势作为发展的密钥。

---

① 朱家良."资源小省"和"经济大省"——对浙江经济发展战略的一点思考[J].探索，1988(2)：18-20，35.

② 何宏，黄鸣强.浙江与安徽经济发展比较分析与研究[J].商业经济，2012(6)：73-75，121.

2003 年 7 月，中共浙江省委举行第十一届四次全体（扩大）会议，提出面向未来发展的八项举措，即进一步发挥八个方面的优势、推进八个方面的举措[①]。其中，把进一步发挥浙江的区位优势，主动接轨上海、积极参与长江三角洲地区交流与合作，不断提高对内对外开放水平作为战略任务之一。"八八战略"的提出，为浙江发展指明了方向和道路，并将浙江的"区位优势"进一步放大。作为浙江经济社会发展的重要优势，区位及交通优势不仅让浙商得以诞生并崛起，而且让浙江的开放、发展及竞争优势不断凸显，推动浙商走向世界，推动浙江改革开放走向纵深。

二、古代浙江商业发展的机遇

（一）从商圣范蠡到唐朝丝绸之路

追溯浙商的起源会发现，浙商最早的发源地正是华夏历史上春秋时期即为人所熟知的越国。范蠡是越国的名臣，为官时，他便提出"农末俱利""货物官市"的基本国策，帮助勾践灭吴兴越。功成名就后他便急流勇退，"下海经商"，在海边带领全家人白手起家，搞"多种经营"：煮盐、捕捞海产品，被学者誉为"建立沿海经济开发区的第一人"，展现了其杰出的商业才能，成为中国商人入史的第一人。范蠡成名便是在古越浙江，他弃官从商的价值选择，以及"仗义疏财、施善乡梓"的财富观念对浙江商人的经商理念产生了深远的影响。他在浙江总结了中国记载的最早的"商业秘籍"，作为浙商的典范，浙商群体在后世的商业活动中较好地遵从了范蠡的经商思想。其依然被奉为道商鼻祖[②]，被后人尊称为"商圣"。

唐代之前，浙江商人已与海外有贸易往来。《后汉书》中提道，"会稽海外有东鳀人"，《三国志》中也记载："其上人民，时至会稽货布。"到了唐代初期，国内政治安定，经济繁荣，"贞观之治"之后又逢"开元盛世"，为商业发展创造了良好的社会氛围。"安史之乱"由于受到北方地区战乱的

---

① 王双全.深入学习贯彻党的十九届五中全会精神 为忠实践行"八八战略"奋力打造"重要窗口"贡献力量[J].公安教育，2021(1)：8-11.

② 王会颖.略论范蠡经济思想的当代价值[J].经营管理者，2021(1)：68-69.

影响，逐渐向海上贸易转移，东方邻近的国家和民族也开始跨入新的历史时代，各方面的发展虽远不及大唐，但彼此都处于繁荣上升阶段，或是因为贸易要求，或为文化交流之故，其相互间的海上往来发展到超前代的新阶段，海上丝绸之路逐渐兴起。据史料记载，唐天宝年间，全国贡赋织品最多的就是江南东道，而这之中自浙江上贡的就占了将近三分之二。这些丝织品品种繁多，史书中用"薄如蝉翼"来形容，体现了当时浙江地区丝织业的高超技艺。

（二）从富庶南宋到明清商帮崛起

晚唐以降，中原经济区在战祸蹂躏、垦殖过度、气候趋冷、黄河泛滥和水旱灾害频率上升等因素的共同影响下，经济受到很大摧残，发展速度明显放缓；而淮河以南，特别是两浙、江东西和福建等路的经济发展速度明显加快，无论是粮食生产还是经济作物种植面积，无论是农业劳动生产率还是手工业商业发展水平，江南及东南经济区已经全面超过中原经济区。宋朝时期，中国国内的政治和经济布局发生了较大变化。由于朝廷积弱，中国北部地区先后被辽、西夏和金占领，故政治中心逐渐转移到东南地区。《建炎以来系年要录》中便有记载："四方之民云集两浙，百倍常时。"在这些迁徙大军中，不乏技艺高超的各类工人，他们为浙江手工业、商业发展提供了人才保障，"南重北轻"的经济格局逐渐成形。政治和经济中心的转移为浙商的发展创造了两个有利条件。一方面，由于北方贸易港口多被辽、西夏和金占据，对外的输出中心转移到了浙江地区，来往于朝鲜、日本的商船越发活跃；另一方面，随着人口数量的增长，内部需求不断增强，浙江地区市镇经济更加繁荣，到了南宋，各类商业都走向街头小巷，《都城纪胜》载："城之南、西、北三处，数十里人烟生聚，市井坊陌，数日经行不尽，各可比外路一小小州郡。"此时的士农工商首次并列。

明代时期，浙江地区的对外丝绸贸易已经达到了鼎盛时期。郑和下西洋时，换取各地特产所用的丝绸制品，多半都产自浙江及江苏地区。随着商品经济的日益发展，商人的队伍也日益壮大，但反观上层建筑，统治权依然掌握在封建专制阶级手中，"重农抑商"的传统思想和政策依然限制了商人的社会地位，且国家并没有明确的法律保护商人的合法权益。经商群体较其他群体虽生活条件较好，但是社会地位依然得不到保障。而后，至明清时期，

政府在对商人的税收和政策方面都有所放宽，钱庄、票号等金融组织逐渐兴起，这些有利的发展环境加上资本的迅速流动，使得明清时期商品交换的市场不断扩大，同时建立起一个极其庞大的商业网络。在这一时期，异地贩货经商的外乡商人常遭受欺凌，路途上强盗响马多如牛毛。很显然，在这种情况下，单枪匹马在商海中闯荡总是险象环生，只有结成帮团，才能借助众人的力量克服经商中遭遇到的困难。为了相互扶持，这些商人便利用乡里、宗族关系，逐渐建立了商帮，商人也逐渐成为市场价格的接受者与市场价格的制定者和左右者①；而且，商帮在规避内部恶性竞争、增强外部竞争力的同时更可以在封建体制内利用集体的力量更好地保护自己，商帮在这一特定经济、社会背景下应运而生，这也是浙商、闽商、粤商得以形成的直接原因。明清时期，中国先后出现了十个著名商帮，其中龙游商帮、宁波商帮、南浔商帮等都是浙江商帮的著名代表。

三、近现代浙江发展的机遇

（一）从闭关锁国到师夷长技

明朝期间，郑和下西洋宣扬了国威，加强了与他国的贸易往来，然而随着贸易的不断发展，商业摩擦也逐渐显现。洪武年间，朱元璋率先实施了海禁政策，合法的海上贸易几乎绝迹，而非官方的民间贸易主要依靠走私进行。到了清朝，海禁政策进一步升级，发展成为"闭关锁国"政策。清顺治十三年（1656 年），清廷颁布禁海令"今后凡有商民船只私自下海，有将一切粮食货物等项与逆贼贸易者……不论官民，俱行奏闻处斩，货物入官"；"凡沿海地方口子处处严防，不许片帆入口，一贼登岸"②，严格限制对外的商业贸易。海禁政策的颁布对近代中国社会的发展产生了重要影响。官方和民间的商业往来、文化交流等领域都受到了严格的限制，这种限制举措拖延了中国工业化进程，鸦片的流入更让人民深陷其中，白银外流让清政府财力虚空。

---

① 孔斌斌 . 明代文集中的商人研究 [D]. 江西师范大学，2017.

② 李文斌 . 从"闭关锁国"窥见清代对外经济贸易的海禁政策 [J]. 兰台世界，2014(18)：39-40.

这阻碍了资本主义的萌芽，也是后阶段鸦片战争爆发的主要原因之一。

鸦片战争后，清政府被迫开放广州、福州、厦门、宁波、上海为通商口岸。由于上海扼长江出口处，且腹地广阔，水路交通发达，成为列强对华倾销工业品、掠夺原材料的主要据点之一。上海开埠后，外国商人在上海地区疯狂开设商行，且为了便于交流，外国商人开始纷纷雇佣买办作为交易中介，这为在开埠前就活跃于上海的浙江商人向买办转化提供了历史契机。[1]浙江籍买办大都由商人转化而来，在受聘为买办后，他们继续经营原有栈号，并常利用职务之便扩展自营商业，有的还增设新字号。买办自设行号经营的商业对外国洋行虽有依赖性，但不是洋行的附属机构，其经营基本保持独立，且进销交易自行决定，当属于新兴的民族商业。此外，由于缺乏工业化进程，晚清国内民族工业的发展缺乏资本积累，买办的商业积累成为近代中国工业化的重要资金来源。在洋行经营模式以及倾销工业品的深度影响下，这些买办迅速看到了近代工业的前途及利益，他们通过买办积累财富并将所积累的财富大多投入工矿业、商业、航运业、金融业、交通运输业等。自19世纪80年代起，浙江籍买办开始大量投资民族企业，成为中国经济近代化的前驱。[2]

在1861年辛酉政变以后，曾经与原有保守势力有冲突的慈禧正式登上了统治的中心舞台。为了保全其统治地位以及中国的安危，便选择了善于与洋人打交道的洋务派，洋务派登上清朝的政治舞台后，其改革内容包括编练新式陆海军、创办新式军事工业、兴办近代工矿交通电讯企业、设立新式学堂和派遣留学生等。并开始大规模引进西方先进的科学技术，兴办近代化军事工业和民用企业。由此，中国的近代化运动迅速开展起来。在李鸿章等人的主持下，江南机器制造总局、金陵制造局、福州船政局、天津机器局等一批大型近代化军事工业相继问世。这一时期，浙江商人以参与、创办或者入股等方式，在洋务工业的发展中发挥了重要作用。

（二）从改革开放到走出国门

1978年之前，中国实行计划经济体制，这一体制明显制约了浙商群体的

---

[1] 蓝伟吉. 通事不等于买办——兼述近代中国的通事与买办 [J]. 知识文库，2017(6)：212-213.

[2] 陶水木. 浙江籍买办的崛起及其影响 [J]. 历史教学，1998(7)：25-29.

自我决策与自主创业。在改革开放之前，浙江以"地下经济"闻名。虽然规模较大的工商业受到了严格的管制难以发展，但正是在这种高压状态下，小商小贩活跃在街头巷尾从事"投机倒把"的活动。1978 年 12 月，党的十一届三中全会召开，大会确立了对内改革以及对外开放的政策。1978 年 11 月，安徽省凤阳县小岗村实行"分田到户，自负盈亏"的家庭联产承包责任制。1979 年 7 月 15 日，中央正式批准广东、福建两省在对外经济活动中实行特殊政策、灵活措施，迈开了改革开放的历史性脚步。这一时期，浙商主要以发展集体经济为主，非公有制经济占比依旧较少。1981 年国务院发布的《关于城镇非农业个体经济的若干政策规定》使得个体经济得到了官方的认可，1992 年"南方谈话"发布后，中国改革开放进入了新的阶段。浙商逐步成为全国"人数最多，分布最广，实力最强，影响最大"的投资者经营群体。

　　1983 年 1 月 15 日，温岭县工商局给牧屿公社牧南工艺美术厂的"联户企业"核发了营业执照，在"企业性质"一栏中，具体表述为：社员联营集体。此举率先大胆地打破体制禁区，确认企业的性质为股份合作制，成为我国农村经济体制上的重大突破。截至 2020 年，浙江省内的上市公司的数量在全国已排名第二，浙商人勇立潮头、开荒破土的精神气概，让浙江成为民营经济最发达的省份之一；是经济大省，也是全国最早实行对外开放的省份之一。近年来，浙江省开展了一系列"引进来"与"走出去"并重的投资合作促进活动，浙江民企"走出去"步伐日趋提速。随着我国"一带一路"倡议不断推进，越来越多的浙商谋求海外的发展机遇，走向世界。回顾改革开放四十余年，浙商群体也从买办、手工业者、小作坊主、销售员一步一步成长为企业家、慈善家、金融家，浙商逐渐活跃在全国乃至世界的商业舞台上。

第 二 节
义利并重的商业文化积淀

一、潮起南宋的商业狂飙

（一）全民皆商时代

《都城纪胜》中有这样的记载："城之南、西、北三处，数十里人烟生聚，市井坊陌，数日经行不尽，各可比外路一小小州郡。"可见宋代的商业尤其发达，且士农工商并列，没有地位的高低之分，如同其他朝代重农抑商之说①。同时由于商业发达，思想言论、消费主张等也有很大不同。值得称道的是，包括广告、信托、合同、银行、纸币、知识产权保护、各类经纪人等现代商业特征都已经出现并且逐渐成形。

商业化的迅速发展催生了原始的工业化，采矿、冶炼、纺织等技术的大规模应用，已超过欧洲18世纪水平，而其中科技的应用，包括采矿中的深井巷道开挖、瓦斯防治、纺织厂的水力自动化等技术更令人叹为观止。轻工业如纺织，从种桑树、养蚕、织丝、印染直到成品买卖，这些精细的分工也逐渐成形。商业的发展又促进了市场的发展，宋代可谓"百物皆可售"，出现了"买扑"这个相对完善的招投标制度。市场经济的发展也促进了早期的经济理论萌芽。比如，凯恩斯的"通过扩大投资与鼓励消费拉动经济"，就在范仲淹的赈灾行动中得以体现。

---

① 田洪波. 基于格式塔理论的运河水文化要素辨识及再现路径研究 [D]. 浙江工业大学，2014.

（二）天下之盛，临安为首

法国著名汉学家贾克·谢和耐在其所著的《南宋社会生活史》序言中写道，在蒙人入侵前夕，中国文明在许多方面正达灿烂的巅峰。13世纪的中国，其现代化的程度是令人吃惊的：它独特的货币经济、纸钞、流通票据，高度发展的茶、盐企业，对外贸易的重要（丝绸、瓷器），各地出产的专业化，等等。中国是当时世界上首屈一指的国家，其自豪足以认为世界其他各地皆为化外之邦。从当时的商业和科技来看，这一结论毫无疑问是正确的。特别是南宋都城临安，其商业之繁荣、科技之先进是当时世界其他城市所无法比拟的。安城的商业完全突破了传统的坊市制度，自大街及各个坊巷，大小铺席，连门俱是，没有一间虚空的房屋。居民密集的闹市区更是店铺林立，仅御街中段有店名可考的大店就达120余家。长达数千米的御街，形成了多个商业中心。自大内和宁门外，新路南北，早间珠玉珍异及花果时新、海鲜、野味、奇器等天下所无的物品，全部集中于此。苏州的丝绸，温州的漆器，南昌的折扇，由福建和广东经海路运来的沉香、龙脑、胡椒、茉莉花盆景，以及国内所产的名酒等，琳琅满目，应有尽有。

同时，店铺的营业时间已完全突破了过去"以午时击鼓二百下而众会，日入以前七刻击钲三百下散"的规定，买卖昼夜不绝，只有到了晚上三四鼓，游人才开始稀少；但五鼓钟鸣后，卖早市的人又开店了。大诗人陆游有诗描述说："随计当时入帝城，笙歌灯火夜连明。"临安城内商业市场极其繁荣，发展水平远远超过北宋都城开封。一方面，市场类型多样，不仅有白天开市的日市，而且还出现了早市、夜市、季节市、专业市等不同类型的市场，专业市场包含米市、菜市、茶市、肉市、药市、花市、布市等。另一方面，城外郊区同样如此。据《都城纪胜》所载，"城之南、西、北三处，数十里人烟生聚，市井坊陌，数日经行不尽，各可比外路一小小州郡"，出现了许多商业繁盛的镇市。宋朝的经济文化发展程度堪称封建社会的一个巅峰。宋朝积淀的商业文化也逐渐成为一个典型的时代符号。

二、实用为先的功利思潮

在宋代经济繁荣发展的氛围下，浙东事功学派发展到顶峰时期。浙江人在事功学派思想的熏陶中形成了义利并重的功利主义价值倾向，他们对于经济活动具有很强的敏感性。自1978年改革开放以来，我国由计划经济体制逐渐向社会主义市场经济体制转变，此时社会生活发生了深刻的变化，追求物质利益已经成为合法的行为，浙江人的功利意识开始觉醒，人们开始追求各种物质利益，功利主义的观念得到人们广泛承认和接受。

（一）功利主义及其基本主张

功利主义主要指以实际功效或利益作为道德标准的伦理学说。[①] 在先秦时代，墨家是中国传统功利主义思想的肇始者，墨子是早期功利主义的重要代表。其功利主义利益标准是以"利"的大小作为处世原则，即利益是衡量社会行为和生活的标准。此外，墨子从利的角度出发，提出尽可能选择利益而避免"害"的出现。墨家提出的"利"主要是"天下之利"，任何行为的道德价值要以功利为尺度，判断其是否对国家和民众有利，永远将国家和人民的利益放在首位。

宋代思想家叶适和陈亮主张的功利之学注重实际的效果和功用，反对讳言功利和空谈性命的义理之学。[②] 陈亮提出，人的欲望与生俱来，每个人都有追求物质欲望的本性。道德和功利是互相统一的关系，在讲道德时应见之于人们的物质利益。叶适提出"功在国家和利在生民"的思想，他对妨碍功利的制度和观念进行了批判。例如，对于董仲舒的"正其谊不谋其利，明其道不计其功"的思想，叶适认为董仲舒不计功利的观点非常片面。中国古代的功利主义反映了当时的小生产者"求万民之大利"和地主阶级追求"王霸之业"的强烈愿望，[③] 以义利合一和实事实功思想为原则，肯定了人们追求物质欲望的合理性，这对我国古代社会生活的发展具有积极作用。

① 朱贻庭. 应用伦理学辞典 [Z]. 上海：上海辞书出版社，2013：32.
② 陈泽环. 功利·奉献·生态·文化 经济伦理引论 [M]. 上海：上海社会科学院出版社，1999：107.
③ 陈泽环. 功利·奉献·生态·文化 经济伦理引论 [M]. 上海：上海社会科学院出版社，1999：108.

西方的功利思想，最早可以追溯到古希腊的感性幸福论。德谟克利特和伊壁鸠鲁是功利主义的先驱者，他们提出了快乐主义学说，这对功利主义的发展产生了深远的影响。在 19 世纪初，英国的边沁和穆勒将功利主义思想逐渐发展成为系统的学说，边沁从爱尔维修、休谟、普里斯特列和贝卡里亚的学说中发现并提出了"功利原则"。边沁主张，人以有"免苦求乐"为行为动机，在利益上实现"最大多数最大幸福"为道德活动的唯一目的，个人利益是唯一的现实利益，把个人利益看作社会利益的基础。后来，穆勒在 1882 年成立了功利主义学会。他提出"功利主义"一词，认为人类行为的唯一目的是追求幸福，因而幸福是判断人的一切行为的标准。[①] 在实现功利的过程中，不仅要追求感性的满足，还应追求精神和理性的满足。

西方的一些功利主义思想家以"趋乐避苦"为出发点、以"功利"为核心、以个人主义为理论基础，把实际功效和行为作为最大快乐，最大限度地增进人们的快乐和幸福。功利主义已适应了现代西方社会生活的变化，对人们追求物质享受给予了充分的肯定，赋予追求经济利益的合法性，它在西方市场经济发展中占有重要的地位。

（二）功利思潮对浙江商业文化的影响

改革开放后，功利主义思潮在中国逐渐兴起，经济改革激发了人们追求物质的欲望，同时也为人们获得更多的物质财富提供了条件和可能。功利主义能促进平等、互惠互利，鼓励良性竞争。在功利主义思潮的影响下，浙江的商业以追求经济效益为目标，使劳动产生最大的利润和效益。

企业根据市场需求制定生产计划和目标，寻找适销的产品并扩大市场份额。通过民主和科学的管理，企业生产要素达到最优结合，劳动者的智慧得到充分发挥，劳动生产率提高了。提高劳动者的劳动技能和科学文化素质，加快人才培养，打造素质优良的企业职工队伍。技术创新加快了企业的技术改造，提高了企业的生产水平，促进了企业生产技术的革新。提高经济效益为企业创造了物质财富，为扩大再生产提供了物质保障，为社会提供量多质优的产品。

改革开放后，功利主义思潮激发了人们追求幸福和利益的欲望，调动了

---

① 　朱贻庭. 应用伦理学辞典 [Z]. 上海：上海辞书出版社，2013：33.

人们的创造性和积极性。浙江人积极学习全国各地和外国先进的科技和管理经验，培育了一大批具有创新精神和开放意识的企业家，创造出了富有创新意识的现代企业。浙江改革开放后四十多年的创新实践是一个不断创业、不断完善发展和进步的过程，也是不断创造历史、财富和事业的过程。杭州科创大走廊快速形成，到2020年底已经聚集了约10000家科技型中小微企业和1000家高新技术企业。创新推动了浙江经济、政治、文化、社会和生态文明的全面发展。如今浙江已成长为创新强省，集聚着优质资源并吸纳优秀人才，努力形成引领创新发展新趋势。

随着功利主义思想的不断传播，浙江人逐渐冲破僵化观念的束缚，越来越多的浙江人走向全国各地经商，不仅创造物质财富，而且书写了浙商的经商传奇。浙江人擅长以小胜大和积少成多，能把别人不愿意做的生意做得风生水起。例如，浙江人经商会利用小本钱做小买卖，比如开关、牙签、扣子、拉链等都能成为浙江人赚钱的买卖，这些不起眼的小商品交易使得义乌成为全球最大的小商品批发市场。

"功利文化"的继承和实践使广大民众成为受益者，社会尊重通过自己的努力获得财富的人，因此白手起家的浙商赢得了社会的尊重，成了人们学习和追随的榜样。浙江民营企业中的一些企业家都是白手起家。例如，胡成中是裁缝、汪力成是丝厂临时工、南存辉摆摊修鞋、郑坚江是修理工等，他们抓住了好时机，靠自己的勤劳一步一个脚印地积累财富，他们以自己的智慧和努力谱写了浙商传奇，成为受人尊敬的企业家。

三、影响深远的浙东事功思想

浙东事功学术思想的发展是与宋代以来江南地区商品经济的发展紧密相连的，其实质就是适应商品经济发展的开放性的观念形态。在这一时期，浙江在自己的土地上产生了影响全国的"事功之学"，它与朱学、陆学鼎足而立，成为当时最重要的学流派之一。浙东事功学派主要有以叶适、薛季宣和陈傅良为代表的永嘉学，以陈亮为代表的永康学和以吕祖谦为代表的婺学。

（一）浙东事功思想及其基本主张

浙东事功思想主张义利合一和实事实功思想。例如，叶适提出"功利与仁义并存"，陈亮提出"义利双行"，并肯定了人的欲望具有天然合理性，其批判锋芒直指重义轻利、重农抑商的儒家正统思想。陈亮反对空谈义理的理学思想，强调实事实功和经世致用，他批判理学重视义理而忽视功利，让学者穷理修身，但是对民族国家的兴亡麻木不仁。针对当时的社会局面，陈亮提出了"义利合一"的事功思想。一方面，他提出声色臭味安逸都是人自然本性的追求，人们追求物质欲望也是人的自然本性。因此，鼓励个体追求合理的物质欲望，但同时应该在道德指导下去寻求物质欲望的合理发展。另一方面，他反对空谈性命注重个体实践，主张在动机与结果统一的基础上追求至善。肯定人们追求利的正当要求、重视商业的发展，鼓励工商业者参政议事，进入统治集团。

叶适最早提出了实德和实政双修的治国理念。他说："善为国者，务实而不务虚。"在实政上通过强兵为国家和人民谋利益，在实德上通过引用具备才能的"新进士"，提高政府的办事效率，整顿官场的怠惰之风，祛除行政机构"保引私名之弊"。在农商的关系上，叶适主张士农工商应互相协调发展，这样可以促进国家经济的发展，使国民可以实现共同繁荣。陈亮主张古代的官民为一家，对于农商应一视同仁。他说，"商籍农而立，农赖商而行，求以相补。"这表达了他对重农抑商思想的否定。叶适呼吁统治者减免百姓的沉重赋税，能够让百姓休养生息；另外，他反对过分抑制商品经济，认为应该为百姓创造宽裕的物质条件。

浙东事功思想中蕴含了"义利合一""经世致用"和"农商互补"的思想观念，在封建农业社会环境下，促进了浙东地区民间工商业活动的孕育和成长，成为浙商文化的源头活水。北宋时期浙江商业繁荣，商人的地位提高了，这激发了商人创造财富的动力。

（二）浙东事功思想对浙江商业文化的影响

浙江是我国民营经济的重要发源地，浙东学派提出的"义利合一"和"务实重本"都是浙江商业文化的源头活水。"义利合一"的事功思想对"浙商"队伍的建设起到了积极的促进作用，浙江籍的众多企业家在事业发展中见利思义，激发了爱国爱乡的情感，他们为中国的经济发展做出了重要的贡献，另外还在家乡发展文化教育事业，资助家乡的建设。现在浙江的一些企业家提出了"产业报国"的口号，表明他们越来越深切地体会到国家的富强与企业发展的命运息息相关。随着社会主义市场经济体制和法治建设的日趋完善，诚信经营的理念也不断得到加强。以事功观为核心的思想为浙江人的创新精神提供了直接的思想文化资源，浙东事功思想中有着强烈的适应市场经济发展的内容，为浙江商业文化的发展提供了文化基础。

事功学派对工商业的重视开创了我国历史上对"四民"地位重新排列的先河，给予工商业这个一直被视为末业的阶层一个合法的地位。这种思想资源为浙江人离开故土寻找新的经济增长点提供了直接动力，浙江人在20世纪二三十年代就走南闯北地做生意。他们不仅到全国各地，还到国外发展事业。至今，我们在温州的一些县城里仍可以看到华侨投资兴建的商场、礼堂、学校以及其他公益性设施。

改革开放后，浙江的实践证明，经济和文化是相互联系和互相渗透的关系。事功思想引起了浙江人思想文化观念的深刻变化，形成了具有特色的"敢为天下先，敢为天下强"的创新创业精神，浙江人从一无所有到勇敢踏上艰苦创业的征途，具有较强的市场竞争意识。浙江人如果找不到国有企业"铁饭碗"的工作，就在家乡集资创办乡镇企业；如果没有国家的投资项目，就在市场上寻找商机；如果争取不到计划分配的物资，他们就走南闯北到处采购。浙江人在自立自强的艰苦奋斗中创造了生产条件。例如：余姚不产塑料却有4000余种塑料制品；桐乡不出产羊毛却有全国最大的羊毛衫加工制造基地；嘉善没有森林却拥有全国最大的木制品加工中心。浙江人充分发挥主动性和创造性，创造了多个"全国第一"。

浙江人具有踏实肯干的务实观念，他们踏踏实实地从小事做起，继承了"能握微资以自营殖"的传统，通过经商一分一厘地赚钱，最终成就了浙商群体。浙江人务实的观念使他们抓住了发展的机会，赢得了时间，改革开放后实施"兴商建市"发展战略，逐渐形成了"小商品、大产业，小企业、大集群"的工业发展格局，现在义乌已经成为国际性小商品集散中心；永康成为全国著名的"五金之都"和"百工之乡"，它是全国最大的五金商品生产基地和集散中心；温州形成了特色鲜明的产业群，例如生产皮鞋、打火机和日用品的产业群。经过改革开放的融合发展，浙江人逐渐走上了具有浙江特色的商业发展道路。

■ 第 三 节

浙江商科办学的精神追求

一、以"四千精神"传承铭记浙商故事

"七山一水两分田",浙江地域面积虽小,却孕育出了不少伟大的浙江人。[①]
浙江人为了生存和发展外出务工和做生意,在艰苦的环境中逐渐形成了浙江人
吃苦耐劳的优秀品质,形成了"四千精神",即走遍千山万水、道尽千言万语、
想尽千方百计、历经千辛万苦。他们在海洋文化和浙东事功学派思想的浸润中
形成了自强不息的艰苦创业精神,曾在多个领域创造了许多"全国第一"。

(一)吃苦耐劳的优秀品质

浙江省资源匮乏,地形复杂,其中河流和湖泊占 6.4%、山地和丘陵占
70.4%,平原和盆地占 23.2%,耕地面积仅 2998 万亩;人均耕地面积 0.54 亩,
仅为全国人均水平的 36%。由于人口密度大,人多地少,农民为了生存和发
展外出做生意,他们的足迹遍及大江南北。在改革开放后,浙江人民走向全
国各地或务工或经商,他们从细小的生意着手,比如修鞋、修伞、弹棉花、
配钥匙、理发等。

在改革开放之初更是有"浙江人民走全国"的现象。国内很多地方几乎
都有浙江人,他们在长期艰苦困难的环境中形成了吃苦耐劳、勇于进取的精神,

---

① 中共浙江省委宣传部.与时俱进的浙江精神[M].杭州:浙江人民出版社,2005:355.

敢闯敢拼、无所畏惧的胆识，扎扎实实、精于算计的作风。在这种传统文化的影响下，浙江人特别能吃苦，能干别人不愿干的活，肯赚别人看不起的钱。浙商的"两板精神"就是非常鲜明的写照，即"白天当老板，晚上睡地板"。浙江人建设了生产灯具、鞋袜、纽扣和眼镜等小商品的专业镇和专业村，其中产值超亿元的特色产业区就有 500 多个。小产品撑起了大产业，小资本释放了大能量，"小狗成群"的经济模式赢得了大市场，浙江已有 170 家民营企业进入全国民营企业 500 强。

"吃得苦中苦，方为人上人"，这是在浙商身上得到充分体现的品质。青春宝集团董事长冯根生年少时不怕吃苦努力学习，他早年在胡庆余堂当学徒，每天凌晨五点到晚上九点都在学习基本功，比如望、闻、问、切；他掌握了 2000 多种药的功效、品相、药性、配伍；能够熟练制作膏、丹、丸、散等。冯根生在满师后又煎药两年，他煎的药地道见效快，因此大家都找他煎药，每天约有 300 帖药从他手中出去。吃苦耐劳是冯根生品质的重要写照，更是浙商人的重要代名词。

（二）自强不息的艰苦创业精神

浙江具有历史悠久的经商传统和商品经济意识。浙江人具备百折不挠、自强不息的艰苦创业精神，具有强烈的创业和发展的欲望，这引导着浙江人走上经商的道路。在经济利益的驱动下，浙江人千辛万苦地创业，凭借强大的创业精神在全国探寻和开发市场，在国内形成了上千个"温州城""浙江城"和"台州街"等。

在创业初期，浙江的一些企业从小商品做起，小商品的门槛低、投资少、科技含量低，但是具有很强的市场竞争力，如只有一厘钱利润的吸管和铅笔等小商品。正是这微薄的利润最终为浙商积累了巨大的财富。正是凭借"以小博大"的经营理念，永嘉的黄田成为鞋饰生产基地、乐清的白石成为鞋底生产基地，浙江形成了一系列小商品的生产链和销售链，最终浙商在小商品中创造出巨大的市场。

浙江人传承了浙东学派勇于创新、敢闯敢创、敢为天下先的精神，具有钱江弄潮儿的无畏气概和争喝"头口水"的超前意识。近年来，电子商务、直播带货、虚拟经营、连锁专卖、统一配送等现代商业交易形式和交易手段

在浙江迅速发展，销售从实体店营销走向网络营销。

在改革开放后，浙江的民营经济快速发展和壮大，并且逐渐成为经济高速发展的主力军。2020年，浙江有70多家企业进入胡润中国500强民营企业排行榜，位列全国第二。2020年全年民营经济增加值占全省生产总值的比重约为66.3%，民营经济创造的税收占全省税收收入的73.9%。从以上数据可以看出，浙江已成为民营经济大省，民营经济的活力不断增强。

当代浙江人的创富能力使其赢得了"中国第一商帮"的美誉，"鱼米之乡"的浙江更是名副其实的"老板之乡"。他们将家庭作坊发展为现代私营企业，在多样化的经营中派生出各具特色的现代产业集群和专业市场。专注于企业发展和市场运作，用孜孜不倦的劳作和诱人的业绩来支持社会主义现代化建设。

（三）义利兼顾的诚信观念

"以诚为本、以信为先"是中华民族的优良传统，诚信已成为市场经济的核心理念之一，一个高效率的市场必定是一个有着良好诚信的市场。浙江商业文化中蕴含着义利兼顾和诚实守信的观念，千百年来被一代代浙商奉为圭臬。浙江人非常注重诚信，认为诚信是经商的首要原则，在经商过程中坚守诚信原则，这赢得了客户的好感。

浙商笃信"义利并立""义利双行"和"以利和义"的信条，逐渐形成了诚实守信的商业文化。徽商巨子胡雪岩在杭州创办了胡庆余堂国药店，他认为有诚信便能立世，因此他坚持诚信经商的理念，主张"采办务真"和"真不二欺"。娃哈哈集团的产品在健康和安全方面符合国家法律法规的要求，拥有健全的质量保证和质量控制体系，确保持续提供高质量的产品和服务。

浙江工商业者以其勤勉诚信的品行曾开设银行，建立商会，创办企业。例如，宁波商帮具有将近百年的诚信经营传统，他们以"宁可做蚀，弗可做绝""诚招天下客，信誉值千金"等经营格言，基于"开拓精神、开明思想、诚信品德、互助风格"的理念，长期建立了可靠的商业信誉和信用制度，使宁波商帮的盛誉名闻海内外。近代浙江商帮通过创办民族资本主义企业实现实业救国的抱负，这充分展现了浙商对国家和民族命运发展历史有担当的责任感。

在中华人民共和国成立后，浙商继承了中国传统儒商精神，坚持"义行天下"的社会意识和社会责任感，以实际行动支持公益事业来回馈社会。例如，宁波商帮的邵逸夫在 1973 年设立了"邵氏基金会"，自 1985 年起，邵逸夫不遗余力地支持教育和科技事业的发展，平均每年为教育机构和医疗单位捐赠 1 亿多元，现全国许多高校均有以邵逸夫命名的"逸夫楼"和"邵逸夫图书馆"等。1990 年为表彰邵逸夫对中国科学教育事业做出的突出贡献，中国科学院紫金山天文台将发现的 2899 号小行星命名为"邵逸夫星"。

浙江是全国民营企业实力最强的省，同时浙江的文化底蕴促使浙江成为慈善领域最活跃的一个省份。据《中国内地慈善企业家排行榜》显示，浙商是最"乐善好施"的群体，他们热衷于捐助教育事业和医疗事业。在"慈善榜"中浙商有 29 位入选，比排名第二的广东省足足多了 1 倍，浙江有名的企业家鲁冠球、王振滔、李书福、胡成中等纷纷入榜。慈善行为提高了企业家群体的素养，使浙商成为中国慈善事业的主角，同时也提升了企业品牌的知名度。

浙江人将企业的信用建设作为企业文化的基石，把诚信视为企业繁荣发展的立足之本。浙江平湖华成集团认识到诚信经营是企业生存和发展的重要保障，华城人注重打造企业诚信品牌，赢得了与更多客户和单位合作的机会，赢得了政府和社会各界的广泛好评。2002 年华城集团被浙江信用合作协会评为"年度资信 AAA 级企业"，2004 年华城集团被浙江省经贸厅评为"浙江省诚信示范企业"。

中国古代具有"以农为本"的传统经济结构，但在浙江出现了能坚持以农为本又兼顾工商并重，在商业发展中形成了义利兼顾和诚实守信的精神，这在中国古代是非常难能可贵的。义利兼顾的诚信精神不仅促进了当时的商业发展，而且遗泽于后世，对现代浙江商业的发展具有深刻的影响。

二、以杭州商业学堂为起源探寻近代浙商教育

1840 年鸦片战争之后，外国势力强迫中国开放通商口岸，资本主义列强开始在中国开设洋行、修铁路，推动国内工商业取得了日新月异的进展。清政府不得不开始施行"重商主义"的基本经济政策，近代实业发展中的人才短缺问题成为官民兴办实业教育的直接推动力。中国近代商业教育的起步也从这一时期渐渐开始。

（一）杭州中等商业学堂的建立

光绪二十九年（1903年），清政府颁布《奏定学堂章程》（章程由张百熙、张之洞、荣庆等奏拟，1903年为旧历癸卯年，故称《癸卯学制》）。"学务纲要"中提出，农工商各项实业学堂以学成后各得治生之计为主，最有益于邦本，令各省从速办理。由此，浙江近代实业教育应运而生。以传授生产知识，培养各种技术人员的农、工、商实业学堂不断涌现，实业教育蓬勃发展。商业学堂的建立可以追溯到1911年。1911年3月15日，时任杭州高等小学堂教职员郑在常绅士出私资和该校的一些教职员一起，创办了杭州中等商业学堂。同年7月，获清政府学部批准立案。杭州中等商业学堂是浙江省新式商业教育的先驱，也是当时全国为数不多的商业专门学校之一。据《浙江教育官报》记载，"光绪二十九年（1903年）至三十四年（1908年）浙江学堂增减比较表"显示，实业学堂中商业专门学校数量为零。可以说，杭州中等商业学堂的成立标志着浙江近代商业教育实业学堂的开始。

实业教育是对清末的职业技术教育的统称，其办学机构为各级实业学堂。《奏定学堂章程》规定，实业教育的办学宗旨为"以忠孝为本，以中国经史之学为基。俾学生心术壹归于纯正，而后以西学瀹其智识，练其艺能，务期他日成材，各适实用"。在《奏定实业学堂通则》的"设学要旨"第一章中还规定，"实业学堂所以振兴农工商各项实业，为富国强民之本计"，并对各级各类实业学堂的办学宗旨分别做了规定。其中，规定中等商业学堂："以授商业所必需之知识艺能，使将来实能从事商业为宗旨"；"以各地方人民至外县外省贸易者日多为成效"。据此办学宗旨，杭州中等商业学堂自1911年创办后，培育了许多商业专门人才，他们对全省经济的发展和生产力的提高做出了很大的贡献。

（二）浙江近代商业教育的孕育成长

清末时期的重商主义极大地促进了商业的发展。伴随着商业的快速发展，各类商会相继成立，专业商业人才的需求缺口也越来越大。1912年中华民国成立之后，国民政府颁布了一系列促进民族工商业发展的措施，相较于工业投资，商业投资周期短、风险小，因而商业资本主义发展较快，商业学堂的创办也日益增加。据统计，自1897年至1922年期间，浙江省各市县成立的商会机构在当地成立的各类实业学堂共有 95 个，其中商业学堂有 25 个。

自此，浙江实业学堂的创立和商业教育的发展，为社会输送了大批商业人才。1914 年 7 月，浙江省立甲种商业学校的第一届本科毕业生共 32 人，其中有 7 人到银行工作，7 人到统捐局工作。这一时期的浙江"甲商"在浙江省的教育界和商界都拥有较高声誉，毕业生中涌现出许多知名人士，包括爱国人士章乃器、合作经济学家寿勉成、马克思主义经济学家骆耕漠、中科院院士经济地理学家周立三等。纵观浙江商业教育的发展，商会在其中扮演了极其重要的角色。在政府的支持和激励下，商会开创了与政府共同兴办教育的良好格局。此外，商会也把兴办商业教育、普及商业知识、开启国民商智作为商会活动的重要内容。商会积极筹措办学资金，丰富办学形式，极大地开阔了学生的视野，提升了办学质量。商会和政府合作，不仅为浙江提供了丰富的商业人才，而且促进了整个社会商业文化氛围的提升。

三、以"红船精神"为底蕴锻造新浙商精神

一叶红船，百年流芳。1921 年，一叶红船自嘉兴南湖驶出，庄严宣告了中国共产党的诞生，自此撰写了民族救亡图存的壮丽诗篇。2005 年 6 月 21 日，时任浙江省委书记习近平同志在《光明日报》上发表文章《弘扬"红船精神" 走在时代前列》，首次提出并阐释了"红船精神"。他将其提炼为三种精神：一是开天辟地、敢为人先的首创精神；二是坚定理想、百折不挠的奋斗精神；三是立党为公、忠诚为民的奉献精神。

新时代的伟大征程赋予了"红船精神"新的使命。2020 年，习近平总书记到浙江考察时对浙江提出了"努力成为新时代全面展示中国特色社会主义制度优越性的重要窗口"的新目标新定位。面对"重要窗口"这一难得的历史机遇及重大挑战，商科高职院校与浙江省同频共振，将 "红船精神"贯穿到整个新商科的发展中，对充分发挥商科办学优势、培育新时代新商科高技能人才意义重大。

（一）弘扬首创精神，淬炼新商科内涵本质

"开天辟地，敢为人先"的首创精神是"红船精神"的核心引领。首创精神，究其本质是以创新为核心的时代精神。它贯穿于整个中国革命和实践中，江泽民在中共十六大报告中指出，"创新是一个民族进步的灵魂，是一个国家兴旺发达的不竭动力，也是一个政党永葆生机的源泉"。这是共产党的历史实践和教训所孕育出的科学结论。100 年的探索发展开辟出的中国特色社会主义道路和中国特色社会主义制度是前无古人的伟大壮举，是首创精神的极致展现。首创精神昭示我们，在新时代的洪流中，必须秉持开天辟地、敢为人先的精神状态，不断改革创新，才能开疆拓土、寻得发展。

习近平强调，我们面对着百年未有之大变局。在这个时代迅速变化的当下，一切发展都围绕一个"新"字。在 2019 年上海对外贸易大学主办的研讨会上，"新商科"这一概念应运而生。有学者认为，新商科是传统商科为适应互联网经济时代的新发展，围绕信息、资金、商品的新流动方式，是商业文明的新规律。"新商科"改变的并非商业的本质，而是商业背后的手段、方法、工具、载体、内容、渠道等。在绍兴职业技术学院举办的商圣论坛中，张宝忠教授将新商科的内涵与关键要素归纳为新思维、新理论、新体系、新形态、新内容、新标准、新课程、新技术、新方法、新要求、新渠道、新媒介。如今，在互联互通、大数据、人工智能和共享经济盛行的商业 3.0 时代，商科创新已经成为不可抗拒的时代潮流，商科教育需以走在前列、勇立潮头的创新精神抓紧商业本质，突破传统商科体系，融合新内涵要素才能与时代同频共振。

（二）深耕奋斗精神，培育新时代商科青年

坚定理想、百折不挠的奋斗精神是"红船精神"的精髓所在，是中国共产党战胜一切艰难困苦的力量源泉。周恩来曾说，理想是我们前进的方向，现实有理想的指导才有前途；反之，理想也必须从现实的努力奋斗中才能实现。中国共产党从一个小小的"红船"起航，在建党过程中受尽反动派势力的干扰和破坏，在难以想象的艰苦奋战中，积弱成强，由小变大，由刚成立时仅 50 多名党员成长到现在拥有 9000 多万名党员，带领亿万人民披荆斩棘，结束了中国近代以来积贫积弱、内忧外患的悲惨命运，靠的就是前赴后继、百折不挠的韧性。

心有所信，方能行远。2020 年 6 月，浙江省委十四届七次全会印发了《关于深入学习贯彻习近平总书记考察浙江重要讲话精神、努力建设新时代全面展示中国特色社会主义制度优越性重要窗口的决议》，在建设"重要窗口"的关键时期，在"新商科"崛起的重要时期，商科学校应将坚定理想、百折不挠的奋斗精神融入新时代有为青年的理想信念教育中。以"四千精神"和"红船精神"引导商科学生深耕艰苦奋斗的精神，着眼于当下，准确定位，矢志拼搏。

（三）厚植奉献精神，彰显新青年热血担当

立党为公、忠诚为民的奉献精神是"红船精神"的本质，是中国共产党长期改革实践中坚守的本心，也是中国共产党区别于其他政党的显著标志。从毛泽东同志的"为人民服务"到习近平同志的"想群众之所想，急群众之所急，解群众之所忧"可以看出，中国共产党一以贯之将立党为公、忠诚为民作为党执政的核心要义。这一重点内容在党的十七大时被正式写入党章。百年积淀，红船依旧。2021 年，是中国共产党成立 100 周年，中国共产党将这一核心价值理念冠以新的历史内涵，深入投入于实现中华民族伟大复兴的历程中。

2019 年，习近平在纪念五四运动 100 周年大会上的讲话中提到，新时代中国青年要有家国情怀，要以"四海为家、天下为公"的精神拥抱新时代、奋进新时代。在 2019 年教育部、财政部公示的中国特色高水平高职学校和专业建设计划建设单位名单中，有 7 个商科类高校及专业入选双高建设专业名单，这是高职院校发展史上一个新的里程碑，也是商科教育历史进程中的重要机遇。新时代商科教育应以培养具有社会责任、专业素养的，敢于拼搏、勇于奉献的具有显著商科特色的专业技术技能人才为基本遵循，以新青年的热血担当凝聚力量，为浙江省重要窗口建设贡献商科力量。

（本章编写人员：智亚卿 朱有明）

第二章

精魂：商科办学的理念提醇

理念是战略发展的灵魂，大学发展战略离不开大学理念的支撑，而大学理念只有贯穿到发展战略中才能更好地付诸实践。基于人们对教育规律认识基础上所形成的，关于大学的性质、职能、目的和使命等基本问题的理性认识，大学理念对大学发展具有定向的作用。综观世界著名高校的发展战略，无一不将发展理念作为顶层设计的一个基本理论来遵循。办学理念是大学之魂，究其源起，乃是多年办学实践的总结提炼；论其功用，能进一步指导新的办学实践。先进的办学理念，对内凝心聚力，对外昭示品牌，不可谓不重要。

建校 110 年来，浙江商业职业技术学院执着于商教报国的信念，秉承商科办学的理念，坚持"育人为本，服务社会"的办学方针，强化商科特色专业建设和商科人才培养特色建设，积淀"依托行业办学，校训文化育人"的商科特色，为国家培养了一大批专业技术人才，涌现出经济学家骆耕漠、爱国人士章乃器等著名校友，被誉为"浙商人才培养的摇篮"。

第一节
学校精神的百年流韵

一、学校校训：诚毅勤朴的行为坚守

（一）校训精神解读

校训是广大师生共同遵守的基本行为准则与道德规范，它既是一所学校办学理念、治校精神的反映，也是校园文化建设的重要内容，更是一所学校教风、学风、校风的集中表现，体现学校文化精神的核心内容。

大学校训有着深厚的文化底蕴，它体现出一所大学良好的精神风貌、优良的学风、先进的办学理念和教学方针政策，甚至是学校的整个文化背景和文化氛围。不同的国家、地区思想文化的差异，造成办学理念的差异，但这些理念不应是相互对立、互不通融的，而应该是相互交叉、相互补充的。

1913 年 8 月，民国政府颁布《实业学校令》及《实业学校规程》，将清末高等实业学堂改为专门学校，划归高等教育之列。实业教育机构分甲、乙两种，分别称为甲种实业学校和乙种实业学校。同年冬，浙江公立中等商业学校易名为浙江省立甲种商业学校，设普通商科，学制三年（预科一年，正科二年）。定"诚毅勤朴"四字为校训，"学校之基础乃始确立"。

选择"诚毅勤朴"作为校训，是有其特定宗旨的，重在培养校园为学者和进入职场者的一种品德坚守、一种精神追求。

诚：态度之初立。《大学》曰："古之欲明明德于天下者，先治其国，欲治其国者，先齐其家，欲齐其家者，先修其身，欲修其身者，先正其心，欲正其心者，先诚其意……意诚而后心正，心正而后身修，身修而后家齐，家齐而后国治，国治而后天下平。"意诚则心正，心正则凡事可举，方可治国平天下。教育中，诚信、真诚意在培养学生诚实守信、襟怀坦荡之品格。

毅：勇决果断，最早见于西周金文。《左传·宣二年》："杀敌为果，致果为毅。谓为致果敢杀敌之心是为强毅。和顺者失于不断，故顺而能决，乃为德也。"《论语·泰伯》云："毅，强而能断也。"在人才培养中，坚毅、刚毅，意在磨砺学生开拓进取、坚定执着之意志。

勤：做事尽力，不偷懒。尽心尽力，无所爱惜为勤。《说文》曰："勤，劳也。"《左传·僖公二十八年》："今君其不勤民。"于校训而言，勤奋、勤勉，意在培养学生刻苦学习、不懈探索之习惯。

朴：不加修饰。《说文》曰："朴，木素也。"学校教育中，朴实、纯朴，意在引领学生追求朴实自然、从容淡定之境界，不浮华夸张，脚踏实地求学。

诚以为人，毅以处事，勤以治学，朴以求真诚，学校的校训是按照严密的逻辑关系设计的，先为人、后处事；治学务必勤快，行事务必纯粹。浙江商业职业技术学院的办学灵魂就是依据这样的指导思想生成，并成为对全校师生具有指导意义的行为准则，是对学校办学传统与办学目标的高度概括。"诚毅勤朴"的校训，对激励全校师生弘扬传统，增强荣誉感、责任感，继续奋发向上，具有特别重要的意义。

（二）校训精神案例

金森兴同学获评"浙江孝贤"并受到省委书记接见

2015 年 10 月 21 日，余姚市大隐镇学士桥村人——我校财会金融学院会计 1474 班金森兴同学前往宁波大剧院参加浙江省第四届"浙江孝贤"表彰大会，并受到了时任浙江省委书记夏宝龙的亲切接见。

在获得"浙江孝贤"的荣誉前，金森兴还获得过"余姚市十佳小孝星""宁波当代最感人十大慈孝人物""中国好人榜"孝老爱亲好人，以及"宁波好人"，第六届"感动余姚"新闻人物等荣誉称号。参加浙江省第四届十大"浙江孝贤"表彰大会使金森兴同学赢得了更多人的知晓、更多人的学习，他的先进事迹先后被省内外新闻媒体广泛报道，感动了很多人。

十年前，金森兴 11 岁，父亲金能兆在采石场劳动时受伤严重，导致残疾，厄运让这个稚气少年变成了一个有担当的男子汉。他心中抱有坚定的信念："以前父母为我付出太多，现在该是我为他们付出的时候了……"

十年间，金森兴成了家中的"顶梁柱"。以前喜欢赖床的他买了个闹钟，每天凌晨 5 时起床，煮早饭、烧开水，然后将洗脸水、早饭端到父亲的床前。父亲小便困难，他揉父亲的小腹，帮他催尿；生灶的柴火没了，他拿起柴刀、绳子、扁担，上山当"砍柴郎"；母亲打工之余要忙农活，他便和母亲一起挑着沉重的粪桶，去地里施肥。

十年间，金森兴每晚端水为父亲洗脚。"爸，哪里不舒服，我再帮你按按……"每次给父亲洗脚后，他要从背部、腰部到大腿，再为父亲仔细按摩 10 分钟。在小金的长期护理下，原本只能躺着的父亲如今已能站立缓慢走几步了，"当爸爸第二次去医院复查时，医生很惊讶他居然能站起来了。"金森兴终于松了一口气。"爸爸常觉得自己拖累了我，但我总觉得只要爸好，我们全家就都好。看到爸妈脸上的微笑，我觉得再辛苦也值得！"

中华民族历来重视"孝道"，认为"百善孝为先"，孝是"德之本"，是"众善之始"。孝，是对父母长辈的最大诚信，是对父母长辈养育之恩的反哺承诺。金森兴面对父亲的不幸和家庭的磨难，多年来不改初心，表现出一个儿子最大的诚意和善良，这是全体商院人的精神楷模和全社会的道德范本。

二、学校"三风"：人才辈出的不朽航标

（一）"三风"内涵解读

校风是一个学校各种风气的总和，是学校在办学过程中经长期积淀形成的具有行为和道德意义的风气，是在校内乃至社会上具有极大影响并被普遍认可的思想和行为风尚。校风是校训的拓宽、延伸和具体化，集中体现了学校的办学理念、育人方针、学术追求和办学特色，是学校品位和格调的重要标志之一。

教风是指教育机构在教学精神、教学态度和教育方法等方面形成的长期的、稳定的教育教学风气，主要是针对学校的，有时也针对某一教育者。教风是一个教育群体的德与才的统一性表现，是该教育群体整体素质的核心，是教师队伍在道德、才学、作风、素养、治教等方面的集中反映。教风是校风的重要组成部分。从某种意义上讲，好的教风也是一所学校崇高的精神旗帜，它对学生可以起到熏陶、激励和潜移默化的教育作用。教风好，可以提高学校的知名度，可以提高学校的社会声誉和社会可信度。因此，教风可以说是一所学校生存和持续发展的不竭动力之源。

学风即学校的学习风气，是凝聚在教与学过程中的精神动力、态度作风、方法措施等，它依不同学校的不同特点表现出独有的特色和丰富的内涵，并通过学校全体成员的意志与行动，逐步地形成和固化，成为一种传统和风格。这些传统和风格对学生的成长起着重大的作用，对学校的发展和建设产生深远的影响，引领学校将培养重心放在人才的培养上，提高学生的科学知识水平和素养。

为了进一步提炼商院人的办学指导思想，2006年3月，学校下发了征集学院办学理念、学院精神和滨江校区楼名、路名、广场名的通知，共收到来自8个省级行政区的110份252条征集意见。最后，经校党委原则同意，于2006年10月公布了征集结果。其中，校风：求真务实，和谐创新；教风：爱生敬业，知行合一；学风：尊师明理，勤学求实。至此，学校的"三风"正式定型，成为人才辈出的不朽航标。

"求真务实，和谐创新"，要求师生在探求真知真理的时候，实事求是，

不作伪作弊。要坚持实践是检验真理的唯一标准，不唯书、不唯上，只唯实。同时，要做好团结，师生共同在校园里营造出一种和谐美好的"家文化"氛围，并善于在夯实基础的前提下勇于创新。

"爱生敬业，知行合一"，要求广大教职工针对学生需求斟酌整合。在师生交互中注重表达，教育好、管理好、服务好学生。大处着手，小处着眼，精心教育和服务学生于细微处。教师志存高远、忠于职守、乐于奉献，自觉地履行教书育人的神圣职责，以科学的理论和高尚的情操教育和引导学生全面发展。

"尊师明理，勤学求实"，要求学生尊重教师、尊重知识。师生员工在学习和做学问上，要勤奋好学、善思执着，要追求真理、注重实践，以取得优异的学习成绩和研究成果。

校风、教风、学风，是对浙商院百年办学精神的高度概括，体现学校教职员工对教育事业的敬畏和执着，寓意全校教职员工要有恪尽职守、严谨细致的专业精神，合作共赢、甘当人梯的专业道德；体现了浙商院治校育人的作风与品格。要求全体师生员工，对祖国要热爱、忠诚，对他人要诚实重信用，与社会与自然和谐相处，对学习对工作奋斗进取，做一个有益于国家有益于人民、对社会有贡献的、与时俱进的人。

（二）"三风"案例

最美青春！姚攒同学获第六届浙江省"十佳大学生"称号！

2019 年 6 月 29 日，第六届浙江省"十佳大学生"颁奖典礼在杭州举行。浙江省教育厅党委书记、厅长陈根芳，省委宣传部副部长李杲，省教育厅党委副书记干武东，团省委副书记周苏红，省广电集团编委许东良等出席活动并颁奖。

10 名"十佳大学生"，来自浙江省 10 所高校，是全省大学生的杰出代表。其中本科院校 8 人、高职高专院校 2 人。浙商院电子商务学院移动商务 17015 班姚攒同学因其自强不息的精神以及优异的游泳比赛成绩而光荣入选。

姚攒出生在慈溪市周巷镇，从小罹患先天性脊膜膨出，导致肢体残疾。2009 年 6 月的一天，姚攒陪妈妈去游泳馆游泳，没想到小姚攒一接触游泳就爱上了这项运动，从此一个崭新的世界在这个不幸姑娘的人生中徐徐开启。

发现女儿的游泳兴趣后，姚攒的妈妈让女儿参加游泳训练。没想到，自强不息的姚攒迅速成为泳池里的一朵金花。从此，这个姑娘的名字一次次与冠军、奖牌联系在一起了。2011年10月，在全国第八届残疾人运动会上，她获得1枚金牌、3枚银牌和1枚铜牌；2013年9月，在世界轮椅与肢残人运动会上，她又夺得3金1铜；2015年9月，在全国第九届残运会上，她再次夺得4金2银，并破3项全国纪录；2016年9月，姚攒在巴西里约残奥会女子S5级200米自由泳和女子S5级100米自由泳决赛中，分别夺得第4名的好成绩。

在高强度的训练和比赛之余，姚攒始终没有放松自己的学业，她坚持在慈溪职高完成了高中学习，并于2017年顺利通过高考，成为浙商院的一名学生。

进入浙商院后，学校为她在校园里增添了一批无障碍通道，并专门安排教师和同学，点对点地给她提供学习、生活上的指导和帮助。姚攒一边依托学校提供的便利条件开展专业学习，一边在浙江省残疾人体育训练指导中心坚持刻苦训练。2017年12月，她在墨西哥残奥游泳世锦赛上获得了S5级200米自由泳第3名，并当选为2017年"中国大学生自强之星"。在2018年全国残疾人游泳锦标赛中，她取得女子S5级50米自由泳比赛第1名、女子S5级100米蛙泳比赛第1名、女子S5级100米自由泳比赛第2名，并因为比赛中表现出的良好精神风貌，同时荣获"体育道德风尚奖"。

2020年6月，在浙商院浓郁的学习风气感染下，她通过专升本考试，进入了本科院校继续深造。

三、学校校歌：学成致用的爱国情愫

（一）校歌内容解读

校歌是代表学校的歌曲，是学校办学理念、校园精神和学校特色的集中体现。校歌是校园文化的重要组成部分，常常是一所学校对内的号召和激励、对外的形象展示和宣言，它反映的既有办学者、教育者的理想、要求、愿望，又有受教育者的感受、追求和成长心声。

　　校歌是反映学校精神风貌的重要标志。一首激励学生成长、凝聚学校精神、推动校园文化建设的好的校歌，一般都具有自己的鲜明特色，同时反映着时代精神和历史印记，是个性与共性的统一、历史与现实的统一、思想内容与艺术形式的统一，起着明责、励志、抒情、奋进的教育鼓舞作用。这种作用甚至能让人一生都铭记在心。

　　浙商院校歌《同表东海风泱泱》，创作于 20 世纪 40 年代。曲作者吴作求，字师客，浙江东阳人，时任浙江省立高级商业职业学校音乐教员。词作者胡颖之，字栗长，浙江绍兴人，《南社》《新奉化》创始人之一，著名的书法家、诗人。

　　校歌虽短小而内涵深邃："国家当富强，始基端在商。计然范蠡浙之光，古今人才遥相望。我校历史已久长，息游湖山仍郁苍。四科设教如网纲，学成致用实效彰。同表东海风泱泱，同表东海风泱泱。"

　　"国家当富强，始基端在商"，强调以商立国、商教强国的重要性，以及学校创立的必然性；"计然范蠡浙之光，古今人才遥相望"，说明浙江历史上商业的发达，侧面衬托了学校大力培养商业人才的重要意义；"我校历史已久长，息游湖山仍郁苍"，描述了学校砥砺办学、初心不改的艰难奋斗史；"四科设教如网纲，学成致用实效彰"，表现出学校办学对于商科特色的坚定执着，以及人才培养注重实效，加强与社会需求高度匹配性的专业教学追求，商、会计、统计、银行四科始终是学校专业开设与人才培养的中心；"同表东海风泱泱，同表东海风泱泱"，指学校位于东海之滨，百余年来，诚毅勤朴，人才辈出，爱国精神与实际贡献堪称表率。

　　整首校歌不过十句话，却能以小衬大，准确传达出学校的办学精神、办学追求与办学成就。文字有古风的味道，曲调上有民国的风范，意蕴上有贯通古今的精神。

（二）校歌人物

孙振锄：丹心照大漠，一生为国防

　　1952 年，16 岁的孙振锄从浙江永康中学毕业后，被保送到浙江省杭州商业学校（浙江商业职业技术学院前身）计划统计专业 302 班。1955 年，他从这里毕业，次年被保送投考飞行员入伍，进入海军航空兵预备学校。1958 年，孙振锄考入中国人民解放军哈尔滨工程学院。

哈尔滨工程学院素有"新中国黄埔军校"之称。1964 年 4 月，他因成绩优异被学校选中，参加了我国首次核试验工作，经历了我国第一颗原子弹爆炸试验过程。

"我的毕业论文与核试验有关。"孙振锄回忆，当初他与教员先是到了北京，后来才知道是前往新疆罗布泊开展核试验工作。跨越 2000 多千米，孙振锄来到戈壁滩，过起了隐姓埋名的日子。

孙振锄"失联"后，家人四处寻找，甚至找到了部队里。身在戈壁滩的孙振锄抑制了对家人的思念之情，无怨无悔地辛勤工作。他知道，这里更需要他。

1964 年 10 月，我国首次核试验成功，第一颗原子弹在罗布泊爆发出惊天动地的巨响。孙振锄终于可以走出戈壁滩，回到永康老家看望家人。"儿子从天上掉下来了。"当"失散"了许久的儿子出现在眼前时，孙振锄父母不敢相信这一幕是真的，激动不已。

"我出差去了。"当家人问及"失踪"的情形，孙振锄只能编造谎言搪塞过去，对于出差地点、出差任务则绝口不提。短暂相聚后，孙振锄又返回戈壁滩。同年 11 月，他进入原国防科工委廿一所从事核武器的科研工作。

当时条件很艰苦，孙振锄回忆，住帐篷、喝苦水，"摇着那驼铃吹着那鹰笛，敲醒了黄沙漫卷灰蒙蒙的天"，这是当时试验基地的真实写照。"当初去的时候，别说是车不好开，就是走路都很难。"孙振锄战胜了一切艰难困苦，在这片荒无人烟的戈壁滩上，像马兰花一样顽强绽放着。

核试验是一项规模宏大，需要多学科、多部门协同配合，并耗费大量人力、物力的科学试验。孙振锄最初参加光学测量，主要负责光冲量的测量工作。要知道，测量原子弹爆炸瞬间产生的巨大光亮，是一道十分棘手的难题。

"孙振锄同志在大气层核试验任务中，担任光冲量测量计量任务的项目负责人。该项目测得的数据，为有关部门提供了重要的核爆炸效应参数。"由试验训练基地政治部出品的《基地英模名录》一书里这样介绍孙振锄的工作。

光冲量到底怎么测量？或许大家都想象不到。孙振锄告诉记者，他们是吊着降落伞，在空中完成测试的。"在戈壁滩上，我们完成了许多不可能完

成的事。"他所在的研究室被授予"勇攀科技高峰研究室"荣誉称号。他说，这对他来说是莫大的荣誉。

《中国工程师名人大全》一书中这样描述孙振锄：负责完成我国核试验地面光冲量测试工作，提供大量数据和12次技术总结报告；负责完成我国核试验空中光冲量测试工作，提供空中光冲量数据和2次技术总结报告，并获国家科学进步三等奖；参加并完成我国首次核爆炸X光测试工作。1978年以来，负责光纤技术在核诊断中的应用研究。

1998年，孙振锄被国防科工委授予"献身国防科技事业荣誉证章"；1991年，被人事部授予"有突出贡献中青年专家"。同年，经国务院批准，享受政府特殊津贴。1992年，荣获光华科学基金二等奖。此后，孙振锄在光纤研究中取得多项成果，先后完成了"光纤核爆炸反应动力学参数诊断系统""光纤聚变中子时空分辨测量""用光纤阵列测量核爆炸聚变反应区空间有关参数分布"等项目。获国家科技进步二等奖1项、三等奖1项，部委级科技进步一等奖1项、二等奖2项、三等奖多项等奖项和荣誉。

老校友孙振锄放弃小家为大家，献身国防科技事业的感人事迹，完美诠释了校歌的精神，诚毅勤朴，为国家和社会培养有用人才。

四、学校校标：心怀天下的志向抱负

（一）校标含义解读

校标是学校社会形象、办学思想、精神内涵和文化底蕴的外在标志，展示了学校的精神风貌和独特个性。

浙江商业职业技术学院的校标设计者为学校前身——浙江商业学校电美专业9702班谢姚丽同学，于2011年学校百年校庆时设计。

校标由斜向左右的各三条灰色斜线交叉构成鱼的形状，寓意四通八达，商运兴盛。以古代商品交换等价物上的鱼纹图案作为基本形状，象征着学校商业教育历史的源远流长和深厚底蕴。

鱼纹中相间的四种颜色红、黄、蓝、白，体现了我校"诚毅勤朴"校训的精神实质：红色——太阳的颜色，代表学校师生热诚、诚挚、诚信的内在品质；蓝色——海洋的颜色，代表坚毅的志向和对事业的执着追求；黄色——大地的颜色，代表勤奋自强、勇于进取的人生态度；白色——月亮的颜色，代表质朴纯真、淡泊宁静的人格魅力。校标下方的"1911"表示学校创建于1911年。

（二）校标案例

金庸：心怀天下，书写江湖风云

2018年10月30日，一代武侠文学泰斗金庸逝世，享年94岁。

"飞雪连天射白鹿，笑书神侠倚碧鸳"，用一枝灵动的笔，在几代华人的记忆里留下江湖传说的金庸先生虽然告别了我们，但是他的文字，他走过的足迹，依然是我们现实世界的重要部分。

金庸出生于浙江，成长于浙江，他和浙江有着不解之缘，他和商院之间也有一段故事。

1924年3月10日，金庸出生在浙江省嘉兴市海宁市袁花镇，祖籍江西婺源（古徽州）。家世系浙江海宁查氏，其家为书香门第，金庸本人是查升之孙查揆的后裔，所以取名查良镛。1929年5月，金庸入读家乡海宁县袁花镇小学，1937年从袁花龙山学堂（现袁花镇中心小学）毕业，同年考入嘉兴中学（现嘉兴一中），离开家乡海宁。

1929年秋，省立一中、二中两校的高中部和省立高级商科中学（浙商院前身）正式合并组成浙江省高级中学，1933年夏，奉命复改称浙江省立杭州高级中学商科。

1937年，抗日战争爆发后，省立杭州高级中学商科和金庸所在的嘉兴中学同时踏上坎坷的办学之路，金庸和浙商院的缘分由此开始。

1938年，日寇攻入浙江。6月，浙江省政府决议将南迁至丽水的省立杭州高级中学、杭州女子中学、杭州师范学校、民众教育实验学校、嘉兴中学、湖州中学、杭州初级中学等7校合并为浙江省立临时联合中学，分高中部、

初中部和师范部，校址为丽水碧湖镇，改校长制为委员制，由原嘉兴中学校长张印通任主任委员，其余 6 校校长为委员，浙商院和嘉兴中学因为这一次的合并办学而历史性握手，各自的余脉也得以保存流传。这个时候，金庸进入省立联合中学初中部。

临时联合高级中学（商科），校址仍在丽水碧湖镇，由张印通任校长。这一年，读初中三年级的金庸与同学合编了一本指导学生升初中的参考书——《给投考初中者》。这是此类型书籍首次在中国出版，也是金庸出版的第一本书。

1941 年，已经升入高中的金庸因在壁报上写讽刺训导主任投降主义的文章《阿丽丝漫游记》被开除。张印通爱惜其才华，介绍他转学去了衢州。从此，金庸就离开了丽水，离开了省立临时联合高级中学，开始了人生的另一段征程。

值得一提的是，学校在丽水碧湖的艰难历程，成为浙商院创业史上的最宝贵精神财富，也成为金庸的难忘记忆。在丽水三年多的艰苦求学生涯中，少年金庸尝遍了流亡生活的艰辛、民族受外人压迫的屈辱，这些苦难对其之后创办《明报》和写武侠小说产生了深远的影响。他身居斗室，心怀天下，把笔下人物的命运纳入波澜壮阔的历史背景之下，潜心打造了一部部优秀的作品。

第 二 节
办学理念的执着传承

一、杭州中等商业学堂：以商立身、突出应用

1840 年开始，东方大国厄运来临

刚愎自用的清末统治者在西方列强的坚船利炮攻击下，不得不改弦易辙，中国已经走到了历史大剧变的关口。无论情愿不情愿，当自给自足的小农经济与极富侵略扩张性的资本经济两相对峙时，弱势文明总得落败并开始一段向强势文明学习、模仿并企求超越的进程。

师夷长技以制夷。西方列强的侵略和国内太平天国农民起义的双重打击，促使清朝封建官僚集团分化出洋务派，试图以"洋务"（对西方先进的科学技术的代称）来维护清王朝的统治，他们的探索被称作洋务运动。延续三十多年的洋务运动，内容庞杂，涉及军事、经济、政治和外交，主要是创办了一批具有资本主义性质的工矿交通企业，在古老中国的荒原上，出现了大型的近代新式企业和新型的社会生产力。

然而，无论是李鸿章的江南制造总局，还是左宗棠的福建船政局，甚至是主张"中学为体，西学为用"，首开采取入学招考、借才异域、师夷长技、学用结合的新式教育模式的福建船政学堂，都没能挽救清政府的垂败格局。随着马尾海战福建水师的惨败以及甲午海战北洋水师的全军覆没，以洋务运动拯救中国的尝试最终失败了。

无商业，不兴国

经历无数次惨败之后，在研究列强是如何利用商业崛起取得霸权之后，习惯于闭关锁国的国人最终认识到，自给自足的封建小农经济已经走到了尽头，工商业的兴盛才是真正的发展之路。

洋务企业的创办在清政府压抑工商业的封建传统政策上打开了一道缺口，给私人资本追求资本增值带来了希望，推动社会资金流向新式企业。通过新式企业的创办，一些买办、买办商人、官僚和旧式商人转化为民族资产阶级，同时培养了一批科学技术人才，引进了一批先进机器设备和传播了先进科学知识，积累了管理新式企业的经验，迈开了中国近代化的第一步。

1903 年 9 月 7 日，清政府设立商部，同时颁布了一系列工商业规章和奖励实业办法。这些章程规定，允许自由发展实业，奖励兴办工商企业，鼓励组织商会团体，一定程度上促进了清末工商业的发展。1904 年，《商会简明章程》颁布后，各地商会如雨后春笋般冒了出来。

国家当富强，始基重在商

发展商业，需要专业的商业人才，发展新式商业职业教育已经迫在眉睫。

鸦片战争后，列强入侵，迫使中国开放通商口岸，列强在掠夺中国物产资源、输入外洋商品的同时，也把近代商务活动的理念和形式带进了中国，使国人眼界洞开。各种商务活动，特别是与外国的商务交往逐渐增多，诸如近代西方的银行、保险、商品进出口、海运等等，大都是中国传统商业从业人员所未曾掌握的。而西方"洋行"及其"练习生"制度的出现，便成为打破中国上千年"学徒制"的突破口。中国亟须培养与近代文明相适应的商务后备人才，这也正是中国开始兴办商务学堂最直接的因素。

1904 年，商部左参议王清穆所呈的《各省设立商务学堂折》称："值此列国竞争，以商战为主义。洋商之来华者，类皆谙习商法，洞明财政，为各国商业学堂卒业之士。我国商人未尝学问，于阜通货贿之义，盈虚消息之机，未能洞悉，彼明此暗，形见势绌，互市数十年动为洋商所持者以此。"故"各省宜先体察情形，宽筹经费，将应设之学堂，预为布置"。商业学堂的兴办开始走上日程。

1906 年 7 月，顺应时代潮流，依靠天津商会，中国第一所中等商业学堂在天津开办了。在商业兴国和发展实业教育使命的感召下，1911 年 3 月 15 日，时任杭州高等小学堂教职员郑在常绅士出私资，和该校的一些教职员一起创办了杭州中等商业学堂。事先，经省提学使禀准。校址在杭州市马市街黄醋园巷杭州高等小学旧址。学堂设立普通商科专业，定学额为 132 名，入学资格为 15 岁以上的高等小学堂毕业生并经考试合格者，分设预科（两年制）和本科（三年制）。并按清制规定，设统管全校的监督 1 人，为郑在常。同年 7 月，获清政府学部批准立案。杭州中等商业学堂是浙江省新式商业教育的先驱，也是当时全国为数很少的商业专门学校之一。

浙江商业职业技术学院传承商教的百年历史使命，也由此拉开序幕

清末的职业技术教育统称为实业教育，办学机构为各级实业学堂。光绪二十九年（1903 年）颁布的《奏定学堂章程》规定，实业教育的办学宗旨为"以忠孝为本，以中国经史之学为基，俾学生心术壹归于纯正，而后以西学瀹其智识，练其艺能，务期他日成材，各适实用"。在《奏定实业学堂通则》的"设学要旨"第一章中还规定："实业学堂所以振兴农工商各项实业，为富国强民之本计。"并对各级各类实业学堂的办学宗旨，又分别做了规定。其中，对中等商业学堂规定："以授商业所必需之知识艺能，使将来实能从事商业为宗旨"；"以各地方人民至外县外省贸易者日多为成效"。杭州中等商业学堂自 1911 年创办后，即据此为办学指归，所培育的商业专门人才，对全省经济的发展和生产力的提高，都有很大的促进作用。

民国元年（1912 年）1 月，南京临时政府教育部公布《普通教育暂行办法》，省城杭县的各类实业学堂均相继改为学校。杭州中等商业学堂随即也更名为浙江公立中等商业学校。9 月，教育部公布学校系统，将实业学校分为甲、乙两种，甲种实业学校与学校同等，四年毕业。民国二年（1913 年）8 月，教育部颁布《实业学校令》和《实业学校规程》，规定"甲种实业学校施完全之普通实业教育……"。浙江公立中等商业学校由此易名为浙江省立甲种商业学校，并规定了学校办学"以教授商业必需之知识、技能为目的"。

二、浙江省立高级商业职业学校：技能、善行与创新并举

民国三十一年（1942 年）秋，浙江省立临时联合高级中学迁址南田后，

商科停止招生 (原联中商科于 1944 年夏学生全部毕业后停办)。浙江省教育厅根据社会需要,决定将商科从联高划出,单独成立浙江省立高级商业职业学校,并任命张之桢先生为校长。几经辗转,商科师生重新迁回日寇已撤退的丽水县碧湖镇龙子庙。十三载合校生涯宣告结束,全校师生"感觉耳目一新,共欣脱羁縻而独立"。张之桢走马上任后即着力整顿校务,诸如教育方针、规章制度及各种重要机构组织,一一重新加以厘定。经全校师生通力合作,于 9 月 28 日正式开学,并定是日为浙江高商成立纪念日。时设商科,又设一年期高级会计人员训练班一班。民国三十二年(1943 年)秋和民国三十四年(1945 年)春,先后增设会计科 (附设会计短训班) 和统计科两个新专业。继续采取春、秋两季招生制。

碧湖时期,教务主任一职先后由李健纲、楼质明担任

抗日战争胜利后,民国三十五年(1946 年)1 月,浙江省立高级商业职业学校全部迁回杭州。学校对碧湖人民群众满怀感激之情,举行盛大的群众集会。学校师生和当地群众纷纷上台发言,挥泪告别。学校在丽水碧湖的艰难历程,成为学校创业史上的宝贵精神财富。在教学上仍注意保持过去重视培养学生实际工作能力的良好传统,将银行实习室改为学校银行,增设学校商店,让学生轮流进行实际业务操作。当时的办学条件和物质生活极为艰苦,茅舍、庙宇、祠堂权当教室、宿舍,用的是粗糙纸张印制的课本、练习簿,点的是光线暗淡的桐油灯,吃的是南瓜、芋艿、野菜,缺医少药,疾病激增,但广大师生克服重重困难,坚持教和学。学校为抗战大业造就了一批人才。

迁回杭州后,暂借租银洞桥 (今头发巷) 绸业会馆为校舍,并奉令接收了伪浙江省立职业补习学校初级商科三班学生 70 余名。1946 年 8 月,省教育厅委派钟大雄接任校长,张之桢为厅聘教员。10 月,学校迁回贡院前平安桥埭原址。

民国三十六年(1947 年)春,复增设春季招生的银行科专业。至此,全校共有商、会计、统计、银行四科,学生 13 班,计 302 人。专业设置及学生数量之多居中华人民共和国成立前历届商校之冠。稍后,对招生制度做了调整,取消春季招生,每年只在暑期招生一期,四科招一班,每班 30 名学生。

截至民国三十六年(1947 年)夏,共毕业学生五年制 9 班,182 人;三年制 34 班,997 人;一年期高级会计人员训练班 49 人;初级商业班 26 人,毕业生共计 1254 人。（1933 年杭高商科所办财务专修班毕业人数不详。）

三、浙江商业学校：紧盯市场的操作型实用人才定位

从 1949 年到 1980 年，三十一年间，学校历经中华人民共和国成立之初的经济困难、肃反运动、抗美援朝、大跃进和"文化大革命"，办学之路走走停停，过程中遇到难以想象的障碍，但是全体师生仍然坚持继承发扬"诚毅勤朴"的校训精神，以党和国家的安排为中心工作，殚精竭虑，取得了骄人的办学业绩。1963 年，学校改为商业部直属，更名为杭州商业学校，被商业部列为重点学校。1973 年又更名为浙江商业学校。因为具有较大的人才培养规模、良好的办学基础和社会声誉，花开两朵，1980 年 5 月，杭州商学院（现浙江工商大学前身）正式挂牌，同年 7 月浙江商业学校开始组建，按照本科和中专两种模式继续为国家培养优秀商业人才。

在这三十一年间，浙江商业学校办学规模逐渐扩大，根据国家建设的需要，不断进行专业调整，1958 年新增设了农业生产资料商品、动力机械商品、五金电工商品等专业，面向华东各省、市招生。加上原来的商业会计、商业计划统计，共设 5 个专业，同时还举办了各种短训班。1959 年，学校设有商业经济管理专业、动力机械专业和五金电工器材专业，并附设动力机械专训班。商业经济管理专业包括商业计划统计和商业财务会计两个专业，这是为了适应当时商业工作的实际需要而设立的。1969 年学校改名为杭州师范学校，开设文、理两科招收师范专业；1975 年，根据国民经济发展的需求，开办棉麻检验专业。

在这三十一年间，学校的办学一直是工学结合，注重实践，把教育教学与生产劳动结合起来。学校创办红旗化工厂、玻璃肥料厂、农业机械厂，解决专业实习与生产劳动的结合问题；落实实习商店，参加商业劳动和专业实习。如，学校学生承担了 1958 年春季全省收茧的会计出纳工作，将杭州市解放街百货零售商店作为实习商店等；通过生产劳动，学生的思想教育得到了加强；跳出书斋，奔向实践，积极改革教学内容，贯彻了面向基层的原则；以课堂教学为主，结合现场教学；把有实际经验的人请到课堂上来。

1980—1988 年，这是中国改革开放不断深入、社会主义现代化国家高速发展的时期。在这一时期，浙江商业学校再次历经了办学组织与规模的整合与扩大、办学能力与水平持续提升的过程。先是 1985 年浙江商业学校与浙江省商业干部学校分开，与杭州商业技工学校合并；再是 1998 年浙江商业学校、杭州商业技工学校和省商干校等几所学校合并办学，合并后统称"浙江商业学校"，同时保留"杭州商业技工学校""浙江省商业干部学校""浙江省商业厅电大分校"。

这是一段高等职业教育发展的准备期。1983 年，学校以省电大的名义招收电大成人班，1986 年起招收电大全日制普通班，开设工商企业管理、现代文秘、国际贸易、电算化财会、金融、制冷空调、酒店管理等专业。1997 年开始举办高等职业教育，当年招收酒店管理、烹饪、电算化财会三个班。到 1998 年全日制大专层次学生 576 人，中专层次学生 2142 人。

这是一段建设不断完善的时期。因为学校工作要求起点高、发展步伐快、改革思路宽、教职工凝聚力强，1992 年 11 月 30 日至 12 月 5 日学校顺利通过了原国家教委组织的中专学校办学水平评估。1993 年 5 月，经浙江省教育委员会和浙江省计划经济委员会审查考核，浙商校被评为 A 等学校。1993 年 7 月，经浙江省教育委员会和浙江省计划经济委员会审查考核，浙商校被评为省部级重点普通中等专业学校。

这是一段学校品牌建设初见成效的时期。经济类专业是学校办学历史最悠久的传统专业，有着百年历史；而烹饪、制冷专业则是省内甚至华东地区的开山专业，省内行业中的很多业务中坚出自浙商校，学校也因此被行业称为人才培养的"黄埔军校"。鉴于这一专业基础，学校除了优先考虑实验实训重点扶持外，还积极利用专业优势来打造品牌。如，积极参与烹饪、制冷空调等行业协会，由专业带头人担任协会领导，及时了解行业发展的前沿信息以便更新教学内容，同时也为专业做了品牌宣传。烹饪专业因为拥有鲜明的专业特色，承载了中国传统文化的特有内涵，首先走出了国门，先后与美国、日本、法国等国相关部门与学校展开了广泛的交流与合作。

四、浙江商职院：致力现代服务业的高技能人才追求

20 世纪 90 年代末，中共中央国务院立足于我国现代化建设全局，根据面向 21 世纪经济、科技和社会发展形势的变化，做出了"扩大高等教育规模，大力发展高等教育"的重大战略决策。浙江省委、省政府顺应形势的需要，即刻启动了"高教园区建设工程"。

浙商校的发展迎来了重大的转机，时代把高等教育的历史使命交付到全体师生的手中。

1998 年 2 月，经浙江省教育委员会、浙江省计划经济委员会和浙江省劳动厅批准，浙江商业学校、杭州商业技工学校、浙江省商业干部学校和浙江省广播电视大学商业厅分校四校合并办学；同年，根据省人民政府高教园区建设工程的总体部署，学校按照"高起点准入，高标准建设"要求，全面启动高等职业技术学院的筹建工作。2001 年 9 月，滨江新校区正式启用，2150 名高职新生到新校区报到入学；同年 10 月，3000 余名学生从德胜校区迁至滨江新校区上课。至此，学校办学顺利地实现从德胜校区到滨江校区、从杭州老城区到钱江南岸的战略性跨越。

2002 年 1 月，《浙江省人民政府关于正式建立浙江机电职业技术学院等18 所高等职业学校的批复》（浙政函〔2002〕17 号）文件发布，浙江商业职业技术学院正式成立。此时，学校全日制在校生 6068 人，教职员工总人数397 人，其中专任教师 177 人，设有经济贸易系、会计系、制冷与信息系、烹饪酒店管理系、艺术设计系、基础教育部和体育教育部等五系二部，共有 11个专业。此时一个现代化高等职业教育院校已经初具雏形。

因为努力，所以出色。进入高等教育伊始，学校就明确办学指导思想，树立现代高职教育理念；抓住了发展机遇，坚持把教学工作作为学校中心工作，注重师资建设、专业建设、课程建设，并取得成效，重视特色专业和专业特色建设。2003 年 3 月，《浙江省教育厅关于公布浙江科技学院等 14 所高等学校教学工作评估结论的通知》（浙教高教〔2003〕47 号）发布，浙商院作为合格评估试点单位，首家顺利通过教学工作合格评估。

2006 年 11 月 6 日至 9 日，学校以良好的办学成绩通过了高职高专人才

培养工作水平考察评估。2007年3月5日，浙江省教育厅发布了《关于公布宁波职业技术学院等10所高职高专学校人才培养工作水平评估结论的通知》（浙教高教〔2007〕17号）文件，学校被授予"高职高专学校人才培养工作水平评估优秀学校"。

2009年3月，《浙江省教育厅、浙江省财政厅关于确定省级示范性高等职业院校建设计划立项建设单位的通知》（浙教高教〔2009〕53号）确定浙商院为省级示范院校建设单位，学校开始建设省级示范校的工程；2017年6月，《浙江省教育厅、浙江省财政厅关于公布高职重点暨优质建设校名单的通知》（浙教高教〔2017〕23号）中确定浙商院为省级优质高职院校建设单位，学校开始建设省级优质校的建设工作。

2019年7月1日，教育部印发了《关于公布高等职业教育创新发展行动计划（2015—2018年）项目认定结果的通知》（教职成函〔2019〕10号），浙商院被教育部认定为国家优质专科高等职业院校。

2019年12月18日，教育部、财政部印发了《关于公布中国特色高水平高职学校和专业建设计划建设单位名单的通知》，浙商院进入"双高计划"建设单位行列。

2020年5月，经省教育厅批准，学校与杭州电子科技大学举行专升本联合培养试点协议签约仪式，双方联合培养电子商务和国际经济与贸易本科专业人才。

2020年12月，浙江省教育厅、财政厅发布《关于公布高水平职业院校和专业（群）建设名单的通知》（浙教厅函〔2020〕157号），在成功入选中国特色高水平高职学校和专业建设计划建设单位的基础上，学校又顺利入选了浙江省高水平高职学校建设单位。

"筚路蓝缕，以启山林。"回望过去，学校在一百一十年的办学历程中，传承百年校训，弘扬浙商精神，强化商科特色专业建设和商科人才培养特色建设，主动依托行业办学，积累了丰富的商教实践经验，经过全体师生员工的砥砺奋进、精益求精，我们已经树立了以"浙商精神"为引领的内涵深厚的校园文化品牌，以及在省内外有广泛影响力的创业教育品牌、"现代学徒制"人才培养模式品牌和国际合作品牌。

因为优秀，荣誉纷至沓来。学校先后被评为全国首批现代学徒制试点高校、全国高等学校创业教育研究与实践先进单位、全国高职高专校长联席会全国高职院校国际影响力 50 强、新媒体优秀院校 50 强、全国高职高专院校科研工作先进单位、教育部高职高专人才培养工作优秀院校、高职院校创新创业示范校 50 强、浙江省文明单位、浙江省职业教育先进单位、浙江省平安校园、浙江省普通高校毕业生就业工作优秀单位、浙江省依法治校示范校、浙江省数字校园示范学校、高职院校"双师"比例 100 强和高职院校思想政治工作创新示范案例 50 强、全国普通高校学科竞赛评估高职 50 强等等。

同时，学校获批建立"民族文化传承与创新子库——烹饪工艺与营养传承与创新"国家级教学资源库，获批成立 7 个国家骨干专业、2 个国家级生产性实训基地；被确立为浙江省"三全育人"综合改革重点支持高校（课程思政项目，全省高职院校 2 所之一）；入选教育部"1+X"证书制度试点院校名单，6 个项目获得立项；当选为中国职业技术教育学会党建工作委员会副主任单位；获批成立 1 个国家级师资培训基地；教师教学发展中心被评为"浙江省高校教师教学发展示范中心"，学校获评"浙江省课堂教学创新校"；国内首家中国制冷博物馆在浙商院落成；等等。

如今，学校正以百年的办学积淀，以服务浙江区域经济发展和产业结构调整，培养现代服务业高素质、高技能人才为己任，面向社会，面向市场，全面提升办学水平，奋力打造"重要窗口"商科职教风景，正朝着实现全国一流具有显著商科特色高职院校的目标阔步迈进。

第三节
迭代相续的文化追求

一、爱国文化：铮铮报国的无畏担当

建校以后，浙商院人就积极关心国家大事，积极参加革命斗争，为人民解放事业，为中华人民共和国的成立与建设，倾尽全力，并涌现出章乃器、骆耕漠两位杰出校友。

1919 年"五四运动"期间，浙商院校前身——浙江省立甲种商业学校学生参加了杭州学生联合救国会组织的示威游行，以及"抵制日货　提倡国货"等一系列活动。1920 年 3 月，杭州发生了震动全国的"一师风潮"，3 月 29日，反动当局出动大批军警包围"一师"，企图用武力强制解散"一师"，在此紧急关头，甲商等校学生队伍及时赶到，冲进包围圈与"一师"同学会合，迫使军警松围。之后又参加了由杭州学联组织的大规模游行请愿活动，加上全国人民的声援，终于迫使当局撤退军警，收回解散"一师"的成命。

1925 年"五卅"惨案发生后，校学生自治会派代表参加了杭州学生"五卅"惨案后援会，组织学生上街进行义卖和募捐，同时向群众宣传惨案真相，许多同学还参加了全市反帝示威游行。

在日寇步步入侵、民族危机空前严重的危难关头，商科师生与全校同学一起同仇敌忾，奋力投身于抗日救国的洪流之中。

1931 年"九一八"事变发生后，浙商院前身——浙江省立甲种商业学校浙高师生立即成立了"抗日救国会"（后改称"抗日救国服务团"），组织宣传队上街宣传，检查日货，开展募捐，慰问抗日将士和受难同胞。

1935 年"一二·九"运动发生后，12 月 11 日，浙商院前身——浙江省杭州高级中学学生参加了全市学生示威游行，游行队伍包围了日本领事馆，高呼反日口号，向领事馆内扔砖头、石块以示愤怒。是日晚，还在大街上举行火炬游行。事后，杭高学生组织了"杭州青年协进社"，出版《协进》社刊，鼓舞抗战。开展时事讨论会，与上海救国会取得联系，在校内外进行抗日爱国宣传活动。

学校在碧湖期间，尽管生活艰苦，师生们的爱国热情丝毫未减。同学们组织宣传队上街宣传，表演抗日救国的戏剧，组织"民族先锋团""读书会""历史研究会""时事座谈会"，学习宣传抗日救国道理。

在解放战争时期的爱国民主运动中，浙商院进步师生又谱写了一页页光辉的篇章。

1947 年前后，在蓬勃发展的"反饥饿、反内战、反迫害"运动中，浙商院前身——浙江省立高级商业职业学校爱国师生积极参加了 1946 年年中全市大中学生制止内战反对国民党政府丧权辱国的罢课和示威游行、1946 年 6 月下旬杭州 5 所专业学校举行的"要吃饭、要读书、要活命"示威游行、1946 年底至 1947 年初全市中等学校以上抗议美军暴行的集会和示威大游行、1947 年 5 月 24 日全市学生抗议"五二〇"惨案的"反饥饿、反内战、反迫害"的示威大游行等一系列斗争。1947 年 5 月 26 日凌晨，国民党当局出动大批武装军警偷袭杭高，该校有 5 位进步同学越墙进入高商，在高商同学掩护下安全脱险。与此同时，同学们在校内进行了争民主反迫害的斗争。1947 年 10 月，全校同学开展了为时一周的罢课斗争，赶走了无理迫害学生的训育主任杨嗣业。

1949 年 4 月初，学校党支部根据中共杭州市委的指示，以党员和"时代青年"成员为骨干，在"高商大团结"的口号下，团结广大师生员工开展以"反破坏、反迁移、保护学校、迎接解放"为中心内容的群众性护校斗争。党支部通过学生自治会组织了安全委员会（先称应变委员会），在主席、副主席下设秘书和生活、文化、防卫、联络等部（其主要负责人均为党员和"时代青年"成员），具体组织护校工作，诸如储粮备菜、安装校门围墙防护设施、制订严格的进出校门制度、组织巡逻队护校，以及动员走读生住校以增强护校力量，加强同兄弟院校联系以互相声援等。直到 1949 年 5 月 3 日杭州解放，

高商师生无一人走散，学校各项设施未遭到任何破坏。护校斗争的胜利，为中华人民共和国成立后的接管工作创造了有利的条件。

章乃器："能求祖国长富强，个人生死无足伤"

章乃器（1897—1977），原名章埏，字金烽，浙江青田小源村人。幼年读私塾，稍长进县敬业小学。1912年，入中华民国南京临时政府陆军部飞行营当学兵。1913年，考入浙江省立甲种商业学校（浙商院前身）。1918年为上海浙江实业银行练习生。1919年，在北京任通州京兆农业银行营业部主任、襄理。次年入中美实业公司任会计主任。1922年，重入浙江实业银行任营业部科员、主任，不久升任副总经理兼检查部主任。

1926年浙江宣告独立，负责起草《独立宣言》，从此步入政坛。1927年，在上海担任银行业工会领导工作，支持北伐战争。同年11月，创办《新评论》半月刊，抨击国民党反动政策，一年后被查封。

1931年"九一八"事变后，他投身爱国救亡的社会活动，不断发表抗日救亡文章，抨击国民党"攘外必先安内"的主张。此时章乃器多次帮助弟弟章秋阳把中共从瑞金苏区运来的金银换成法币，帮助转移党的经费。1932年6月，创立中国征信所，任董事长。1934年，与宋庆龄、何香凝等签名公布《中国人民对日作战基本纲领》，发起组织中华民族武装自卫委员会。1935年，受聘为上海光华大学、沪江大学教授，兼任中兴信社干事、中国大学工商管理系主任。同年12月，参与组织上海文化界救国会。1936年1月，发展为上海各界救国联合会，发表宣言，提出"停止一切内战""释放一切政治犯""团结抗日""共赴国难"等主张。5月，上海成立全国各界救国联合会，章乃器当选为领导人之一，因而引起国民党政府的仇视。7月，上海市市长吴铁城胁迫浙江实业银行总经理李铭解除其副总经理职务。李铭无奈，决定出资安排其去英国留学，章乃器折断手中的笔说："我不能让银行受累，也不愿离开救国会。"他愤然辞职，脱离了努力奋斗多年的银行界，接着与沈钧儒、陶行知、邹韬奋联合发表《团结御侮的几个基本条件与最低要求》，呼吁国共两党团结抗日。11月22日，与沈钧儒等一起被捕，世称"七君子事件"。在国内外舆论声援下，1937年7月31日获释。11月，与国际友人、国内知名人士发起成立中国工业合作协会。1938年1月，任安徽省政府委员兼动员委员会秘书长，不久升任财政厅厅长，团结知识青年，以各种名义拨款支援新四军。1939 年 6 月，奉蒋介石命令"赴渝述职"，到重庆后被免职。1940 年 6 月，在重庆与上海银行合办上川实业公司，任总经理。1942 年 12 月，与吴蕴初、胡厥文等发起成立中国工业经济研究所，任所长。1944 年 4 月，又改为上川企业公司。

1945 年 12 月 16 日，章乃器在重庆与黄炎培、胡厥文等发起组织中国民主建国会，任常务理事兼会员组主任，组建重庆、上海、港九、北平分会。1946 年 6 月回上海，经营上川实业公司，投资联华影艺社及昆仑影片公司，拍摄《一江春水向东流》《八千里路云和月》等影片。1947 年春，到香港创办港九地产公司。1948 年夏，代表民主建国会发表声明，响应中共中央关于召开新政治协商会议的号召，12 月秘密离开香港，赴沈阳参加新政协筹备工作。1949 年，前往北京并参加全国政协大会。

中华人民共和国成立后，章乃器任政务院政务委员兼编制委员会主任、中央财经委员会委员、全国政协常委兼财经组组长、全国人民代表大会代表、中国民主建国会副主任委员、中华全国工商业联合会副主任委员等职。1951 年，随毛泽东主席访问苏联；同年，任中央西南土改工作团团长，到四川开展土改工作。1952 年 8 月，任粮食部部长，参与制定粮食统购统销政策。1956 年 6 月，到浙江检查工作，曾回青田县小源村探亲。1957 年被错划为"右派"，但章乃器始终坚信"实践检验真理，时间解决问题"。

"文化大革命"中，章乃器遭残酷迫害，但他仍坚定信念："能求祖国长富强，个人生死无足伤。坏事终当变好事，千锤百炼铁成钢。"1977 年 5 月 13 日，默然离开人世。1980 年 6 月，得到平反。1982 年 5 月 13 日，章乃器骨灰被安放到八宝山革命公墓。

作为学术大家，章乃器的著作有《章乃器论文选》《激流集》《中国货币论》《中国货币金融问题》《出狱前后》《抗日必胜论》《民众基本论》《论中国的经济改造》等。

骆耕漠：投笔从戎，经济斗争创奇迹

骆耕漠（1908 年 10 月 18 日—2008 年 9 月 12 日），原名丁士通，谱名丁龙孝，曾用名李抗风、李政、李百蒙，浙江於潜（今临安）横山村人，是我国著名

的革命家和经济学家。1922年冬，在於潜县立高等小学毕业，后便抱着实业救国之心，以优异的成绩考入浙江省立甲种商业学校（浙商院前身）。

在校期间，他一面孜孜不倦地刻苦钻研学业，充实科学文化知识；一面积极投身社会运动，奋发拯救祖国和平。1925年"五卅"惨案发生后，他组织校学生自治会派代表参加了杭州学生"五卅"惨案后援会，并带领同学上街义卖、募捐，参加全市反帝示威游行。1925年下半年，在他的参与带领下，发动了反对学监实行封建专制的管理方法、反对校长任用无能教员的斗争。

学业未满之时，北伐战争的号角从华南吹到华东。1927年2月，国民革命军第17军开进杭州，他毅然投笔从戎，成为17军2师政治部的一名宣传员。1927年"四一二"反革命政变后，他一度流亡武汉参加原总政治部中央军事政治学校附属教导团，接受军政训练。同年8月，回到浙江返校后，参与建立了团支部，并任支部书记。9月，他又担任共青团杭州一区区委书记，负责全市学校共青团工作。11月，杭州党、团组织相继遭到破坏。因叛徒出卖，他作为政治犯被捕关押于杭州"浙江陆军监狱"。在长达六年多的铁窗生涯中，他秘密坚持自学马列主义基础理论知识，攻读"政治经济学"，为日后的革命工作打下坚实的理论基础；同时与狱中难友薛暮乔等人一起编撰《中国经济情报副刊》。出狱后，他即赴沪从事经济研究，并与钱俊瑞合作以"朱心湛"笔名发表了第一篇经济短评。此后便一发不可收拾，他开始在经济学界崭露头角，以"骆耕漠"笔名撰写了大量经济时评，抨击国民党经济政策，揭露社会黑暗，从事抗日救亡运动，宣传革命。

1938年，骆耕漠加入中国共产党，先后担任中共浙江省委统战工作委员会委员、中共浙江省委文化工作委员会书记以及中共东南局文化工作委员会委员。这期间，他指示共产党员王闻识在於潜鹤村创办《民族日报》，又发起组织浙江旅沪同乡回乡服务团，创办《动员周刊》《抗建论坛》《东南战线》《皖南人》等刊物，宣传党的抗日民族统一战线，推动民族民主革命运动。皖南事变以后，骆耕漠进入苏北盐城敌后抗日根据地，担任新四军财政经济部副部长，从此全身心致力于革命的经济工作。1941年到1949年，他参与领导苏北、华中、华东等解放地区的地方财经工作和部队供给工作，历任苏北区党委财委副书记兼盐阜区行政公署财经处长，苏浙军区、华中军区供给部长，三野东线兵团后勤部长，华野、二野总前委财委委员兼秘书长等职务。

中华人民共和国成立后，骆耕漠又任华东区财委会委员、秘书长、副主任。1954 年任国家计划委员会副主任，并兼任中国科学院哲学社会科学学部委员、经济研究所研究员。1981 年任中国社会科学院顾问、国务院学位委员会经济学学科评议组成员。1982 年受聘为中国社会科学院研究生教授、博士生导师。1990 年起承担主持中国社会科学院重点科研项目"我国社会主义初级阶段商品经济特点理论剖析"和"对我国十年来经济体制改革的考察和典型调查报告"。

骆耕漠在艰苦卓绝的革命战争年代，在担任繁重的领导工作的同时，从20 世纪 30 年代就开始从事经济理论研究，著述不辍。此后，在中华人民共和国成立后的四十多年中更是硕果累累，论著颇丰。他一方面参与国家经济建设的计划管理工作，一方面深入系统地研究马克思主义经济理论，同时着力进行经济政策的研究和政治经济学基础理论的探索，特别深入钻研对当前经济体制改革和发展有重大指导意义的基本理论。

二、创业文化：敢为人先的创新进取

创业教育是以培养具有创业基本素质和开创型个性的人才为目标。在高校，是以培育在校学生的创业意识、创业能力为主的教育。

教育部在《关于大力推进高等学校创新创业教育和大学生自主创业工作的意见》中指出："在高等学校开展创新创业教育，积极鼓励高校学生自主创业，是教育系统深入学习实践科学发展观，服务于创新型国家建设的重大战略举措；是深化高等教育教学改革，培养学生创新精神和实践能力的重要途径；是落实以创业带动就业，促进高校毕业生充分就业的重要措施。"

在浙江商业职业技术学院，创业是一个常说常新的话题。这里，有着浓郁的创业文化氛围；这里，曾经在国内首创"全真环境下的创业教育模式"。两年内创办了 69 家企业，每家企业均有工商和税务登记并领有营业执照。要知道，这些企业的经理和他们的员工全是在校就读的大学生。专家称其为"中国高职教育的破冰之旅""中国高职教育的小岗村"。

浙商院人敢为人先，不走寻常路，涌现了许多具有鲜明商院特色的创业故事。

吴和：从商院毕业，成为蓝天的驾驭者

一名商院毕业生成为民航飞行员，就是一个创业文化的典范。

吴和，浙商院 2011 届市场营销专业毕业生，现为浙江长龙国际货运航空有限公司飞行员。

吴和在校期间成绩优异，曾获全国高校市场营销大赛总决赛一等奖。毕业后第一年，他在一家服装公司工作，负责渠道开拓和店铺的管理。他与天空结缘，源于一次偶然的机会。当时，他在网上看到了长龙国际货运航空有限公司招聘飞行学员的信息，于是怀揣冲上云霄的梦想，抱着试一试的态度前去应聘。

整个应聘过程严格又漫长。起先是初试，分为一般体检、英语口语测试、笔试和面试等环节。整个过程，吴和感觉良好，但是足足等了两个月，他才收到了复试的通知。复试需要参加国外航校的体检和面试。航空体检很严格，需要对视力、骨骼、体态、器官等进行全方位的检查，算起来总共有 100 多项检查，只要有一项不达标就与蓝天无缘。凭借良好的身体素质，吴和顺利通过航空体检这一关。

之后是国外航校的面试，其过程一波三折。这次面试对吴和来说是个非常大的挑战，因为英语口语薄弱，难以胜任和老外面对面交流的工作，况且是在专业性很强的航空领域，他甚至有一种"不寒而栗"的感觉。结果，不出意料地失利了。好在因为体检符合标准，公司给了他二次面试的机会。吴和决定孤注一掷，报了一个英语培训班，恶补了三个月的英语。功夫不负有心人，他的英语水平突飞猛进，再次面试的表现令当时的外国面试官也备感惊讶，就这样，他成功通过第二次面试。

通过国外航校的面试之后，公司派遣吴和前往美国进行为期一年的飞行培训，训练分为理论学习和飞行学习，全部英文授课。成为一名商用飞行驾驶员要考取私人驾驶执照、仪表飞行等级和商用飞行执照，每一张执照都需要进行理论考试和飞行检查，达到 80 分才算合格。

飞行培训总体很顺利，但其中也有一些"惊心动魄"的故事。吴和第一次 solo 飞行（也称单飞，就是一个人驾驶飞机出去）的时候，通信出现了问题，接收不到塔台的指令。没有塔台指挥的飞机就像一个盲人拳击手，很有可能对别的飞机造成威胁，并且也会威胁到自己的生命。吴和当时确实惊出一身冷汗，但他努力使自己冷静下来，回忆学习过的通信失联处理流程，按程序进行处置，最后有惊无险地飞回了机场。

经过一年的学习，吴和顺利拿到了所有执照，回国后开始进行大飞机的改装训练。改装训练同样需要进行理论学习和模拟机的飞行。这又是一次非常大的考验，因为大飞机机械结构更复杂，电子组件更多，并且是载客飞行，需要对所有的乘客负责，那就需要更多的知识和经验来应对可能发生的所有突发情况。经过两个月的改装训练及改装检查之后，吴和正式成为一名中国民航飞行员，执行载客运输航班。

如今吴和已经从事民用航空运输工作六年半了，运送了数以万计的乘客安全抵达目的地。在旅客眼中，飞行员西装革履，戴墨镜挂领带，十分帅气，但在光鲜亮丽的背后，还有不间断的学习训练和高强度的飞行，这对于飞行员的身心抗压能力都是极大的考验。吴和说："真实的飞行没有太多的波澜。对于民航飞行员来说没有波澜就是最大的安慰，因为平平安安就是对旅客、对公司、对自己最好的回报。"

三、品质文化：追求卓越 坚忍奋斗

百年商院，品质为先。

这种品质的追求，对于浙江商业职业技术学院来说，就是牢固树立新发展理念。坚持立德树人之根本任务，扎根中国大地办教育。坚持服务国家战略和区域经济社会发展的宗旨，提升服务发展贡献度。秉持"商通天下，文传古今"的精神内核，放眼世界，面向未来，推动商业职教与商业流通共生共长走向世界，厚植百年浙商文化的根基，促进中华优秀传统文化与学校百年商教优势相辅相成融合育人。紧紧抓住"一带一路"倡议的实施、长三角区域一体化发展、浙江省八大万亿产业发展需求和我国高职教育高质量提升的历史机遇，以高质量发展为核心，深化产教融合、校企合作，强化内涵建设和商科特色塑造，走高标准、强实力发展之路。

这种品质化，既体现在学校人才培养的理念上，也表现在人才培养的质量上。

聂腾云、陈立英：打造韵达成为全球化综合快递物流服务商

2017 年 1 月 18 日，由浙商院杰出校友聂腾云和陈立英分任董事长和副董事长的韵达控股股份有限公司（韵达股份）在深圳证券交易所挂牌上市，正式登陆资本市场。这标志着创立于 1999 年的韵达股份将迎来全新的发展机遇，并借力资本市场积极构建涵盖仓配、云便利、跨境物流和智能快递柜为内容的综合服务平台，建立以快递为核心的生态圈，成为具有国际竞争力的全球化综合快递物流服务商。

聂腾云和陈立英为浙商院前身——浙江商业学校 1995 届商业经营专业毕业生。两人于 1999 年 8 月在上海创建上海韵达货运有限公司（注册商标为"韵达快运"）。在短短的十多年间，韵达的创业者和全体员工靠艰苦卓绝的拼搏精神，群策群力，由一个不知名的快递公司迅速崛起，成长为中国快递行业的知名品牌之一。

刚创立时韵达公司只有 30 人，靠吃苦耐劳，公司逐渐站稳了脚跟，不过，一直都处于行业的最末尾。即使是 2008 年圆通、申通依靠电商快速崛起，韵达也仍然处于落后状态。

好在聂腾云看得似乎更长远。快递行业最开始是粗放式的抢市场份额的发展阶段，但当行业红利逐渐消失、竞争变得激烈时，比拼的就是精细化运营。所以，韵达在 2013 年后开始逆势而上，快速追赶。

韵达主要做了两件事情，一是在技术设备上加大投入，提高运营效率。据了解，在 2015 年，韵达正式上线自动化流水线，之后不断优化升级。韵达的"机器设备"的账面价值从 2013 年的 2.1 亿元飙升到 2019 年的 41.13 亿元，但是分拣成本却从 0.74 元／件下降至 0.39 元／件。

另一个是优化干线运输路线。韵达转运中心 100% 自营，截至 2019 年末，全国设立了 59 个自营枢纽转运中心，并且推出加盟商直跑模式，拥有 3728 个加盟商。

凭借优化服务—提升效率—降低成本的运作模式，韵达的口碑越来越好，在国家邮政局发布的 2019 年快递服务满意度排名中，韵达排第四，仅次于顺丰、邮政 EMS、京东，超过了其他"通达系"成员。

如今的快递行业被认为是三分天下：京东、顺丰、阿里，阿里通过入股"通达系"，成为另一个强有力的竞争对手。但之前有一家迟迟没有站队，它就是韵达。阿里很早就成为百世的第一大股东，之后是申通和圆通，为第二大股东；再就是中通，成为其第三大股东。

在最新的韵达股权结构中，出现了阿里的名字，但只持有 2% 的股份，是第八大股东，无缘董事会。可以看出，聂腾云还怀有更大的野心，他并不想归附于阿里，他想要独立发展。

因此，韵达仍然在加大自动化改造升级，在大数据、人工智能、视觉技术等方面进行了投入，他想将韵达打造成一家智慧物流公司。

"吃水不忘挖井人"，聂腾云和陈立英夫妇对于母校有着深深的反哺情怀。韵达公司与浙江商业职业技术学院已经开展了近十年的校企合作，学校成立"韵达订单班"，共享资源，共赢发展，依托现代学徒制人才培养模式，联手系统性培养物流业人才，并取得了圆满成功。

（本章编写人员：朱小峰；本章部分资料来源：《浙江商业职业技术学院志》（1911—2011），浙江教育出版社 2011 年版）

第三章

特色：泛商博雅的教学文化

对于一家企业来说，文化是企业发展的DNA，决定着一家企业的性格和命运。企业文化是以企业精神为内核的，在企业长期实践中形成的全员认同的理想、价值观和信念。通俗地说，企业文化回答一家企业从哪里来、到哪里去、为什么而存在的命题。

同样，学校也有自己的教育追求和学校发展的理想定位。一所学校的教学文化就是回答培养什么人、怎样培养人、为谁培养人这个根本问题。基于百年商科历史积淀，我们坚定以职业教育为纲的决心，坚守以商科教育为本的初心，传承传统商业文化，融合时代商业变革，培育具有国际化视野、互联网思维与现代商业精神的商科人才。在这样一个文化定位中，职业教育是我们的类型特征，商科教育是我们的行业特质。这一理念应该是浙江商业职业技术学院的每一位老师、每一门课程和每一节课堂中应该始终坚守、执着实践和不断探索的，是学校教学实践活动展开的前提、背景。教学是一种创造性的活动，老师们基于这样的共同价值认知和价值取向，开展丰富多彩的教育教学实践活动，逐渐形成了"从商科职业教育视角，以商业文化特色教育为抓手的商科特色教学文化活动品牌"。

第一节
商科特色教学文化的价值取向

价值取向是构建课程体系的方向标，它决定着课程体系中的教学目标、教学内容和教学方法等多个方面。当前，我们正身处中华民族伟大复兴战略全局和世界百年未有之大变局，面对开启全面建设社会主义现代化国家新征程，作为社会主义建设者和合格接班人的新时代商人群体应该具备这样的特质：新时代商人应该是有梦想的，勇当民族复兴的"追梦人"。事实证明，任何伟大的事业都始于梦想、成于实干。心怀梦想、奋力追梦，才能让"中国号"航船劈波斩浪稳健前行。新时代商人应该是有信义的，勇当诚信守法的"模范生"。人无信不立，商无信不兴。新时代商人应永远把信义作为立身之本、成事之基。新时代商人应该是有格局的，勇当扩大开放的"主力军"。继承中华商人筚路蓝缕、乘风破浪的精神，勇开拓、闯世界、创未来。新时代商人应该是有担当的，勇当数字变革的"开拓者"。敏锐把握时与势的变化，紧跟数字化浪潮，切实扛起科技和产业创新的使命担当。新时代商人应该是有情怀的，勇当民生幸福的"守望者"。积极履行社会责任，主动投身公益事业，时刻谨记为人民服务。

基于这样的目标，学校围绕全人教育的定位，从"知识传授＋能力提升＋价值引领"三个维度明确浙商院商科特色教学文化的价值取向。强化商业文化素质教育与思想政治教育、专业教育体系的深度融合，引导学生理解商业伦理、经商之道、商人的处世哲学，通过多维度教学活动传授知识，提升能力，引领价值，学成致用的目标，培养"有德行、懂管理、会经营"的现代商贸人才。

一、立德树人的底色坚守

"国无德不兴，人无德不立。"习近平总书记指出，要把立德树人融入思想道德教育、文化知识教育、社会实践教育各环节，贯穿基础教育、职业教育、高等教育各领域，学科体系、教学体系、教材体系、管理体系要围绕这个目标来设计，教师要围绕这个目标来教学，学生要围绕这个目标来学习。落实立德树人根本任务，要坚持把德育放在首位，加强文化基础教育，加强中华优秀传统文化教育。立德树人正是浙商院在教学活动中的底色坚守。在新时代背景下，学校将立德树人作为根本任务内化到素质教育环节，导入文化丰富的核心价值，将传统文化与浙江精神相融合，培养正确的道德观、义利观，以动态的精神食粮丰富学生的管理思想和创业精神，拓宽文化视野，塑造文化精神。

（一）立浙商校百年传承之德

"德技并修，以德为先"是培养职业人才的终极目标。"德"一词最早出自《周易》中的卜辞，指以德育人利物，现指以崇高的道德、博大精深的

学识培育学子。"德"涵盖三层含义：一是以社会品德、家庭美德为载体的社会公德；二是以"孝悌忠信礼义廉耻"为本的个人道德；三是以爱岗敬业等职业活动中应该遵循的行为准则为标准的职业道德。"国不以利为利，以义为利也"，在中华上下五千年的历史中，传统文化特别是儒家思想一直在倡导积德行善、德治仁政，从而滋养了中华民族敦厚重德的性格。只有创造一个公平、正义、秩序稳定的外部环境，个人的商业才能和智慧才能得以最大程度的发挥，实现利益最大化。这种理念，外化为新时代浙江人始终秉承的社会责任意识。"诚毅勤朴"是伴随学校百年发展历史的校训，是学校商教育人的精神内核。一方面，"诚毅勤朴"可以解读为"诚以为人、毅以处世、勤以治学、朴以求真"等四个方面的通用立身处世原则；另一方面，结合学校的商科办学特色，又可以进一步精细分解为："诚"——诚信、真诚，意在培养诚实守信、襟怀坦荡之商业品格；"毅"——坚毅、刚毅，意在磨砺开拓进取、坚定执着之从商意志；"勤"——勤奋、勤勉，意在养成刻苦学习、探索创新之经商习惯；"朴"——朴实、纯朴，意在追求朴实自然、坚守初心之为商境界。

（二）树新时代德技兼备之人

以百年校训为基，以"富强、民主、文明、和谐，自由、平等、公正、法治，爱国、敬业、诚信、友善"的社会主义核心价值观为指导，浙商院致力于培养符合新时代需求的新商科技术技能人才。学校认真落实习近平总书记关于教育的重要论述，全面推进高校课程思政建设，推进课程思政与思政课程同行同向，全面提高人才培养质量的重要任务。浙江商业职业技术学院将"课程思政"的支撑指标点设置为"爱党爱国""诚实守信""坚毅执着""开拓进取""勤勉刻苦""积极创新""朴实自然"和"纯真淡泊"等八个校级层面的指标点。各二级学院依托这八个指标点，根据需要提炼出更多的二级指标点，建设培育一批充满校本特色、发挥思政功能的示范通识课和专业课。

在立德树人的思想指导下，学校将五个学期分为"博文""广识""笃行""精进""致远"五个模块，形成自我管理、道德塑造、劳动意识、职业规划、创新创业的递进式学习阶段，完成学生从知识学习、能力培养到素质提高的转变。围绕全人教育的定位，坚守学校"诚毅勤朴"的校训文化和"以商富国、以商福民"的商业职业精神。一方面，立足于传承和弘扬中华传统商业文化的初心，通过强化商业文化教育与思想政治教育的深度融合，引导学生理解商业伦理、商人处世哲学。另一方面，立足于服务区域经济发展和民族振兴的使命，通过强化商业文化教育与专业技能教育的深度融合，学生习得构建新经济时代创新商业思维理念和经商之道。通过多维度开展商业文化教育教学活动，传授知识，提升能力，引领价值，达到古为今用、学成致用的目标，为培养"有德行、懂管理、会经营"的现代商贸人才服务。

案例1：立足课堂主渠道，思政课程与课程思政协同育人

浙江商业职业技术学院深入贯彻落实习近平总书记的重要讲话精神，突出党建引领，立足课堂教学主渠道，思政课程与课程思政协同育人，取得良好效果。高职"毛泽东思想和中国特色社会主义理论体系概论"（以下简称"概论"）于2020年4月入选浙江省高等学校精品在线开放课程，同年11月入选国家精品在线开放课程。2019年浙商院被确立为浙江省"三全育人"综合改革重点支持高校（课程思政项目，全省高职院校两所之一）。

1. 创优思政课程，着力推进改革创新

学校把办好思想政治理论课这一培育时代新人的"关键课程"，作为重中之重加以落实。率先开发建设了中国大学MOOC高职版"毛泽东思想和中国特色社会主义理论体系概论"（以下简称"概论"）在线开放课程。课程团队开发了包括微视频、自学课件、话题讨论、单元测验、单元作业和期末考试题等立体式、多样化、一站式的课程资源，立体式多样化教学资源，通过在线课程（中国大学MOOC）平台的有效运营，学生线上独立学习和教师线上线下混合式教学模式的运用得以满足。测验、作业、讨论、期末考试相结合的线上考核评价体系，保证并促进了学生在线自主学习的积极性、主动性。深入推进新时代思想政治理论课的改革创新，立足高职学生思维特点，强化问题导向，注重案例启发，从慕课教学内容、问题和方法上为高职生量身定制，彰显了独具匠心的高职针对性，让学生"愿意听"。

2020年初，新冠肺炎疫情暴发后，学校思政课教师立足课程，紧密结合战"疫"素材，制作系列微课视频，8个作品先后被"学习强国"平台录用，4个作品被全国高校思想政治理论课网络集体备课平台录用发布。以多样化的

优质教学资源、体验式的学习互动空间、过程性的多元考核方式，呈现出丰富性、互动性、易学性、监控性的多重特点，促使学生愿意"持续学"。

2. 聚焦课程思政，打造立德树人特色品牌

依托百年商教的历史积淀,学校紧密围绕"诚以为人、毅以处世、勤以治学、朴以求真"等四个方面的校训精神推进课程思政建设，设置了"爱党爱国""诚实守信""坚毅执着""开拓进取""勤勉刻苦""积极创新""朴实自然"和"纯真淡泊"等八个校级层面的指标，积极探索具有学校特色的"课程思政"建设路径。全校性公共基础课"浙商文化"将历史文化影响下的浙商精神融入课程内容，落实立德树人根本任务；旅游烹饪学院教师赵刚依托自己的专业特色，用"加好思政'盐'，做好育人'菜'"，形象地把学生不同阶段的管理方法比喻成"加粗盐"和"加精盐"，通过精心烹制的方法，学生成长为"佳肴菜品"，成为优秀的人才；体育教育部教师梁西淋提出"以道立德"的德育路线，用跆拳道项目中的"礼义、廉耻、忍耐、克己、百折不屈"十二字精神引领学生逐步成为德才兼备、全面发展的人才。两年来，学校涌现出一批课程思政优秀典型案例，获得教育部文化教指委"战'疫'课堂"课程思政典型案例三等奖 1 项、优秀奖 2 项。

学校通过官微推广"立德树人 50 人谈"专栏，聚焦课程育人，把教师在课程思政改革中的典型经验和做法体会，通过新媒体平台传播方式，全校教职员工了解到学校在立德树人方面的工作部署，了解到身边同事在"课程思政"方面取得的成就，激发了教职工参加育人工作的动力和积极性，形成"三全育人"的良好氛围。

二、知识传授的阵地打造

课堂教学是高校育人主阵地，承担着知识传授与价值引领的双重任务。在全国高校思想政治工作座谈会上，习近平总书记指出高校的教育目标："必须围绕学生、关照学生、服务学生，不断提高学生思想水平、政治觉悟、道德品质、文化素养，让学生成为德才兼备、全面发展的人才。"

教育的目标在育人，高校人才培养的目标是让学生成为德才兼备、全面

发展的人才。传统的课堂教学都是以教师为主体，偏向于单向度的流程化灌输。而近年来浙江商业职业技术学院致力于打造新的知识传授阵地，创新课堂教学改革方向，倡导以学生为主体，鼓励师生共成长。在教学活动中，课堂关系模式从以师为中心转换为教师与学生、师生与课程的共生共进，实现教师与学生共学、共研、共进的创新方向，打造出一个个有趣、有味、有效的知识传授阵地。

（一）打造师生共生的知识传授阵地

图 3-1　教师在"庆祝中华人民共和国成立 70 周年"图片展上开展现场教学

图 3-2　学校教师战"疫"思政微课被学习强国平台录用

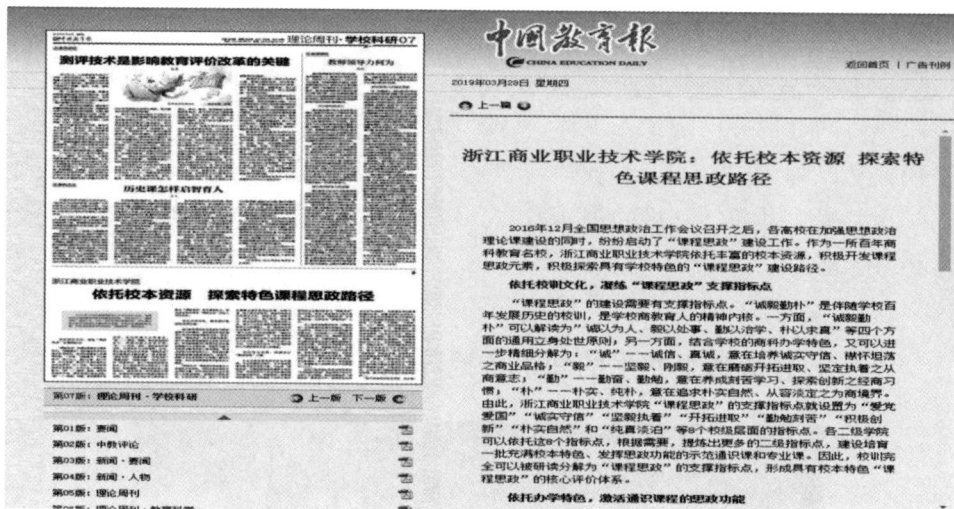

图 3-3　《中国教育报》刊发学校"课程思政"建设经验总结文章

　　在课堂活动中，教师和学生会围绕教学任务、学习主题、管理服务、情感碰撞等方面展开对话交流和体验，在此过程中形成了一种"和谐共生"的关系。这种和谐，来源于团结协作、轻松愉快、真诚友爱的一面，也来源于在分歧的解决中复合、理解、协调与合作的过程。在课堂的构建中，教师与学生都意识到各自都是一个未完成的成长者，在教育活动中共同发展与进步，教师主动"点醒"学生，学生积极反馈教师，通过课堂中的合作探新，在尊重差异中实现共同生长与发展。在课堂中，我们追寻一种"平衡式"的师生关系。课堂将教师与学生提升到同等重要的地位，同时以"师"与"生"为中心，模糊教师与学生各自作用的"边界"。教师和学生所扮演的角色不是静态的，而是多重角色之间的互动，是依据具体的教育活动的任务来决定的。对于教师而言，由拥有绝对话语权的主导者变为课堂的引导者，以课堂内外的多种文化为媒介，通过交流与沟通，展开课堂实践；对于学生而言，从课堂弱势的"聆听者""记录者"变为真正的参与者，师生双方角色在课堂中共同介入、积极交互，出现动态生成，从而完成知识的主动构建与有效传递。

　　知识阵地的打造，注重知识，更注重价值的引领和提升。通过德智并重、

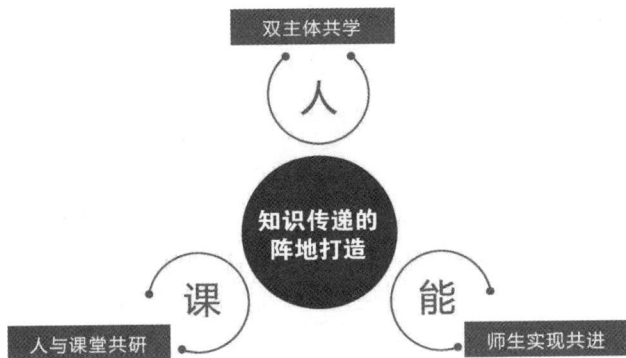

图 3-4 知识传递的阵地打造模式

点面结合、知识传授与价值引领相统一的课堂学习，学生不仅习得了知识，在思想行为和思维观念上更得到进一步塑造；在专业课程中展现人文精神和科学精神，以润物细无声的方式落细、落小、落实，引领、引导学生做社会主义核心价值观的坚定信仰者、积极传播者、模范践行者，教师的教学技能也得到了提升。

（二）打造课程共进的知识传授阵地

在师生平衡的思想主导下，教师通过移情和感化的课堂，润物细无声地实现知识的传递。课程设计注意做到两个递进：第一，促使学生从知识观→工具观→人文道德观链条效应的实现，达到知识目标、能力目标和素质目标三维目标的统一；第二，将以往以课堂传授为主的"满堂灌"转变为步步提升、层层递进的三部曲模式，通过递进式、思考式的教学环节设计，使教学以"抛出问题——分析问题——课后任务拓展"的形式形成完整的教学闭环，既保证教学的预设性，又留有课堂传授的生成性。

在课程设计之外，教师导入信息化教学模式，通过多模块化的教学，进一步推动课堂的生动性。基于学生学情进行资源的开发，满足不同专业不同年级学生的学习需求，主动及时地提供集思想性、科学性、时代性于一体的教学资源。教师在课中综合运用多种创新性教学活动组织手段，激发学生学习兴趣，引导学生深入思考。通过高效的"师生互动""生生互动"，最大限度地发挥课程的价值渗透和价值引领作用。

案例 2：跨界、协同、创新——团队教学与团队学习项目化教学探索

浙江商业职业学院艺术设计学院副院长陈静凡带领团队进行了"团队教学与团队学习项目化教学改革"，这项改革主要针对综合实践课程群涉及的专业跨界合作、教学组织方式、考核制度等内容进行探索。

项目从一个专业的一门课程开始试行，以模式设计与教学组织管理为核心工作，结合产教融合、课赛联动，在大专业群内进行专业交叉的跨界融合教学。通过七轮的实践探索，终于形成了完整的教学方案。

项目首先聚焦于"育人"，通过拓展学生的"专业视野"，提升学生职业发展的可持续性与可适应性，实践"跨学科、多专业交叉跨界融合"的教学组织及协同育人模式；改革课程组织形式，引导自主性学习方式养成，协同开展分层教学，重点增强学生的综合职业素养、团队意识、责任感，有效调动学习主动性；强调学生主体性，由学生团队主导开展设计调研、任务分析、操作实施、项目展示、成果评价等各个环节，教师仅仅只是项目发布者（甲方）、教学协助的角色，引导学生会学、乐学；以竞赛带动教学、检视教学，使学生在专业知识与技能水平方面得到锻炼的同时，也提升了专业自信心；引入教师正在进行的全真课题，使学生在做项目的同时，同步比较项目实际的实施进展与效果；邀请行业专家、企业指导教师、学生代表参与成绩测评，结合项目成果转化、竞赛获奖等情况综合评定；搭建教研平台，促进教师队伍整体专业素质的提升。

三、知行合一的技能提升

党的十八大以来，习近平总书记多次强调"知行合一"。2019 年 3 月 1 日，习近平总书记在中央党校（国家行政学院）中青年干部培训班开班仪式上发表重要讲话，再次强调"在常学常新中加强理论修养，在知行合一中主动担当作为"。新时代新使命，要牢记初心使命，牢记空谈误国、实干兴邦的道理，坚持知行合一、真抓实干，做起而行之的行动者，当攻坚克难的奋斗者，在摸爬滚打中增长才干，在知行合一中担当作为，做到信念坚、政治强、本领高、作风硬。

知行合一，是习近平总书记对青年提出的要求，更是实现立德树人目标的途径之一。浙商院在构建教学体系的过程中，从贯通培养的视角出发，围绕知识结构、能力结构、素质结构等要求，构建与高素质职业人才培养定位相匹配、具有鲜明商科特色和动

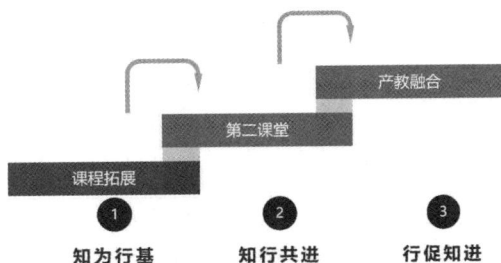

图3-5 大课程体系

态演化的专业课程体系。通过大课程体系建设，将文化素质教育与职业能力教育相融合，理论教学与实践教学相联结，致力于"课程教学、第二课堂、企业课堂"三个课堂的协同和有机衔接，整合课内外、校内外和海内外的教育资源，创设多元载体，达成知行合一的技能提升，真正促进学生学习的主动性、积极性与创造性。

（一）课程拓展，实现理论与实践学习相统一

重视课程中的课外拓展项目。将"课前＋课中＋课后"相融合，重塑教学新流程，通过课后拓展提升素质，实现专业知识的学成致用。以育人为核心，以培养学生课外学习能力和综合素质为目标，在学校课程培养计划之外开展开放式教育活动和实践活动的综合，包括参加社会实践、志愿服务、学术活动、创新创业、素质拓展、文体竞赛等方面，是对课程教学第一课堂的延伸和拓展。从个人成长的角度积极鼓励学生参与第二课堂，以数据化模式了解学生的行为习惯、个人优势，通过第二课堂系统助力青年发展，为高素质人才培养保驾护航。

在第二课堂的建设中，以"定制化""个性化""去标准化"的学习趋势，打破"电影院形态"的课堂，主动开展课程"流程重组"和"结构再造"，改革教学模式，促进第一、第二课堂互动与融通。比如，教师在课程教学中引入调研任务，使实践活动和专业学习相结合。引导学生在社会实践过程中充分发挥专业特长，运用科学的调研方法，使社会实践成为学术、科技项目的孵化平台，提高创新创业意识，提升创新创业能力。比如，教师在课程教学中引入比赛任务，以赛促教，通过比赛激发学生学习的主动性和积极性，

将专业课程学习与技能提升需求紧密结合在一起，共同形成严谨求实的优良学风。搭建"请进来"平台，推动非物质文化遗产进课堂，激发学生的文化自信；依托省级文化品牌"浙商企业家大讲堂"、学校"道德讲堂""校友讲堂"等平台，引入企业文化进校园、进课堂，让现代企业文化融入学生的精神世界和灵魂深处，推动文化育人。拓展"走出去"平台，实地考察和参观老字号企业，感受商业文化，帮助学生认识浙江精神在当下企业实践中的具体表现。

（二）产教融合，实现个人发展与服务产业相统一

根据党的十九大报告中提出的"完善职业教育和培训体系，深化产教融合、校企合作，实现高等教育内涵式发展"的要求，学校进一步深化产教融合，完善学徒制培养管理制度及相关标准，创新人才培养模式，共同培育高素质技能人才，实现学校、企业、学生三方共赢。

坚持产教融合、校企合作、工学结合、知行合一的办学理念，以学校、学生和企业三方为主体，提高学生综合素质，共同培养实用型、技能型人才的培养模式。在教学模式上重视理论与实践紧密结合，坚持理念创新，面向行业教学。

产教融合引企入校。以企业教学模式打破传统的理论教学与实践教学之间的界限，以职业活动为导向，以能力为本位，将理论和实践教学有机地融为一体，从而大大提升学生的实战技能和应对经验，使之成为培养行业技能型人才的一种科学有效的教学模式。

产教融合引企促教。以企业教学模式培养教师，培养既有深厚的理论知识、又有扎实实践基础的"双师型"教师队伍。

产教融合引企促技。通过构建基本技能训练、专业技能训练、综合技能训练、职业证书训练和顶岗实习五个环节，学生实现从生手、新手、熟手、能手和高手的循序渐进的发展，学生的主体性和创新精神得以发挥，学生真正达成对所学知识的意义构建。

案例3：借鉴国际先进理念，聚焦产教深度融合

浙江商业职业技术学院经济管理学院党总支副书记、副教授楼永俊负责的产教融合项目，体现了浙商院知行合一的建设思路。作为浙江省"十三五"

连锁经营管理特色专业建设主持人，他率领团队从"斯坦福大学 2025 计划"的核心理念与内涵出发，尤其借鉴其"自适应教育""轴心翻转""目的性学习"的教育理念，以专业群融合发展为整体思路，以核心职业素质与能力培养为出发点，构建工商管理类专业群（连锁经营管理专业、工商企业管理专业、文秘专业）基于职业岗位行动体系的人才培养体系。在构建体系中，团队聚焦产教深度融合，提出五点思路：依托专业群整体设计人才培养体系；探索实施"先能力后知识"人才培养模式；围绕职业核心能力重构教学组织体系；建设校企融合、线上线下一体化教学课程体系；探索校企师资双向挂职锻炼，组建"双导师制"师资团队。

目前，项目已依托中国连锁经营协会、浙江省连锁经营联华华商集团、全家便利店、罗森便利店、杭州国际珠宝城、曼卡龙珠宝、拉夏贝尔服饰、H&M、迪卡侬等零售业龙头企业开展多层次、多形式的校企合作，融合共享专业群师资团队与教学资源，整体设计并实施工商管理专业群人才培养。构建相应素质与能力教学组，每一个素质与能力教学组负责对应的课程群，形成课程超市供各个学习方向的专业学生进行选择。有机融合学校专任教师和校外兼职教师，形成"N＋1"式（每个教学组有 N 位专业导师和至少 1 位来自企业的行业导师）、"专业导师＋行业导师"式的"双导师制"师资团队，以每学期定期组织专业社团学习、教育、活动为切入点，共同参与专业认知、课堂教学、实习实训、职业生涯规划、订单教学等专业人才全过程培养。

图 3-6 "双导师制"活动开展情况

第 二 节
商科特色教学文化的内容设计

按照学校商科特色教学文化"知识传授＋能力提升＋价值引领"三个维度的价值取向目标，秉承"三全育人"的教育理念，我们设计了"泛商文化＋专业文化＋企业文化"三个层级的商科特色教学文化的内容体系。第一阶段，以"浙商文化"课程为核心的基础学习阶段开启商业文化教育，让学生在课堂中系统学习源远流长的商业史迹、互通有无的八方商路、风云天下的创富商帮、名扬四海的口碑商号、诚毅勤朴的商人精神等。第二阶段，与专业技能教育结合开展专业文化教育，学习创造价值的商业模式、专创融合的商业转型，在专业学习中自觉提高对职业道德的认同，掌握商业行为规范，增强职业素养。第三阶段，在产教融合的培养过程中，实习实践涵养企业文化教育，身体力行地将企业文化融入顶岗实践工作过程中。

一、商业文化的传承

党的十八大报告指出："文化是民族的血脉，是人民的精神家园。"习近平总书记在党的十九大报告中进一步指出："文化是一个国家、一个民族的灵魂。文化兴国运兴，文化强民族强。没有高度的文化自信，没有文化的繁荣兴盛，就没有中华民族伟大复兴。"商业文化是中华优秀传统文化的重要组成部分，是中国劳动人民历经千百年智慧的传承。就以浙商文化来说，不仅有明清时期就闻名的海纳百川、宽以待人的龙游商帮，有灵活善变、开拓创新的宁波商帮，湖州商人；还有改革开放以来艰苦奋斗、胆识过人的温州商人，有鸡毛换糖、积沙成塔的义乌商人等等。商人，逐步壮大成为当代中国人数最多、分布最广、影响最大、实力最强的商业群体，他们在实践中不仅创造了大量的物质财富，还创造了丰硕的精神财富——"商业文化"。

（一）吃苦耐劳的敬业精神

自古商人多是白手起家的。浙商的"走遍千山万水，道尽千言万语，想尽千方百计，历经千辛万苦"、徽商的"勤于山伐，能寒暑，恶衣食"、晋商的"拉着骆驼，千里走沙漠，冒风雪，犯险阻，北走蒙藏边疆；横波万里浪，东渡东瀛，南达南洋"、闽商的"敢拼才会赢"……无不孕育和造就着中华商人独特的商业精神。他们面对困难坚忍不拔，从小小的掌鞋的、打铁的、弹棉花的、缝衣服的、修打火机的等普通劳动者一步步成长为国内外知名的企业家。俗话说："吃得苦中苦，方为人上人。"但凡成功者，都是能吃苦的人。李嘉诚曾说过："男子汉第一是能吃苦，第二是会吃苦。"许多成功人士的创业史都离不开吃苦。温州商人林立人正是凭借这股肯吃苦、不达目的誓不罢休的毅力，辗转传呼机、数码相机、电子商务领域，产品远销欧美。常熟商人陈卓铎6岁卖水果，15岁做木材生意，19岁又从石狮、广州、常熟进货做起了服装生意，其中辛苦可想而知。多年的艰苦奋斗使很多商人早已不需起早贪黑，但他们不贪图安逸享受，始终保持吃苦耐劳的敬业精神，这无不影响着商科类大学生，锻炼和培养其形成坚忍的意志品格，从而有利于未来在职场中的发展。

（二）以义制利的职业道德

宋朝大儒程颐曾说过，"大凡出义则入利，出利则入义"，义的本源是"德""仁""真"。以老字号为代表的企业，至今处处体现"利义"的融合。例如，"全聚德"讲"德"，"同仁堂"讲"仁"，"庆余堂"讲"真"。很多成功的商人主张"先义后利、以义制利"。在商业经营活动中，面对客户，"义"就是薄利多销，诚信经营；面对同行，"义"就是团结互助，发展共赢；面对社会，"义"就是爱国救民，同舟共济。著名的晋商乔致庸，80多岁时遇到山西大旱。为了搞好赈灾工作，他亲自部署，要求：第一，凡本乔家堡的

人，按人发给若干粮食；第二，不论男女老少一切从俭，一年内不准吃山珍海味，不准做新衣裳；第三，在街上摆一口大锅施粥，以应对外来的饥民，并要求筷子放进去不能飘在上面，要能够立在粥中。仅从这次赈灾中，足以看出晋商的精明和宽厚。正是这种讲原则、讲道德、讲正气的"义"，成为推动企业发展、社会进步的精神源泉。"以义制利"的职业道德可以让商科类大学生真切地感受到职业道德的可贵，从而在今后的实习和工作中加以践行和提升。

（三）出奇制胜的创新意识

"出奇制胜"出自兵家的谋略，"凡战者，以正合，以奇胜"，意指用特殊手段，以"出其不意"的谋略和方法取得胜利。中国商人历来就是运用"谋略"的高手。古时就有范蠡"旱则资舟，水则资车"、白圭"人弃我取，人取我与"的"出奇"经营思想和方法。山西商人雷履泰受亲友间异地汇兑的启发，发现汇兑的商机，创办了中国历史上第一家票号"日升昌"；宁波商人张尚义因翻船漂泊到日本，为停泊在那里的俄国船员修补西装，多年后他的儿子张有松回国创办了中国第一家西服店——"福昌西服店"；被誉为"化工大王"的方液仙在上海创办中国化学工业社，兴办了我国第一家牙膏厂……创新是成功最重要的秘诀之一，只有敢于突破常规思维，才会有质的飞跃。例如，早在1895年就有了足球鞋，当时每双足球鞋重585克，鞋头为金属材质。20世纪50年代爱迪达公司发现，鞋的重量与运动员消耗呈正相关，于是大胆摒弃金属鞋头，新设计的鞋重量仅为原来的一半。新产品一出，就受到市场青睐，产品供不应求。这种打破常规思维的"出奇"创新，对于商科类大学生提升职业素养具有很好的指导借鉴价值。

（四）团结明理的家国情怀

家国是各族人民团结奋斗的重要精神支柱。商人在开展贸易活动实践中最突出的成就不仅仅体现在经济上，更重要的是在百姓国家面临危难之际的仗义疏财、明理爱国方面。一是帮扶民众于困苦中。古有商圣范蠡散尽家财，将积蓄分给穷苦乡邻；今有更多的爱心商人伸出慈善之手，帮助贫困、低保的群体渡过难关。二是救扶民族于危难中。1911年辛亥革命后，朱葆三以个人名义为政府背书，共筹得200多万银圆援助革命，推动革命发展；1937年

"八一三"事变爆发后,虞洽卿积极参与援助海外华侨组织、宣布对日经济绝交、组织抵制日货、救济难民等活动,为抗日救亡做出贡献;甚至1945年在生命的最后,他还立下遗嘱捐赠1000两黄金用于抗战。三是回馈家乡于建设中。叶澄衷秉持"兴天下之利,莫大于兴学"的办学理念,在家乡宁波镇海创办"叶氏义塾",免费为贫寒人家的孩子提供教育;"世界船王"包玉刚、"影视巨商"邵逸夫等无不捐资兴乡、兴学以回馈桑梓。有国才有家,团结明理的家国情怀有益于引导学生将满腔的爱国热情转化为报国之行。

（五）童叟无欺的诚信本色

童叟无欺的本质是诚信,讲的就是在经营活动中以义为先、诚信买卖。龙游商人胡筱渔重视信誉,他以诚实守信要求每一个职工,多次提出要薄利多销,童叟无欺,决不二价。为了防止流通中有银圆掺假损害顾客利益,胡筱渔特别聘请了三名有经验的验银工,对每一块在"姜益大棉布店"流通的银圆进行专业的检验,并规定凡经过他店里的银币都要加盖"姜益大"印记,让顾客放心。义乌商人何维良严把进货质量关,坚决不经营"三证"不全的商品,对经销商以诚相待,用真情换真心。短短几年时间,他与广东、上海以及省内150多家企业建立了总代理、总经销的业务关系,并在全国发展了1000多个经销商,贸易业务遍及海内外。在市场经济中,尽管浙江经济起步的时候也曾因假冒伪劣产品遭遇过诚信危机,但也正是因此认清依靠欺诈只能获得一时之利,难以持续发展,后通过商业诚信体系的构建,涌现出了一批全国知名品牌。

（六）勤劳俭朴的人生信条

自古以来,勤俭一直被视为中华民族的优良传统。小到个人、企业,大到国家,都离不开秉持勤俭的理念来修身养性、发家兴业、治国安邦。浙商的节俭在全国是有名的。翻开浙商的发展史,"白天当老板,晚上睡地板"曾是浙商勤劳俭朴的真实写照,很多浙商也是以勤俭作为其致富的根本。浙商多数白手起家,出身低微,如打铁匠鲁冠球、修鞋匠南存辉、丝厂临时工汪力成、学徒工冯根生等,他们不畏辛苦,一路奋斗打拼,开创事业。即便是创业有成,许多浙商依旧勤俭。"布鞋老总"宗庆后说:"老板要付出非

常大的代价，真正的老板都是俭朴的。"作为中国最大、全球第五的食品饮料生产企业老总，他曾告诉记者，一年消费不超过 5 万元，一年中有 200 多天奔波在外。正是在勤劳俭朴人生信条的支持下，浙商用他们辛勤的汗水书写着一个又一个商业传奇。

（七）守正出奇的经商智慧

司马迁说："富者必用奇胜。"意在说明在商业竞争中，商人若想在对手如林的商业中立足立业，仅靠诚信、勤俭、奋斗等精神是远远不够的，而"讲谋略、通权变"的经商智慧才是获取竞争优势的关键。"海纳百川"的龙游商帮因心态开放、观念新潮而果断投入到纸业、矿业的商品生产中，使商业资本转化为产业资本，给当时封建社会注入了带有雇佣关系的新生产关系；南浔商人尽管未能明确提出多元化经营的理念和见解，但从其实际投资来看，他们已具备了多元化经营的商业意识；"机智开拓"的宁波商帮敢于师夷之长，顺应时代潮流，适应市场需求，及时更新经营项目，足迹遍布全球；义乌商人将不起眼的"小商品"做出了"大市场"；温州商人以敏锐的商业嗅觉、果敢灵活的商业运作手段，抢占了商业先机。浙商因时制宜的竞争策略和经营方法，可以说集百家智慧于一体。

二、专业文化的熏陶

专业发展是高职院校的生存基础。在专业建设过程中，方方面面都蕴含着丰富的育人元素，实现对学生的技能传授与价值引领同步。学校各二级学院依托专业特色，全面开展"课程思政"建设工作，围绕校级层面的"课程思政"支撑指标点，集中挖掘和梳理各专业课程中的思政元素，并将其与实际教学内容进行有效整合，革新教学设计，实现专业文化熏陶培养的工作创新突破。

（一）财会金融类专业课程思政与文化熏陶

刘秀琴老师负责的"企业会计实务"课是会计专业的核心课程。她为了提高课程教学质量，培养职业道德好、业务素质高的会计人才，在该课程的"课程思政"实施方案中，整合"企业会计实务"课程框架，梳理、挖掘各章节中与专业内容相契合的隐性思想政治元素，包括"会计文化""四个自信""职业自豪感""会计诚信""职业道德""职业使命感和职业担当""规则意识""遵纪守法意识""价值观""消费观""爱国意识""伟大中国梦""创新创业意识"等。她把诚信教育放在首位，并引导学生甘于平凡的会计岗位，着力培养他们"诚实守信"和"纯真淡泊"的职业品德，自觉践行社会主义核心价值观，使学生成为既具有使命担当、家国情怀、科学思维、团队协作精神、创新自学能力和会计职业道德，又熟悉企业财产物资管理相关规定，能够规范地对企业各项财产物资进行日常管理和核算，能利用会计信息进行理论分析、数据处理、探索创新、知识整合等德智体美全面发展的技术技能型高素质人才。

吴晔老师负责的"税收实务"是会计金融投资专业的一门专业核心课程。她认为"思政教育"融入专业课程应该包括人文精神、科学创新精神，对人生观世界观的认知和理解，对社会主义核心价值观、中华五千年传统文化、民族精神的理解，概括起来主要包括"四个自信"——道路自信、理论自信、制度自信、文化自信。她通过梳理"税收实务"各章节的教学目标和知识点要求，将"四个自信"等德育元素贯穿全过程，潜移默化地融入课程思政元素；同时，培养学生独立思考能力，举一反三，在专业中解说思政，在思政中巩固专业；对有应用价值的知识也提出深入的问题供学生实践或思考，以激发学生的学习兴趣。

（二）应用工程类专业课程思政与文化熏陶

余有芳老师负责的"自动检测与控制"是应用电子技术专业核心课程。她在该课程的"课程思政"教学设计中，强调学生在项目化学习过程中，要掌握各种传感器的基本知识、测量电路和应用场合，并逐步具备自动检测系统分析调试以及组建小型检测系统能力；要具备"不回避""不啰嗦""不畏难"的"三不"精神，其实质就是要培养他们"坚毅执着"与"勤勉刻苦"的爱岗敬业精神。

陈辉老师负责的"路由与交换技术"课程是计算机网络技术专业的必修课。

他通过案例教学使学生在掌握专业知识的同时，引导学生爱党爱国、遵纪守法、诚实守信、爱岗敬业。如在讲授"华三通信技术有限公司的路由与交换设备体系"案例时，为使学生潜移默化地了解中国先进的通信设备、通信技术与通信公司，培养学生对祖国先进科技的认同感与自豪感，采用以学生为主体、老师引导为辅的教学模式，学生亲手操作实践，以此提高学生的学习兴趣与学习自觉性，培养有理想、有信念、有担当、有能力的网络工程师。

（三）旅游烹饪类专业课程思政与文化熏陶

刘晨老师负责的"中国名菜制作与创新"课程，以培养学生的"工匠精神"为切入点。他要求学生在实践中要充满耐心、专注、坚持，不断提升菜品质量，因为真正的名师工匠在专业领域始终不会停止追求的脚步，不管是在原材料采选，还是在菜品设计、生产烹制流程等方面都在不断完善。他引导学生对菜肴佳品制作能力进行精益求精的追求，对菜品要注重细节，追求完美和极致，孜孜不倦、反复改进。在实践操作过程中，他要求学生严谨对待操作过程，能够不断推陈出新，开展菜品的创新尝试。此外，他不仅让学生了解一道菜完整的外貌和色香味形，还给学生讲解蕴含在菜点中的传统文化、历史或典故，帮助学生有所思、有所想、有所感，唤醒学生传承民族饮食的文化基因和社会责任意识，强化学生的菜品记忆和操作实践，引导学生肩负起发扬传统文化的时代责任，自觉继承和创新中华民族传统饮食文化，成为有思想、有创意的新时代烹饪从业者。

董智慧老师的"宴会设计"是烹调工艺与营养专业的专业核心课程。她将"红船精神"融入"课程思政"设计中，利用"红船宴"作品，向学生传达爱党爱国的家国情怀，提出了新时代餐饮人应追求"专注""求精"的工匠精神，不仅能创造美，更能分享美的境界。在讲解宴会设计发展沿革时，他不断引导学生提升对传统文化、中国餐饮发展史及文化内涵的认知。在讲解主题宴会设计时，运用G20杭州峰会的国宴设计进行案例解析，增强学生的民族自信心和自豪感，将爱岗敬业、服务意识、合作能力等职业素养融入专业课教学过程中，提升学生的协作能力和客户思维，在潜移默化中完成"课程思政"的教学任务。

（四）经济管理类专业课程思政与文化熏陶

胡叶茂老师负责的"通用管理技能开发"课程教学团队通过对教学内容的挖掘，将社会主义核心价值观、职业道德、中国传统文化等融入课堂教学中。一是在教学目标中融入思政目标，使学生具备管理者基本的素质和品德，内化和践行社会主义核心价值观，发扬中华传统文化，坚定"四个自信"。二是在知识框架上构建与之对应的思政框架，"通用管理技能开发"课程框架的构建主要是在管理者胜任素质模型的基础上构建对应的思政框架——社会主义核心价值观、中国传统文化和职业道德。三是在教学内容中基因式融入思政内容，根据专业课程的知识点，挖掘思政元素，借机导入社会主义核心价值观，帮助学生树立正确的价值观。四是在教学评价中明确思政评价标准，不仅考核学生的知识和技能习得情况，还要通过学生行为表现和思想认识评价该课程的思政效果。

鲁晨琪老师负责的"网络营销与创业"课程，围绕三个目标构建课程思政体系，从"以顾客为中心"的视角出发，一方面，融合社会主义核心价值观中的"诚信""公正""法治""平等"，培育并践行"诚信经营""公平交易""顾客至上"等积极正确的网络营销价值观；另一方面，带领学生成立"反网络诈骗"学生社团，引导学生自觉遵守网络市场法律法规，强化鉴别网络信息的能力，帮助其塑造良好的职业道德素质。

（五）电子商务类专业课程思政与文化熏陶

卢彰诚老师负责的"网店运营与管理"课是电子商务专业的核心课程。他在课程中突出高职教育"教、学、做"合一的核心理念，采取团队任务项目制、情景实践型等教学模式，培养学生的团队合作意识和组织沟通协调能力，还通过"网店售前接待与导购""网店交易管理与纠纷处理"等模块，引导学生树立耐心细致的职业价值观，提升情绪调节和抗压能力，以循序渐进的方式组合，由浅入深地培养学生的应用能力和职业素养。

朱林婷老师负责的"网店视觉营销"课是电商运营管理课程群中的核心课程，也是一门艺术性较强的课程，每一幅网络广告画面都面向消费者，其视觉营销内容的健康与否至关重要。她为课程设立的思政目标包括五个方面：其一，道德观念的培养，帮助学生树立正确的世界观、价值观、人生观。其二，

文化自信的培养。她从视觉营销的学科特点出发，紧扣企业文化、品牌故事、产品文化等内容展开设计，挖掘文化素材，提升品牌文化自信。其三，审美能力的培养，提升学生对美的感受、认识、鉴赏和整合能力。其四，法律意识的培养。要求学生在视觉营销设计中遵守社会公德，理性设计营销内容，杜绝不良社会风气的传播。其五，创新精神的培养。引导学生积极、独立地思考问题，主动探索，开拓创新，创造性地完成学习任务和解决问题，不断开拓创新。

（六）艺术设计类专业课程思政与文化熏陶

陈静凡老师在艺术设计专业中进行团队学习项目化教学改革。通过对团队教学与团队学习的模式创新，深入推进项目化教学，重视专业技能的掌握，强化设计知识的拓展性；为学生兴趣的培养、技能的拓展、协作能力和责任意识的培养与提高提供实践平台。通过教学方式、教学实施过程、课程考核等内容的改革和实践，学生的综合能力和专业素养得以提高；同时，加强教师间的教学合作，使学生与学生、教师与教师、学生与教师间形成相互学习的良性教学氛围。在团队教学模式中，学生可以接触到不同专业教师的指导，能够明显提升对美的洞察能力，增强对不同材质和不同表现手法的艺术理解能力，同时还能增强学生操作各种软件和设备的技能熟练程度。团队教学形式还能有效调动学生的主动性，加强了学生的协作能力，提高了责任意识。

李演老师负责的"软装设计"课程是关于整体环境、空间美学、陈设艺术、生活功能、材质风格、意境体现、个人喜好，甚至风水等多重复杂元素融合的创造性课程，可以培养学生的创新意识，引导学生利用软装设计的基础知识及设计原则，通过团队合作，不断更新思想和创意，强化交流沟通能力和团队合作意识。团队教学形式符合艺术设计行业需求的发展趋势，有利于培养学生的综合专业素质，拓宽学生职业发展的可选择性，并增强其职业适应性。

三、企业文化的感召

学校通过建立校企人员双向挂职锻炼的交流机制，促进产教融合，努力搭建各种平台，组织学生到企业进行参观学习、短期实践或顶岗实习等活动，使得学生能有机会深入企业一线感知企业的生产生活、技术研发等，直观了解自己所学专业在实际生产过程中的应用，实践职业技能。同时，还可以走进企业、涵养企业文化，培养职业精神和职业素质，提升学生对于当代企业家精神内涵与要求的具体感知和体验，进一步深化对企业家精神的认同。这种"请进来＋走出去"的教学实践活动，进一步深化高校学生对传统商业实践中凝结、蕴含的企业家精神、诚信精神、家国情怀、工匠精神、创新精神等的体验，使勤奋好学、坚毅执着的职业文化培育根植于新时代学生的日常，培育好学生新时代工匠精神。

（一）企业文化进校园

企业文化是企业为解决生存和发展问题而在生产经营过程中创造和形成的企业经营管理的核心主张，它包括经营理念、企业精神、道德操守、行为规范和发展目标等。优秀的企业文化是经营性、实践性和学习性的文化。企业家作为企业文化主导者，企业家的价值观决定着企业价值观的形成。正如一支军队能否打硬仗，关键要看指挥员作风是否过硬。学校每学期不定期邀请企业家将最前沿的企业文化带进校园。企业家围绕自己擅长的领域，结合工作感悟，为学校带来了"数字经济下互联网企业对营销人才的需求""精析杭帮菜""解析'杭州饮食非遗'""互联网＋旅游与创新型旅游产品设计""大学生创业的社会环境及建议""云会计""学生成长职业发展与出国留学路径选择""与面试官面对面，你准备好了吗？""'拥抱科技创新，走向智慧创业'真人读书会""放弃百万年薪，只为成就梦想""新时代·新媒体·新机遇""物联时代给我们带来什么？""跨国公司的企业文化""云端奔跑的光速物流""外贸从业人员的职业素质""职业礼仪修养与形象""现代零售业展望与大学生培养"等一系列讲座。

案例 4：企业家大讲堂宣讲企业文化

企业家诸向东先生从事外贸工作三十三年，曾任浙江省纺织品进出口公司总经理、浙江裕达国际贸易股份有限公司总经理，其见证了浙江省从没有进出口口岸到外贸进出口总额达 2500 亿美元的发展历程。他编著出版的《商

务谈判》成为研究生教材，并发表了 3 部财经小说《天泓》《地印》《人道》。诸先生与新生分享了《天·地·人》三部曲中一个家族三代人的奋斗和沿革，展示了中国近百年来波澜壮阔的历史，强调了公平和正义的意义所在，激励学生弘扬中华民族优秀传统文化。诸先生还结合自身职业生涯，分析了作为一名合格的外贸人员应具有的职业素质。外贸人员不仅要具有日常生活所需的听、说、写、译的外语能力，还应具有扎实的商品知识、坚持不懈的精神、耐心细致的性格、强烈的责任心以及良好的商业礼仪和习惯。讲座搭建了学生与企业、社会之间的桥梁，拓展了学生的知识面，提升了学生与时俱进、创业拼搏、敬业报国、追求卓越等职业综合素养。

（二）短期实践："双十一"实战

"双十一"是零售业的狂欢，也是学校电子商务专业学子最忙碌的日子。2020 年是学校电子商务学院"双十一"实战教学项目的第九个年头，电子商务学院将"双十一"实战环节纳入电子商务专业群的人才培养方案，让电商学子参与"双十一"的电商实践，把课堂搬到企业，体验真实环境，感受职场氛围，从而训练学生的实操技能和团队协作精神。电子商务学院与乐麦信息技术（杭州）有限公司、浙江百诚网络科技发展有限公司、杭州黑白调有限公司、浙江海博人力资源开发有限公司，日本阿里事业部等企业开展电子商务专业校内实训课程教学校企合作，共安排 17 个班 753 名学生参加自 10 月 9 日至 11 月 29 日的"双十一"电子商务平台项目实战。根据"双十一"项目实战的需求，学院与企业方经多次沟通讨论，共同制定了"双十一"期间教学、实训方案。10 月 15 日，"双十一"项目实战活动正式启动，面向所有学生开设为期 10 天的"电商直播""视觉营销""短视频制作""电商运营"等课程，以及为期三天的企业专题培训。10 月 28 日开始，"双十一"项目运营陆续正式上线，学生分批次全部进入项目实操阶段。

"亲，您好。目前您拍下的宝贝我们还有货的，时间久的话，可能库存就会售罄哟。亲要是喜欢这个宝贝的话，就要抓紧时间付款了哟"，电子商务学院实训室俨然成为"双十一"活动的战场，753 名学生通过"千牛"平台与买家沟通，促成订单成交，在 2020 年"双十一"实战中，共实现销售额 18.29 亿元。

（三）现代学徒制顶岗实习

"现代学徒制"是应对产业经济转型升级、结构性矛盾突出、高水平技能人才紧缺的现实情况而提出的。现代学徒制强调学校与企业开展"双主体育人"，学生既是学校在校生，又是企业准员工，具有"双重身份"。一方面，现代学徒制培养模式有益于学生树立求真务实的工作态度和追求精益求精的工匠精神。现代学徒班学生从事的是合作企业生产、经营、管理等相应岗位，这势必要求学生以企业生产与管理规范作为行为准则。在实习实践中，逐渐改掉做事粗心大意、不注重工作细节等不良习惯，逐渐成为实事求是、注重细节、敬业爱岗的具有工匠精神的准职业人。另一方面，现代学徒制培养模式有益于提升学生的沟通能力和团结协作意识。当前现代企业生产经营中，很多工作任务都需要通过团队合作达成，由不同部门之间开展多人协作。校企师生之间通过交流、探讨、合作完成工作任务，群策群力，充分发挥集体的力量和智慧，促使学生提升思考能力、沟通交流能力、协同配合能力等。

学校各二级学院依托行业办学优势，积极推进现代学徒制物美订单班、雷迪森订单班、洲际订单班、永辉创业合伙人订单班、鲜丰水果店长订单班、浙江轨道交通集团订单班、文思海辉—阿里BPO项目订单班、曼卡龙珠宝订单班、韵达订单班、尤厶动漫订单班等人才培养模式，通过与行业企业开展深度合作，借助校方专业教师和企业技师的联合传授，培养具有职业道德素养，能胜任细分岗位工作需求、熟谙行业企业发展态势、熟练掌握岗位核心技能的高素质技能型商科人才。

第 三 节

商科特色教学文化的实践推进

按照商科特色教学文化"知识传授＋能力提升＋价值引领"的价值取向目标和"泛商文化＋专业文化＋企业文化"的内容体系思路，浙商院以"精彩课堂＋丰富活动＋积极实践"三种形式推进商科特色教学文化实践平台的构建。整合资源，创设载体，将特色教学活动有形化、体验化和互动化，初步搭建了商科特色教学生态体系。开展非遗文化体验、商贸海报设计、商业博物馆参观、商务礼仪大赛、商贸文化节等专业文化活动，组建商社，开展周三营销集市，参加双十一实践、创新创业活动等，营造商业的文化氛围，内化商业精神，外化商业实践，实现以文化人的目标指向。

一、精彩课堂的融合创新

伴随以大数据、云计算和人工智能为代表的新一轮科技革命，商科教育愈加重视创新思维与复合技能的培养。在新时代，构建多元知识融合、商务技能协同，又具国际视野与中国特色的商科应用型创新型复合人才培育体系显得更加重要。学校以电子商务国家级双高建设专业群、烹调工艺与营养省级双高建设专业群为重点专业群，充分发挥其引领辐射作用，以智慧流通、财会金融、空调电子、艺术设计等4个校级专业群为支撑，通过教学资源整合、多专业交叉融合建设，不断创新培养内容与培养载体，扩展专业内涵与外延，进而构建新商科人才培养课程体系、知识体系和能力目标。

数字经济下的商科人才不仅要懂专业，还要懂行业、懂技术，以更好地帮助企业健康有序发展。学校紧跟新时代数字教育发展的步伐，将商科理论、行业特色背景知识与大数据、人工智能技术相融合，开设了"财商思维与理财规划""互联网思维与大数据分析""人工智能与商务场景应用""商业职业素养"等新商科素养课程，拓展学生的互联网思维，提升学生商业素养。

经济管理学院以"商文化"为主线，通过举办商贸海报设计、商业博物馆参观、商务礼仪大赛、商贸文化节等专业文化活动，将理论联系实际，更好地形成大学生创新创业理念，为他们步入社会打下坚实的基础。市场营销专业注重培养学生的营销实践能力，除专业课程实训外，鼓励学生积极参与社会实践，以实战经验提高营销技能。学生在校期间已成功创业，如经营淘宝网店、微店，从事海外代购等，通过组织商社、周三营销集市、"经"采素拓月等活动，成功"吸粉"，将更多客户从线下转移到线上，可谓"收获满满"。其中，"周三营销集市"成为学校创新创业实践的一项常态化活动，并被纳入社会实践活动学分，为学生提供了更广阔的专业实践平台。学校以劳动实践为抓手，以文化感悟为目标，以杆秤、算盘为例，给学生讲授劳动教育课，引导学生崇尚技能，热爱劳动。学生通过亲手制作杆秤、算盘等，体会到了制作过程中毫厘必究的工匠精神，了解了杆秤相关习俗及古人对道德水准的要求，培养了自己专心细致、求精求准的劳动态度和技能。从文化体悟到文化实践，学生体会到工匠艺人的平凡和伟大，受到潜移默化的熏陶。

案例 5：融合创新，探索职业素养培养的新路径

经济管理学院徐洁老师开设的"商业职业素养"课程是全校性通识课程。课程依托区域人才需求，旨在树立学生职业发展中必须具备的职业道德，培养商业智慧，提升商业素质。教学团队融合创新，在教学中探索出一条职业素养培养的新途径。"传统＋现代"相融合，重塑人才培养新理念。"商业职业素养"以"商"为中心，始终坚持"以德为先，德技并修"的人才培养目标，融合传统文化与浙江精神，树立人才培养新理念，培育兼具"爱国情怀""工匠精神""商业意识"的时代新人，从而构建有机的人才培养生态体系。以中华传统文化为商业精神的核心和灵魂，帮助学生树立

"四个自信"，坚定商业生活中正确的价值取向。以"浙江精神"为商业精神的内容与导向，引导学生适应商业环境、强化商业知识、开展商业思考、提高商业感知、投身商业实践，从而增强就业能力和创新创业能力。课程独创"探""引""析""评""拓"五环，将"课前＋课中＋课后"相融合，重塑教学新流程，每一个环节都明确教师和学生的任务，以全新的学习方式有效提升学生自主学习效率和合作探究的能力。借助网络在线平台创设了多维学习情境。在课下环境中，以课前领会知识和课后拓展知识为目标，以网络在线平台为学习平台，用学习任务单引导学生自主探索学习；在课上环境中，以"翻转课堂"为手段，以知识应用为目标，通过"引""析""评"环节的导入，指导学生在课堂上以讨论和汇报等形式参与学习活动。课后，注重素养的"拓"展。课程遵循未来"定制化""个性化""去标准化"的学习趋势，打破"电影院形态"课堂，主动开展课程"流程重组"和"结构再造"，改革教学模式，促进第一、第二课堂互动与融通。搭建"请进来"平台，推动非物质文化遗产进课堂，激发学生的文化自信；依托省级文化品牌"浙商企业家大讲堂"、学校"道德讲堂""校友讲堂"等平台，引入商业文化、企业文化进校园、进课堂，让现代企业文化融入学生的精神世界和灵魂深处，推动文化育人。拓展"走出去"平台，实地考察和参观老字号企业，帮助学生认识浙江精神在当下企业实践中的具体表现。"通识＋专业"相融合，重塑课程新体系。通识课教育服务专业的发展目标，要联系职业未来。课程立足通识教育和专业教育的均衡点和结合点，精心筛选教学素材，组织教学内容。在课程中，着重培养科学分析能力、创新思维能力、探索求真精神。一方面，充分发挥全媒体时代特质，利用微信公众号、微博等多种渠道，完成职业素养教学的输出工作，致力于全方位拓展学生的视野与能力；另一方面，

探　引　析　评　拓

◎自主探究　◎发布任务　◎引出专题　◎情境导入　◎剖析难点　◎协作学习　◎点评深化　◎多维评价　◎学成致用　◎实践拓展

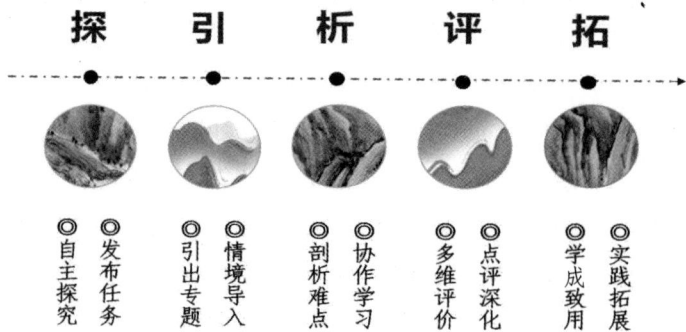

图3-7　"商业职业素养"课程体系

导入专业背景、专业素材、专业情境，帮助学生奠定扎实的专业基础，做到通识课程与专业课程、职业素养与专业素养相融合。

二、校园活动的真实体验

学院一直秉承"诚毅勤朴"的校训，以"商"为名，极力营造良好的校园氛围，积极组织开展非遗文化体验、"双十一"实践、创新创业活动等。学校通过校企全方位深度融合、多元主体参与，多维度切入实施新商科人才培养模式的改革，进行模式创新、机制创新、管理创新，涉及课程体系、教师团队、实习实训、创新创业建设等多个领域。学校充分发挥校企多元化育人主体功能，通过系统化、长效化引领新商科文化品牌，创新融合学生专业能力与人文素养。学校以学生为主体，积极组织新商科文化活动，打造常态化、高品位、高质量的校园文化活动品牌，拓展服务育人途径。一方面，将"课堂搬进企业"，采取由企业导师带队，特色行业和对口企业兼职教师授课的方式培养人才，让学生近距离地理解专业知识在解决现实问题时的作用方式和作用范围，培养学生"一专多能"的能力；另一方面，依托学校的行业特色专业和学科方向，从入学开始逐渐培养学生的商科意识。同时在学校创新创业实训基地进行模拟演练，采取激励和淘汰制度，以期更贴近真实职场，激发学生的竞争意识。每个学生可跨专业自由组队开展真实的创业实践活动，不断发现和解决问题，从而提升了知识运用能力、创新思维能力和团队协作能力。

案例 6：电子商务学院积极参与"双十一"平台实战

电子商务学院与阿里巴巴、百诚集团、上海韵达集团等行业领先企业深度合作，协同推进双主体育人模式。通过将企业项目引入学校，利用合作互利共赢的模式，让学校和企业的设备、技术实现优势互补。通过共同开展校企项目教学工作，课程、实训、拓展训练三步走，一步一考核，让学生作为电商客服掌握运营、推广等所需要的技术技能，从而形成以实践能力为导向的混合学习教学设计，并为今后落实以就业能力为导向的产学合作实践实习

奠定基础。"双十一"实战环节被纳入电子商务专业群的人才培养方案后，学生参与"双十一"的电商实践，体验真实环境，感受职场氛围，营销能力和团队协作精神得到不断提升。

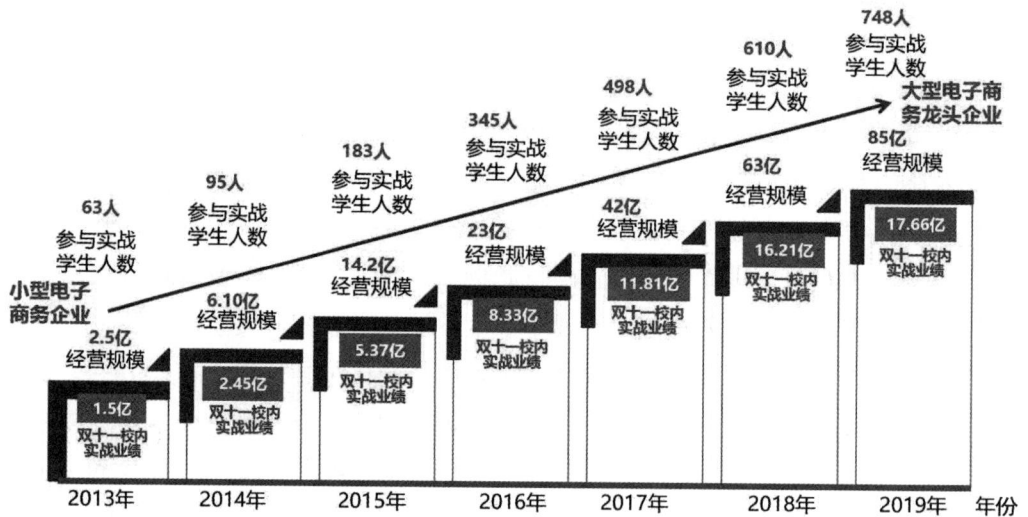

图 3-8　专业群与企业、学生协同成长的产教融合发展情况

三、商科教学的信息化实践

"互联网＋"背景下的数字经济重新定义了商科教育的模式、功能和内容，这就要求商科人才必须兼具商管知识和专业技能。学校充分利用数字化资源，增加反映时代特色的新课程，通过线下课堂协同线上教育，运用混合式的教学模式丰富课堂内容，加强师生沟通和交流，发挥学生的自主学习能力，同时拓展学生的思维模式，实现个性化教学。教育技术与商科教学的协同并进不仅能丰富教学内容、满足学生个性化培养需求，而且可以锻炼学生的信息搜集能力，提升学生的创新思维。传统的商科教育以课堂教育为主，"填鸭式"教学不利于师生之间的沟通，也无法拓展学生的创新思维，利用信息技术将传统的课堂教育与"翻转课堂""MOOC""SPOC"等现代信息教学手段相结合，实现理论教学与实践教学同步。学生通过视频、资料进行课前

预习，课堂上老师除讲解重要知识点外，让学生以小组形式进行汇报和提问，老师对重难点进行解答，增加了师生之间的互动，加深了学生对知识的理解。课后学生可以通过丰富的在线学习资源对所学知识进行进一步拓展和升华。线上与线下结合为学生提供了丰富的教学资源，学生的课程学习不再受时空限制；同时线上教学形式捕捉课堂上学生学习行为"大数据"，教师可采用大数据分析学生的个性化学习习惯和知识点偏好，进而有针对性地形成差异化教学方案，在数据驱动下实现"精准教学"。

案例 7：国家专业教学资源库——高水平专业群建设的内生动力

学校主持"烹饪工艺与营养"国家教学资源库建设，促进了专业资源整合和结构优化，建设了开放共享的专业群课程教学资源，积极探索教师分工协作的模块化教学模式，深化教材与教法改革，推动课堂革命。智慧职教后台 2021 年 3 月 20 日的数据显示：资源库注册用户数为 200793 个，活跃用户占 97.90%，有 30070 个资源、43 门标准化课程、17 门个性化课程、10 门培训课程、100 个典型工作任务、7761 个微课、3 个子库、1 个线上烹饪文化数字博物馆、1 个面向全球海外用户的烹饪空中学院。全国各院校专业教师引用"烹饪工艺与营养"专业教学资源库资源开设的课程为 1187 门课程（智慧职教 92 门，MOOC 22 门，职教云 1073 门）。

1. 树立办学标杆，引领院校改革

学校坚持战略思维和包容性发展思想，树立共建共享共生发展理念，基于破解传统校企合作培养人才的困局，建构同频共振、互联互通、协同作业的可持续的人才培养链，为解决当前职业教育专业链与产业链、教育链与人才链脱节等问题提供了理论借鉴和实践支撑。作为全国"烹饪职教联盟"主任单位，有效解决了全国高职院校同类专业群共性需求，不断完善适应餐饮业发展的专业建设标准和专业教学标准、对接职业岗位的课程标准、符合真实运行的实训基地建设标准。牵手全国 25 所同类院校，以国家职业教育专业资源库的建设为基础，根据产业链类型和人才需求链的特征，调整优化职业教育专业链、形成系统科学的教育链，创建了以"产业链、技术链、教育链、专业链"四链驱动的产教融合新餐饮人才培养体系。进一步规范办学标准，修订了专业教学标准、课程标准等，创新"7H""6 融"人才培养模式，获

得"十三五"两个省级教学改革研究项目立项。

2. 多方资源开发，服务国家战略

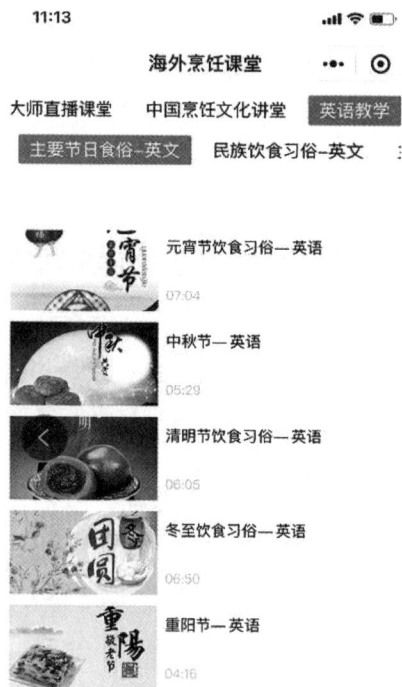

图3-9 "烹饪空中学院"小程序

以"烹饪工艺与营养传承与创新"国家职业教育专业教学资源库为基础，建成了中国烹饪文化数字博物馆和国际教学资源栏目，通过"空中课堂""海外学院"等平台输出中国职教资源，推进中国烹饪技艺和中国文化走向世界，提升中国职业教育的国际影响力。"烹饪空中学院"小程序海外注册用户数高达25000多人，分布在79个国家和地区。依托国务院新闻办公室、新闻出版总署"丝路书香"工程，开发《美食中国》中文版并在海外发行了《美食中国》英语版、西班牙版、俄罗斯版、马来西亚清真版、阿拉伯版等6本著作。专业教学标准、多语种教材的输出推动了海外中餐业品牌化、规模化、标准化发展，为中国烹饪文化国际传播赋能。

其中"烹饪空中学院"小程序，汇集了中国名菜、中国名点、家常菜点、二十四节气菜点、大师直播课堂、中国烹饪文化讲堂、八大菜系、中国饮食文化等内容，开发了相关内容的英语和西班牙语的国际课程。这个平台既打造了面向海外中国饮食文化传播的平台，又方便了国内社会用户使用烹饪资源库。"烹饪空中学院"小程序的应用，得到中组部、中宣部、中国侨联有关部门领导的高度认可。

（本章编写人员：俞涤　郑雁　陈君　徐洁）

第四章

———

甘醇：德技隽永的教师文化

第一节 / 教师文化的体系生成与践行

教师文化是一所学校文化建设的重要组成部分，是教师在教育教学过程中形成的价值观念和行为方式。学校历经百年的发展积淀，孕育了德技隽永的教师文化，酿造出商科特色的校园甘醇。

一、历史回眸：同甘共苦的精神凝聚

每所学校在其发展过程中，都会形成独具特色的学校文化。这种文化犹如一种基因，植入师生的行为习惯和心灵深处，代代相传。教师是学校文化、传统、精神的主要传承者。健康的教师文化可以塑造教师的良好气质，锻造教师的品德修养、道德情操、作风仪表、治学精神和工作态度，对学生的人格养成起着耳濡目染、潜移默化的影响。

忆往昔峥嵘岁月，展未来前程似锦。从1911年的杭州中等商业学堂、改革开放时期的浙江商业学校，到现在的浙江商业职业技术学院，"诚毅勤朴"的商院精神一直强有力地助推着学校的发展。展开商院发展的历史画卷，能清晰地看到每一个发展阶段耀眼夺目的光辉，能听见每一个奋斗时期铿锵有力的脚步声，其中饱含着一代又一代商院人对教育的炽热情怀和对职业人才培养的痴爱坚守。知所从来，方明所去。新时代，一大批优秀的教师接过育人接力棒，传承商院精神，继续奋发进取、砥砺前行，谱写出百年老校职业教育人才培养的新篇章。

案例1："落红不是无情物，化作春泥更护花"——潘小慈

2017年，全国模范教师潘小慈老师作为全省优秀教师代表参加"最美教师"事迹报告会，并获时任省委书记车俊的接见。潘小慈老师是浙江省第二届"最美教师"提名奖获得者。认识她的人都喜欢尊称她为"潘大师"。走进她的工作室，小珠子、绢花、铁架子……琳琅满目，这些都是她的教学工具。宴席台面、插花等都属于"小巧"的艺术。就在这有限的空间里，潘老师挥洒她的才华，展现出无穷的创意。作为浙商院旅游烹饪学院餐饮服务与管理专业的一名大师级教师，她指导的学生多次斩获国家级、省级奖项，她带领学生为兄弟院校和企业设计的宴会台面在国家级比赛中获一等奖10余次。如"彭祖杯"全国青年服务技艺大赛，以《红楼梦》为主题构思的《菊香秋吟》宴会台面作品获中餐宴会台面设计第一名；她指导学生参加全国首届服务创新大赛，作品《最浪漫的故事》以就餐餐台、环艺设计独特获特金奖；2013年，她指导学生参加教育部高职高专旅游院校技能大赛浙江省选拔赛，作品《记忆的永恒》获比赛第一名。2013年11月，"潘小慈技能大师工作室"入选浙江省第三批技能大师工作室，成为在杭高职院校中唯一入选的教师技能大师工作室。

2010年初，潘老师不幸被确诊为癌症，但她以乐观的人生态度积极配合医生治疗，参加医院组织的爱心活动，她灿烂的笑容感动了每一个病友，她的乐观精神赢得了医护人员和病友的尊敬，她被称为最美丽的"励志姐"。在做最后一次化疗前，她在身体极为虚弱的情况下，还到学校为学生的技能等级考核坐镇把关。

教师，是一个神圣的职业，每一位教师都会在学生的心里留下深深的印记。或许就是孔庆东口中的"老钱"，或许是梁实秋所写的"徐老虎"，或许是汪曾祺笔下的"金先生"，也或许是冰心纪念的"T女士"。在学生的心目中，潘小慈就是一位"严师"，她指导学生参赛事事都要亲力亲为。学生要参加全国技能大赛，作为指导教师，潘老师从台面、桌布、餐巾、选手服装的设计、制作，到餐盘的摆放角度、主客位餐巾的不同折叠方式，均事必躬亲。对于选手的动作、仪态，她一遍遍地教和示范。严谨的工作态度使她在全国宴会和花艺的设计与制作比赛中屡屡获奖。潘小慈老师在平凡的岗位上用自己灵巧的双手书写感人的故事，用一种努力将99%提高到99.99%的极致精神，诠

释着当代技能教师的"工匠精神"，是商学院在"创品牌、争一流"事业中涌现出的一名优秀教师代表。

二、现实写照：只争朝夕的建设步伐

百年初心历久弥新。商院人只争朝夕，不负韶华，以争创"商科职教风景"重要窗口新发展理念为指引，真抓实干，勇立潮头，在高质量发展道路上不断奋进。凝心聚力，砥砺奋进，谱写新时代商院人的风采。为深入贯彻落实党的十九大精神，根据中共中央国务院《关于全面深化新时代教师队伍建设改革的意见》等文件精神，学校坚持"人才强校"战略，坚持"立德树人，引培并举"，着力提升人才培养和社会服务能力，推动学校教育事业又好又快地发展。学校一直重视教师队伍建设，积极引导全体教师争做"有理想信念、有道德情操、有扎实知识、有仁爱之心"的好老师，全力以赴打造一支全员育人的师资队伍。近年来，涌现出全国优秀职业教育工作者、全国优秀教师、全国模范教师、浙江教育十大年度新闻人物、浙江省最美教师、全省高校首届"最受师生喜爱的书记"、浙江省省属企业"最美员工"和浙江省感动校园人物等一大批优秀教师，为学校争得了荣誉，助推学校朝着全国一流具有显著商科特色高职院校的目标阔步前进。

教师依托专业优势，挖掘专业"课程思政"元素，点亮教师文化，着力培养有社会责任、有创新精神、有专门知识、有实践能力、有健康身心的专业技术人才。如，应用工程学院教师余有芳负责的"自动检测与控制"是应用电子技术专业核心课程，她在该课程的"课程思政"教学设计中，强调学生在项目化学习过程中，从掌握各种传感器的基本知识、测量电路和应用场合，到逐步具备自动检测系统分析调试以及组建小型检测系统能力的过程中，要具备"不回避""不啰唆""不畏难"的"三不"精神，其实质就是要培养他们"坚毅执着"与"勤勉刻苦"的爱岗敬业精神；着力培养他们"诚实守信"和"纯真淡泊"的职业品德；旅游烹饪学院教师刘陈晨负责的"中国名菜制作与创新"课程，以培养学生的"工匠精神"为切入点，引导学生对菜肴佳品制作能力精益求精的追求，并能够不断推陈出新，开展菜品的创新尝试，从而在该门课程的教学中实现知识传授、能力培养与价值引领的有机统一。

案例 2：享受国务院政府特殊津贴专家、省突出贡献中青年专家——陈笑缘

陈笑缘，女，1963 年 9 月生，中共党员，二级教授，现任浙江商业职业技术学院图书馆馆长，享受国务院政府特殊津贴，为浙江省中青年突出贡献专家、全国大学生数学建模竞赛优秀指导教师，获国家级教学成果二等奖等成果，获浙江省高校图书馆优秀馆长、厅级明星员工等荣誉，被聘为政协第二届杭州市滨江区委智库专家。

专注教改，成果显著。从事教育教学工作三十七年，始终坚持用心教学、精心育人，对教育工作倾注了极大的热情。教学中不断积累经验，积极开拓创新，专心投入高职数学教学改革、课程建设与学生竞赛辅导，获得了一系列显著的成绩：主持的项目"面向专业、突出应用能力培养的高职数学课程改革与实践"获第六届国家级教学成果二等奖、浙江省第六届教学成果一等奖，负责 1 门国家精品资源共享课程、国家级精品课程与 1 门省级在线开放精品课程、2 门省级精品课程建设；负责的数学建模教学团队被评为浙江省首届省级教学团队（迄今为浙江省唯一一个高职院校公共基础类省级教学团队）；主编教材《经济数学》入选"十三五"职业教育国家级规划教材，并被推荐参加全国首届优秀教材评审；主编教材《经济数学》《数学建模》首批入选"十二五"职业教育国家级规划教材；主编教材《高等数学》入选"十一五"国家级规划教材，其中《经济数学》《数学建模》均被列为浙江省高校"十一五"重点教材。组织并辅导学生参加全国大学生数学建模竞赛获国家一等奖 4 队、国家二等奖 9 队、省一等奖与二等奖若干队，指导的校数学建模协会被评为全国优秀学生社团（全国唯一一个高职院校数学类优秀学生社团）。

潜心探索，特色鲜明。兼任中国高等教育学会教育数学专业委员会常务理事、全国高职数学教学研究会副主任、浙江省高校高等数学教学委员会副理事长等社会工作，在建构课程体系、整合教学内容、创新教学方法、改进考核方式、推进教材建设等方面开展了一系列的教学改革与课程建设推广活动，在全国高职院校起到了较好的示范和推广作用，具有较大的影响力。在教学的同时，对 Hopf 代数等方面进行研究，取得一定的研究成果，在核心刊

物上公开发表专业论文 30 余篇。承担横向课题研究，为企业提供数据分析与模型论证，深受企业的好评。

不忘初心，爱岗敬业。教师职业是陈笑缘不悔的选择，不论在什么岗位，她心中始终装着学生。只要有利于学生成长、成才，她都会倾注极大的热情，常利用休息时间与学生交流思想，帮助学生解答问题。自从担任学校图书馆馆长以来，她从图书馆界"门外汉"开始，虚心学习，以身作则，勤勤恳恳，勇于创新，带领全馆人员认真投入图书馆的各项建设、管理与服务中，特别是近三年来，图书馆在馆舍改造、阅读推广、资源建设、信息技术、文献服务、文化育人、社会服务等方面，取得了显著成绩。学生说：他们最喜欢、感到最自豪的就是校图书馆。校图书馆不仅得到广大师生的高度认可，也得到省内外同仁的高度赞扬。陈笑缘连续 4 届被评为浙江省高校图书馆优秀馆长，学校图书馆连续 3 届被评为"浙江省高校图书馆先进集体"。

案例 3：省级教学名师——叶国峰

叶国峰（又名叶国丰），1965 年 1 月出生，汉族，中共党员，教授，艺术设计专业教师，艺术设计学院党总支书记，中国美术家协会会员，浙江省美术家协会理事，浙江省美术家协会综合艺术委员会副主任兼秘书长，浙江省油画家协会理事，浙江省高职高专艺术设计类专业教学指导委员会副主任，日本环境艺术学会会员，浙江师范大学美术学院兼职教授。主要从事美术、艺术设计方面的研究工作。

叶国峰老师曾于 2002 年 9 月获浙江省优秀教师荣誉称号；2005 年 12 月获全国商业优秀教师荣誉称号； 2006 年 12 月获浙江省油画名家荣誉称号；2007 年获浙江省专业带头人荣誉称号；2009 年获得浙江省第五届高等学校教学名师荣誉称号；2014 年获浙江省第七届高等教育教学成果二等奖。主持国家级精品课程、中央财政支持实训基地建设项目、省示范校重点专业、省级教学团队等国家级与省级项目 10 余项，多次获得各级教学成果奖。叶国峰老师在文化艺术领域取得优异成绩，在繁荣浙江文艺事业及美术创作成果的推广中贡献突出。其美术作品分别入选第八、九、十、十二、十三届全国美展（五年一届）和第九届中国艺术节优秀美术作品展等国家级大型美术作品展览，分别在国内外举办个人作品展 9 次。专著《远方——叶国丰油画作品集》于

2006 年 3 月由辽宁美术出版社出版发行，《境域——叶国丰作品集》于 2010 年 9 月由浙江人民美术出版社出版；此外，还有《云水无间——叶国丰作品集》《山海印心——叶国丰作品集》《无边光景——叶国丰作品集》等专辑。在省级以上期刊公开发表论文多篇。2013 年至今担任浙江省美术家协会综合艺术委员会副主任兼秘书长，主持策划 "庆祝中国共产党成立 100 周年——水滴石穿／浙江省综合艺术邀请展" 等大型省级美术作品展览 6 次。

叶国峰老师一直推行 "创意与技能并重，造就高素质高技能艺术设计人才" 的教学理念，实施 "工作室制" 工学结合的人才培养模式，建立具有全真环境的工作室制教学平台，积极推进课程项目化教学，积极引入国外先进的教育理念与教学资源，在国内同类艺术设计专业院系中起到示范、辐射作用，为艺术与设计人才的培养做出了积极的贡献。

叶国峰老师在社会服务与技术推广、国际艺术交流等方面业绩突出。主持浙江省首届高职艺术设计教学改革研讨会等大型活动 10 多项，担任 2009 年、2010 年教育部国家级精品课程评审专家，多次担任浙江省教育厅、人社厅、文旅厅、省文联项目及省内同类院校教育教学项目评审专家与指导专家，积极为同类院校开展业务指导，为社会企业提供技术服务，为社会经济做出突出贡献。组织策划 "书写与图式——2011 中德艺术家交流展"；组织策划 "2019 中日多媒体艺术大赛" 中国赛区竞赛，应邀赴日本担任多媒体艺术大赛评委；多次参加亚非国际当代艺术展，中日、中韩艺术家交流展；先后邀请德国、美国、澳大利亚等国家的 20 多位著名艺术家前来浙商院讲学。

三、甘于奉献爱生如子

马克思主义的价值观认为，价值是一种特定关系的范畴，是主体生存、发展的需要与客体满足这种需要关系的统一。教育与教师价值是教学活动的出发点和归宿，教师的行为规范、为人师表是教育学生的基础。教师的归属感是教师在学校长期工作、互动、交往过程中产生的，肯于、乐于将个人融入学校的自觉态度、自发情感，是教师主动工作积极性的沉淀、凝聚与升华。"为师者以爱心酬学子"，学校多年来坚持 "以师生为本"，激发了教师的主人

翁精神与创新力，是学校长盛不衰的组织法宝。以学校之荣为荣，以学校之辱为辱，作为个体的教师寻得了同心同德的价值归属，形成了良好的认同感、归属感、责任感、幸福感。

案例 4：浙江省高校优秀党务工作者——刘晨

刘晨，男，1969 年 6 月出生，汉族，中共党员，副教授，现任浙江商业职业技术学院旅游烹饪学院党总支书记。

刘晨老师深知做学生工作如同"烹小鲜"，他把自己从事烹饪专业教学的体验融入细致入微的教师思想政治工作和学生管理工作，如春风化雨，处处是身影，丝丝见真情。他的思政管理工作，既"营养健康，新鲜美味"，又按照"配方新颖、工艺精湛、包装时尚、终身受用"的要求，把深刻的道理通过鲜活的管理工作载体表现出来，增强党务工作和学生管理工作的人性化和吸引力。

撸起袖子、挽起裤脚是他的工作作风，敢于担当、耕耘奉献更是他的工作态度。无论是午休时间，还是在扶贫帮困时刻、突发事件现场，总能见到他忙碌的身影。进教室、下寝室、访家庭，他用实际行动践行了"一切为了师生"的理念。在他的带领下，学院师生出色地完成了 G20 杭州峰会、世界互联网大会等重大活动的服务保障工作。

刘晨老师获得了校优秀共产党员、校先进工作者、省属商职院校优秀教育工作者、G20 杭州峰会警卫局服务保障工作优秀指导教师、浙江省第二届高校"最受师生喜爱的书记"提名奖、浙江省教育厅"优秀党务工作者"和省交投集团"优秀党务工作者"等个人荣誉，以及省高校先进基层党组织、省交投集团先进基层党组织和浙商集团先进基层党组织等集体荣誉，这既是对他本人和他所带领的团队最好的肯定和褒奖，也是对他这种"烹小鲜"式的工作方法的嘉许。尤其是获得 2017 年浙江省第二届高校"最受师生喜爱的书记"提名奖，当时全省各高校共推荐了近百名优秀基层党组织书记，经过严格遴选，最后只有 20 名书记从中脱颖而出，实在是难能可贵。

四、两袖清风奉献职教

　　"一年之计，莫如树谷；十年之计，莫如树木；终身之计，莫如树人。"教师兴校、人才强校，是学校发展改革的重要保障，学校紧跟国家战略，回应时代需求，积极投身"双高计划"建设，抓住教师这个第一资源和关键性建设主体，坚持把师德师风作为第一标准，突出品德和能力导向，着力打造一支高素质的"双师型"教师队伍，为培养受社会、企业欢迎的技术技能人才提供坚实的师资保障。

　　学校高度重视师德师风建设，成立了师德师风建设领导小组，由党委书记、校长任双组长，分管校领导任副组长，相关部门负责人作为成员，强化领导责任，明确工作职责。宣传部负责师德师风建设的组织策划和综合协调，组织人事部、教务处、科研处、纪委作为师德师风考核、监督与奖惩的责任部门，形成了党委统一领导，党政齐抓共管的工作格局。学校充分发挥党支部战斗堡垒和党员教师在师德师风建设中的"领头雁"作用，设立教师党员先锋岗、党员示范岗，在课堂教学、新教师培养等环节发挥引领作用，紧扣支部建设和师德师风建设关键，选配教学名师、专业带头人、骨干教师等担任支部书记，以"头雁效应"凝聚教师骨干力量。

　　学校始终坚持将师德师风建设贯穿于教学管理、师资队伍建设、科研管理等各个关键环节，以规章制度为引导，制订了《关于进一步加强师德师风建设的实施办法》《师德师风建设10条规范》《教学事故认定及处理办法》《教学工作业绩考核指导性意见》等师德师风建设制度。将师资引培工作作为平台公开招聘、教师资格认定、岗位聘用、职称评审等的关键环节，将教师职业道德作为首要条件。以师德典型示范为抓手，挖掘和提炼名师、大师的大爱师魂，对师德楷模、心目中的好老师、三十年教龄荣誉证书获得者等通过隆重的表彰仪式和网站、微信、微电影等新媒体形式进行公开表彰，营造崇尚师德、争创师德典型的良好舆论环境和社会氛围，引导广大教师热爱教育事业，自觉地养师德、铸师魂、树师表、练师能。

　　通过持续不懈的努力，师德师风建设成效显著，教师队伍中涌现出一批师德师风先进标兵：全国优秀教师1人、全国模范教师1人、全国职业教育

先进个人 1 人，浙江省最美教师提名奖 1 人，浙江省教育年度十大新闻人物 1 人，浙江省教育年度十大新闻力影响人物 1 人，最受师生喜爱的书记提名奖 2 人。

案例 5：浙江省师德先进个人——雷俊霞

雷俊霞，女，1969 年 7 月出生，中共党员，浙江商业职业技术学院教授。

雷老师始终坚持在教学第一线，从事艺术设计教学、科研与管理工作，具有深厚的专业知识、创新的教育教学理念和扎实的实践技能，多次获得省属商职院校优秀教师、优秀共产党员等荣誉称号，2019 年被评为浙江省师德先进个人。

除了教书育人，她还心系社会慈善公益事业。她先后与地震灾区贫困家庭结对；与浙江衢州贫困山区脑瘫儿童家庭结对支教帮扶至今从未间断；先后资助贫困学生 10 余人。爱岗敬业、关爱学生、热心公益是她日常生活工作的常态化写照。

长期以来，她凭着对教育事业的强烈责任感和使命感，把对党的教育事业的忠诚和对本职工作的热爱，全部默默熔铸于神圣的教育事业中。工作中，她以身作则，为人师表，具有良好的师德风范和职业道德，树立了党员教师的良好形象，起到了共产党员的先锋模范作用。

她时刻把握高职教育教学的特点，关注学科最新发展动态，重视教学内容的组织与延展，更重视对学生创新精神的启发。严谨治学的态度得到了学生的肯定，轻松活跃的教学方法深受学生的好评。指导学生参加国家、省市级各类职业技能及设计竞赛，获奖 20 余人次。

她多次担任班主任工作，2 次获年度优秀思想政治工作者，3 次获就业工作先进个人荣誉称号。以"一切为了学生，一切服务于学生"为准则，为学生营造了健康和谐的学习和成长环境，形成了"团结、创新、争上游"的优良班风。各班毕业生就业率均为 100%。

她曾长期担任分院办公室主任、专业教研室主任、督导组长、教工支部书记等多项管理工作。

她连续十五年担任浙江省高职高专单考单招服装类阅卷组长。在工作面前，她勇担重任，敢于担责；在利益面前，她会把自己的阅卷津贴甚至组长津贴拿出来分配给其他阅卷老师，确保了每年一次阅卷任务的顺利完成；连续两年担任杭州科技学院专本衔接毕业论文辅导工作，学生论文通过率为100%。短短一个月时间里，她完成10余名学生的论文5—6稿的批阅与修改，从学生论文的选题、大纲的编写、论点的确立及文字梳理她都予以全面指导。严谨的治学态度使学生受益匪浅。十余年如一日，面对工作她总是能够以饱满的热情卓有成效地完成，并获得领导、同事、同学的广泛好评。

师者，除了传道、授业、解惑，更要以德修身，以德育人。雷老师也正是以这样的标准严格要求自己的。相信在新形势下，她一定会继续带着对学生的爱，带着对社会深厚的感情做好各项教育教学工作和社会公益活动，这也正是她为之终生奋斗的目标。

五、勤练师能严谨治学

教育大计，教师为本。教师是"双高计划"建设的第一资源和关键性建设主体，其专业水平关乎建设的进度和效度。经过多年的积累，学校师资队伍素质和层次不断优化，专业结构、职称结构日趋合理。目前浙商院拥有国家级教学团队1个，省级教学团队3个，省级技能大师工作室1个；享受国务院政府津贴专家2人，二级教授4人，省突出贡献中青年专家1人，省级教学名师3人，省151人才7人，省级专业带头人26人；二级教授4人，正高职称50人，副高职称164人，高级职称比例达43%。博士44人，占专任教师比例为10.6%，45周岁以下专任教师中硕士学历占95%以上；双师教师比例达87.68%，荣获全国高职院校"双师"比例100强。学校已初步形成了一支师德高尚、学识渊博、技艺精湛、结构合理、数量充足、专兼结合的"双师型"教师队伍。

（一）内培外训，打造教师成长家园

浙商院教师发展中心的成立是贯彻落实《教育部、财政部关于实施职业院校教师素质提高计划的意见》文件精神，开展优质学校建设和实施"十三五"发展规划的重要举措，也是学校"为民办实事"的十件大事之一。学校投入

百余万元建设教师发展中心，旨在打造一支师德高尚、技艺精湛、专兼结合、充满活力的高素质"双师型"教师队伍，为"新教者"提供优质培训，为"疑教者"提供咨询服务，为"善教者"构建交流平台，为"研教者"提供发展资源，为"优教者"拓展成长空间，成为教师生涯的导航站、教学经验的聚宝盆、教学名师的孵化器、教师发展的制高点和学校发展的助推器。教师发展中心联动教学、科研等部门，以"一核心六工程"为引领，启动内外联动培训、"青蓝工程"、校企合作共育、"双导师"互聘、名师大师引路、国际素养提升等六大工程，构建了点面结合、层次清晰、全阶段的新教师、双师素质教师、骨干教师、专业带头人、名师五级阶梯式教师专业发展体系；以"一平台三结合"为切入点，通过校内校外相结合、线上线下相结合、过程性评价与总结性评价相结合，立足教师发展诊断与改进，打造教师教学成长的家园。2019 年 12 月，学校教师发展中心获批"浙江省高校教师教学发展示范中心"，全省共有 11 所高职院校入选，浙商院名列第六。

学校教发中心目前拥有培训室、研讨室、交流室、沙龙室等活动教室，围绕"服务教师成长"的主题，回应和满足教师发展的个性需求，开展校内外师资培训、教学咨询研讨、教师生涯设计、资源共享互用等专业化和个性化的教师发展活动，为广大教师提供多层次系统化的培训、培养、咨询、指导。教师发展中心每年开展"学术讲坛""技能提升""专题活动""分享沙龙"等各类活动 50 多次，教师受益面达 90% 以上，教师参加人次累计 20000 余人次。

（二）青蓝培育，助推青年教师成长

学校系统推进"青蓝"培育工程，为新教师配备"一对一"传帮带导师，开展为期一年的助讲培养；根据专业特长，选派新教师到校级"双师型"教师培养培训基地进行为期六个月的生产实践、学习观摩、挂职锻炼，丰富其实践经验，提高其生产、实习的指导能力。学校实施校院二级联动，定期举办青年教师教学技能竞赛，观摩比武促发展。"双高计划"建设以来，近百名教师参与，青年教师们以赛促教，互相学习，共同进步。学校定期召开教学工作研讨会及教研室教学经验交流会，鼓励教师在课堂教学中运用启发式、讨论式、案例式等交互式教学方法。学校开展"教学能手示范课观摩暨经验交流会"等教学沙龙活动，共有 150 余位校内外专家、校友、教师走进现场

与 5000 余名学生互动交流。通过观摩和比武、研讨，引导广大教师把精力集中在教学方法更新、教学能力提高、教学经验积累上，从而不断提高教学质量和水平。此外，学校发挥名师、骨干教师的传、帮、带、促，通过微格教室的练习打磨，增加实战经验训练，实行推门听课和新教师不定期听课活动，指向性、目标性明确，以活动促教研，以活动带教研，在课堂教学展示、研讨和调研活动中，提高教师的课堂教学水平，促进教师的专业成长，使青年教师缩短适应期，尽早成为教学能手。

（三）校企共育，提升双师教师素质

学校实施双师素质提升工程，深入开展校企合作。2019 年成功申报国家级"双师型"教师培养培训基地 1 个，挂牌建设校级"双师型"教师培养培训基地 30 个，校院企共建双师培养基地 70 个。以学校挂牌的"双师型"教师培养培训基地为主要实践基地，每年年初与"双师"基地共商教师实践锻炼计划，校企双方精心挑选责任心强、技术过硬、细致耐心的技术骨干、项目主管等担任带教老师，采取"师傅带徒弟"的方式，分层分类实施专任教师实践锻炼；结合学校实际，修订完善教师实践锻炼相关制度，如《专业教师赴企业实践管理办法》《实践指导教师管理办法》等，要求新入职专业教师前两年须赴企业集中实践锻炼半年以上；在"助讲培养"中为青年教师遴选配备企业导师，确保各二级学院专业教师每年下企业锻炼人数达到 20% 以上，五年实现全覆盖。加大省、校两级"访问工程师"项目实施力度，要求教师"带着任务下企业，带着问题上岗位，带着成果回学校"，切实提升实践教学能力。将教师企业实践锻炼、服务社会等纳入教师岗位工作职责，并作为年终考核、岗聘、职称职务晋升的重要指标。目前访问工程师总计 100 余人，专任教师下企业挂职锻炼实践 400 余人次，双师教师比例达 87.68%。

（四）双向融通，拓展技能提升空间

学校整合行业、企业及社会资源，积极拓展企业兼职师资，建立校外兼职教师人才资源库，通过柔性引进等方式，聘请德技双馨的行业、企业的能工巧匠、技术能手走进课堂，打造专兼结合的高素质专业化"双师型"师资队伍，聘请的行业专家、技能人才、管理人才稳定在 260 人以上。近五年来，

来自行业或企业的能工巧匠、工程技术人员在学校承担教学工作的有 700 余人次、8000 余课时。专兼职教师"一对一"的结队方式，为兼职教师营造了良好的工作环境，兼职教师和学校专业教师共同参与教学改革、共同制定人才培养方案、共同开发校本教材、共同建设专业实训室，为学校建设发挥了重要作用。同时，学校通过校企共育的方式着力培养一批能够改进企业产品工艺、解决生产技术难题的骨干教师，为培养具有绝技绝艺的技术技能大师奠定了良好的基础。

案例 6：中国烹饪大师——王丰

王丰，1976 年出生，中共党员，曾任职于浙江省机关事务管理局（之江饭店）宴会厨房，工作期间多次主理国家领导人国宴菜品，并在国家级、省级技能大赛上摘金折桂。2002 年，在母校的召唤下，他舍弃名厨光环，选择三尺讲台，言传身教，传承技艺。曾获 G20 杭州峰会警卫局服务保障工作优秀指导老师、中华金厨奖、全国餐饮职业教育优秀指导教师、省属企业第一批"五个一"人才工程（杰出技能标兵）、注册中国烹饪大师、国家级裁判、浙江省交通投资集团有限公司首批"交投工匠"等荣誉称号。

王丰长期在一线工作，积累了丰富的工作经验，他锤炼技艺、创新研发系列名菜名宴，多次获得省级、国家级专业大赛奖项，"随园食单宴"在国赛摘金，"西子糯米蟹"被广泛应用于行业。其个人履历被收入杭帮菜博物馆，其精湛的烹饪技艺、健康的烹饪理念在餐饮行业具有较高的知名度、美誉度，影响了一批批的从业者。工作中，他勤于思考，刻苦钻研，致力于中餐菜肴标准化制作流程、养生药膳、冷冻海鲜菜品、地方特色食材菜品研发与推广，为地方相关行业及企业提能增效 500 余万元，获省级科技发明 2 项，所研发的"西子鱼饺"被收入"百道鱼味菜大世界基尼斯（中国之最）记录"。他积极助推中外美食文化交流活动，立志做中华美食代言人。2019 年，他应邀参加美国"2019 年世界名校新年盛宴活动"，分别走进耶鲁大学、哈佛大学、麻省理工学院、康涅狄格大学和美国烹饪学院等名校讲学授技，传播中华烹饪技艺，弘扬中华饮食文化；他参加由浙江省侨联举办的"美味浙菜走进欧洲"活动，在荷兰、米兰、佛罗伦萨、罗马等地展演中式烹饪技艺，传播浙菜饮食文化。他热爱烹饪教育事业，领办国家级技能工作室，并在淳安千岛湖、舟山嵊泗、台州温岭等地设立校外技能工作室站点，发挥工作室辐射推广作用，开展送教上门等工作，累计培养烹调技师和高级技师 2000 余人，其中省级技术能手 5 名，技能大师工作室领办人 2 名（省级），指导学生参加国家级烹饪职业技能大赛，获金奖 6 项、银奖 10 项。

王丰自杭州市商业技工学校毕业，参加工作至今已逾二十八个春秋，他始终坚守在烹饪及烹饪教学的一线工作岗位，无怨无悔、兢兢业业。他热爱烹饪专业，在带徒传艺、指导学生比赛、菜品研发、服务地方经济等方面做出了杰出的贡献，用自己的实际行动书写了新时代工匠内涵。

（五）筑巢引凤，凝聚高层次人才发展动力

学校进一步加强党委对人才工作的指导力度，深入推进《学校领导联系高层次人才制度》，校领导主动联系高层次人才，了解和掌握联系对象在思想、学习和工作方面的情况，主动向他们宣传学校改革发展的重要举措，征求他们对学校建设与发展、教学与科研、管理与服务等各方面的意见和建议；学校深化标准引领、业绩导向的人事制度改革，建立分类评价、分类管理的人才评聘机制，激发人才队伍活力；学校修订了《浙江商业职业技术学院高层次人才引进人员管理办法》，制订了《浙江商业职业技术学院"博士工程"实施办法》《浙江商业职业技术学院名师大师培育办法》等制度，在住房补贴、收入分配、科研经费、培训、出国境研修等方面给予政策倾斜，加大高层次人才引进、培养的支持力度。做好现有教授、博士、专业带头人等高层次人才深度筛查工作，进行择优选拔、分类培养、严格考核，形成以教学名师、行业名师、科研攻关专家、创新创业导师等拔尖人才为核心的商院名师领军人才库。依据"重点培育、专业引领、反哺行业"相结合的原则，选拔技艺精湛、群众公认且在生产实践中能够起带头作用的技师、高级技师，建成技能大师领军人才库。

案例 7：省高校教学名师——骆高远

骆高远，男，1964 年 1 月出生，汉族，浙江义乌人，中共党员，博士，二级教授，硕士生导师，浙江省高校教学名师。骆高远同志在浙江师范大学任教 26 年，2010 年 12 月作为高级人才被引进浙江商业职业技术学院工作，

现任旅游烹饪学院院长，主要从事人文地理、旅游管理、乡村旅游、休闲农业、民宿策划、旅游规划与开发等方面的研究与教学；已出版学术著作 12 部，发表学术论文 160 多篇。

骆高远已从教 36 年（其中在浙江师范大学从教 26 年，在浙江商职院从教 10 年），主持完成国家级、省级或厅级科研项目 30 多项，获各级各类科研成果奖励 30 多项。特别是非洲旅游研究被业内公认为国际领军人物，有众多标志性的研究成果，出版了《当代非洲旅游》《南非旅游客源市场研究》等专著，发表了一系列高质量、高级别的学术论文，在旅游界被一些学者誉为全球非洲旅游研究"第一人"。其中，以《当代非洲旅游》为代表的学术专著（由时任外交部副部长翟隽先生作序）可以说填补了世界全方位研究非洲旅游的空白，被学界称为非洲旅游研究的第一部"圣经"。

2015 年，骆高远继 2013 年后再次入围全国旅游类学术论文作者 TOP100，在全国 16229 位旅游研究学者中的综合排名为第 88 位（2013 年排名第 83 位，至今共进行了 2 次排名）。2014 年，骆高远的专著《寻访我国"国保"级工业文化遗产》入选（《全国图书馆推荐书目（2013 年度）》。2021 年，国内最新创刊的、由四川省委主管主办的综合性学术杂志《乡村振兴》（月刊）计划全年连载骆高远教授的文章，充分体现其在乡村振兴、休闲农业和乡村旅游方面的学术成果和学术地位。

多年来，骆高远教授除潜心科研与教学之外，非常重视社会服务工作，常常利用业余时间带领团队参加地方服务工作，并利用自身特长，为地方政府、旅游部门或企业单位完成了几十项旅游规划与开发项目，横向课题经费超过 600 万元，为地方的经济建设、旅游业发展和贫困乡村精准扶贫做出了应有的贡献，成效显著。

作为一名高校教学名师，骆高远努力践行"教之以才，导之以德，足为师矣；学而不厌，诲而不倦，堪作表焉"，认为"学校应当是最美的世界，是世界上最美的地方"，并努力把学校建成师生的精神家园。在组织教学方面，通过"产教融合，三位一体（教、学、练）"等的教学组织形式，有力地推进了产教融合人才培养模式的实践，真正体现了"做中学、做中教"的思想，提高了学生的实践能力与就业竞争力。

（六）国际合作，培养师资全球视野

学校实施教师国际素养提升工程，通过境外研修、参加国际学术会议、国际合作培养等形式全方位、多领域推进国际合作与交流，拓展教师学术视野，增强教师国际学术背景，了解、把握相关学科发展的新方向、新趋势，提升专业的国际竞争力。根据专业发展和学科建设需要，以现有的美国东北州立大学、法国商学院等 4 所海外合作学校为基础，每年组织选派 10—15 名学校专业骨干教师赴国外参加三个月以上的研修访学，选派 60 名左右中青年骨干教师、专业带头人、管理骨干到国外进行短期研修；实施双语教师培育计划，建设一支具有"双语"教学能力的"双语型"教师队伍；同时招收"一带一路"沿线国家教师来浙商院访学进修，扩大学校在业内的国际影响力，对于较为成熟的优势专业，如电子商务、烹饪等，推动输出教学资源和教学标准。近五年来，中青年骨干教师、专业带头人、管理骨干参加国内外研修、访学等共计 280 余人次，三个月以上境外访学人数达 63 人，占专任教师的 13.69%，学校连续三年荣获"国际竞争力 50 强院校"称号。

第二节

同心同德的价值归属

一、师生凝聚合作共赢

站在新的历史起点上，学校以习近平新时代中国特色社会主义思想为指导，落实立德树人根本任务，坚守以商科教育为本的初心，培育具有国际化视野、互联网思维与现代商业精神的高技能商科人才。对标浙江省"重要窗口"建设的新目标新定位，努力成为职教板块"窗口风采"的建设者、维护者和展示者，形成了以学校"诚毅勤朴"校训文化和新时代浙商精神为"内核"和"精髓"的精神载体，凝聚师生力量，强化学校育人的动力，真正实现师生合作共赢。

学校倡导德技并修，重视学生的体验感和获得感，把育德、修技融入思想道德教育、文化知识教育、社会实践教育等教学全过程环节，大力弘扬红船精神、浙江精神与校训精神，坚持不懈地培育优良的校风、教风与学风。在人才培养过程中，始终坚定不移地贯彻落实"职业技能的习得与职业精神的养成"相融合的新商科人才培养理念。努力做到职业素养与从业能力并举，职业精神与学校文化交融，最大化利用课堂教育主阵地，循序渐进地融入浙江商人"爱国、敬业、诚信、友善"的优秀基因，培养学生的文化内涵与职业素养，积极推行"岗、证、课、赛"相结合的四位一体技能培养模式，以岗位技能为目标，以技能考证为动力，以专业课程为载体，以技能大赛为途径，形成了"岗、证、课、赛"四位一体相互融通的技能培养基本范式。

学校育人成效显著：姚攒同学荣获"中国大学生年度人物"入围奖和浙江省"十佳大学生"称号；冯骁、陆赟分获全国第一届职业技能大赛第三名（铜奖）和第八名（优胜奖），并入选第四十六届世界技能大赛国家集训队；荣获浙江省大学生职业生涯规划大赛一等奖 1 项、三等奖 2 项、优胜奖 6 项；选派数百名学生服务 G20 杭州峰会、世界互联网大会、世界浙商大会等高规格会议；学校荣晋"全国普通高校学科竞赛评估高职 50 强"。

案例 8：浙江省教育年度十大新闻人物——何伏林

范晓静是浙江商业职业技术学院展示专业毕业生，她的另一个身份是杭州丝梭贸易有限公司创始人，她的纺织制品业务遍及阿里巴巴、淘宝等六大电商平台，市场遍及中东国家。问范晓静为什么选择创业，她告诉笔者："如果不是何老师，也许今天我还不懂'创业'这个词的含义。"她口中的何老师，就是浙江商业职业技术学院创业学院原院长、浙江电子商务学院院长何伏林。范晓静说："何老师不仅是我的伯乐，更是点燃我创业梦想的引路人。"

"一天做一件实事，一月做一件新事，一年做一件大事，一生做一件有意义的事。"这是何伏林的座右铭。帮助学生成就创新创业梦想，就是何伏林要做的那件有意义的事。2005 年 9 月，何伏林受命筹建大学生创业园，学校划出了 800 平方米的场地。何伏林收集了全国各地有关创业教育的文献资料，实地考察了省内外 3 所高职院校的创业园，并结合自身十多年的企业管理工作经验，撰写了一份 5000 多字的调研报告。他建议，学校要在传统的创业基础知识普及和模拟仿真创业训练基础上，鼓励学生直接到工商部门注册企业，进行全真创业实战。经慎重研究，校党委采纳了何伏林的建议。之后，何伏林便时常穿梭于学校和杭州市滨江区工商局、地税局等单位之间，为创业学生成功争取到了工商登记，还争取到了为学生创业适当减免工商管理费、税费等优惠措施。

2006 年 3 月 15 日，国内首个"全真环境"大学生创业园在浙江商业职业技术学院正式开园，首批入驻的 15 家学生企业的负责人从校领导手中拿到了属于自己的工商营业执照，为自己的创业拿到了"通行证"。半年后，首期 15 家大学生企业全部实现盈利。

十多年来，浙江商业职业技术学院创业园的场地规模从一开始的 800 平

方米扩展到 5000 多平方米。依托创业园，何伏林指导了 20 个批次 700 多支学生创业团队的 4000 多名学生开展全真创业实践活动，拿到了"创业浙江"金奖、浙江省高职高专"挑战杯"创新创业竞赛特等奖、浙江省优秀大学生创业者等多种奖项，学校创业基地也被浙江省科技厅认定为省科技企业孵化器和省级众创空间。

何伏林没有故步自封，他经常把自己的经验拿出去接受社会检验，也以开放的眼光接受更好的创业教育理念。在中国高等教育学会的指导下，何伏林主要负责完成了全国高职高专创新创业教育协作会的筹建任务。作为协作会秘书长，何伏林和同事一起组织全国 500 多所高职高专院校同行，先后在杭州、佛山、义乌、潮汕、南京等地成功召开了"创业实践教学""创业教育课程体系建设""电子商务创业""浙江七所院校创新创业教育工作典型经验介绍"等专题研讨会或现场交流会，积极推广各地院校创新创业教育工作的经验，取得了良好的协同育人效应。

二、校企融合共谋发展

学校深耕、精耕商业职教，携手企业共育高素质技术技能人才。合理配置和分享校企资源，逐步建立了师资互聘、研教互助、资源互通、协同创新的校企合作关系。学校通过"走出去、请进来"的方式，打造了一支教学能力强、专业水平高、实践经验丰富的"双师型"队伍。组织教师到企业挂职，同时引进了一批教师基本功强、实践经验丰富的专技人员充实教师队伍，聘请了一批有经验的管理和技术骨干为兼职教师。

近年来，学校技术研发与社会服务队伍日益壮大：以国家级"冷链物流应用技术协同创新中心"为依托构建了智慧营销协同创新中心、电子商务新经济产业研究中心、中法商业经济研究中心等技术技能创新平台。广大教师助力企业技术进步和转型升级，为企业提供良好的技术技能支撑。自"双高计划"实施以来，学校先后与 128 家企业签订了 136 项横向技术合同，技术服务到款额 1100 多万，经济效益达 7100 多万元；获得授权专利 552 件，成功转化专利 184 件，稳居全国高职院校前 50 位。学校"双十一"实战教学项目已运行 9 个年头，校企合作运营机制完善，2020 年"双十一"助力企业突破疫情难关，实现销售额 23.59 亿元。学校以国家级双师基地为依托，承办企业会计从业人员继续教育培训 8 期，培训 720 余人次等。学校技术研发与社会服务的能力、水平得到越来越多企业的认可，真正实现了校企合作共享共赢共发展。

（本章编写人员：张　婷　杨　青　黄秋华）

第五章

笃厚：服务为本的学生文化

第一节

观乎人文　化成天下

一、正身率下　立德树人

学校秉承"诚毅勤朴"的百年校训文化，以上率下，干在实处，坚持思想引领，强化立德树人根本任务，为党育人，为国育才，把学生工作贯穿教育教学全过程，实现全员育人、全程育人、全方位育人，为培养和造就全面发展的社会主义建设者和接班人做出了应有的贡献。

（一）以上率下全方位推进育人"七进"工程

学校领导班子全体成员主动进课堂、进班级、进宿舍、进食堂、进社团、进讲座、进网络，通过"七进"形式，以上率下，深入开展"亲学子，同育人"活动。

领导班子每名成员每学期至少给学生讲一堂思想政治理论课、形势政策课。把"思政小课堂"同"社会大课堂"结合起来，把最新实践成果和新时代中国特色社会主义理论融入课堂，帮助学生用科学理论武装头脑，积极引导学生增强中国特色社会主义的道路自信、理论自信、制度自信和文化自信。

通过深入班级听课，参加定点学院、班级的文体活动、班团会，了解课堂纪律、班风建设、教学互动等情况，拉近与学生的距离，及时发现和解决课堂教学、班风建设中出现的问题，全面提升教学质量，优化学风建设。

每位校领导每年定点联系一间学生寝室，中层干部每年定点联系两间学生寝室，他们深入学生寝室，了解学生基本情况，有针对性地开展思想引导、专业辅导、生活指导、心理疏导，给予就业帮扶和经济资助。"四导两助"工作为指导住宿生养成良好的生活习惯，塑造良好的行为操守和品格提供有力支撑。

通过与学生共进一次餐，了解学生就餐环境、饭菜价格、菜品质量等，关心学生的饮食卫生和安全状况，保障学生食堂健康安全运作。

指导、参加学生社团活动，关注学生社团成员、社团活动和社团自身发展建设存在的问题，进行思想引导，促进社团指导力量和保障制度逐渐完善。

校领导上党课、做报告、开讲座，加强对学生的主题教育和思想引导，帮助学生树立正确的世界观、人生观和价值观，用深厚的理论功底感染学生，做学生的表率。

开通网络渠道，倾听学生诉求，疏导学生情绪，加强学生的沟通与交流，以"键对键"作为"面对面"的有益补充，深入了解问题，切实解决问题，促使学生健康成长。

每月 23 日下午固定为"商院亲青谈"，由当天值班的校领导班子成员与学生面对面深入交流，直接联系一线学生，与同学交朋友，推动学生思想、心理、生活、就业等实际问题的解决，切实把思想政治工作做到学生的心坎上。

上好党课、进好班级、走好寝室，已经成为校领导班子成员的一项基本任务、一份重要职责、一种业务能力。

（二）以上率下全力加强学生工作队伍的建设

学校党委坚持优先提拔或选用有基层政工经历的干部，强化学校党的领导权，确保学校各条战线"四个意识"的主导权，确保中国特色社会主义大学的办学方向在角角落落都能得到有效彰显。学校党委全力培养、大力选用优秀政工干部，将有条件的政工培养成专业带头人，将专业带头人培养成基层党组织负责人，双向融合整体推进党建和思想政治工作。

辅导员是大学生思想政治教育的骨干力量，是大学生健康成长的指导者和引路人。学校以系统理念全方位引领，科学顶层设计，统筹推进辅导员队伍建设，打造思想政治教育工作铁军。定期召开党委会，专题研究辅导员队伍建设问题，出台关于辅导员、班主任队伍建设的相关文件。从待遇上保障

辅导员队伍，对辅导员实行教师岗和管理岗双线聘任政策，并按照"就高不就低"的原则发放岗位津贴。辅导员职称评审纳入统一的教师职称系列，既注重工作实绩，又坚持学术标准。优化辅导员队伍的考核机制，科学认定辅导员工作成绩，设立校级优秀学生思想政治工作者荣誉奖项，实行名额单列，每年组织评选表彰。

每年召开一次全校党建与思想政治工作大会，表彰先进，总结经验，交流思想，部署工作。建构学习平台，精准提高辅导员队伍能力。每年举办辅导员沙龙，邀请大学生思想政治教育专家学者做专题讲座，为辅导员队伍更好地贯彻立德树人的根本任务，破解思政工作的难点问题"把脉开方"。同时落实上级会议精神，统一思想认识，分享经验教训，布置落实工作。组织辅导员编写《教书育人案例集》，集中反映大学生思想政治教育中的典型案例，针对实际工作中的典型案例进行分层次、分专题剖析或专题讨论，增强辅导员工作针对性。坚持开展"上岗培训、全员轮训、骨干研修、高端论坛"等组合拳式培训，帮助辅导员坚定理想信念、端正职业态度、提升职业技能。积极推荐辅导员到地方政府和上级部门挂职锻炼，到国家教育行政学院学习。通过与富阳区环山乡开展"双万结对、共建文明"省级共建活动，与松阳县古市镇全力打造"百校联百镇"思政教育基地，推进辅导员走出校园，主动服务省委中心工作，服务社会主义新农村建设。打通培养管道，落实辅导员双向晋升机制。辅导员工作满三年，年度考核有一次为优秀者，可直接享受副科级待遇；满五年，近两年年度考核有一次为优秀者，可直接享受正科级待遇。

（三）确立"立德树人"典型，着力弘扬正能量

推动教师提升立德树人的认识高度，将立德树人的根本任务贯穿教育教学全过程，将教书育人作为第一责任。将政治立场、立德树人表现作为教师聘用考核的先置要求。拓展思想政治工作的文化深度。精心培育典型，大力宣传典型，用师生身边的榜样激励师生积极践行社会主义核心价值观。近年来，浙商院涌现出全国优秀职业教育工作者骆光林，全国优秀教师谢国珍，全国模范教师、浙江省第二届"最美教师"提名奖潘小慈，"2015浙江教育十大年度新闻人物"何伏林，全省高校首届"最受师生喜爱的书记"提名奖余益峰，

浙江省省属企业"最美员工"麻淑秋、梁西琳，"浙江省十大孝贤、最美青春——浙江省第二届感动校园人物"金森兴同学。学校每年由校团委、学生会牵头评选"我心目中的好老师"，由工会两年组织评选一次"明星员工"，传播放大立德树人的正能量，为培养造就社会主义合格建设者和可靠接班人营造良好的氛围。

二、古德今风　以文化人

自1911年的杭州中等商业学堂到钱塘江畔的"双高"院校，学校百年来一直坚持"职业教育，应为发展生产事业之教育。以注重公民道德与职业道德之陶冶，劳动习惯之养成，职业知能之增进，创造精神之启发，俾养成各种职业界中等创业及技术人才为目的"的理念，秉承"尊师明理，勤学求实"的学风，重视学习风气，为学生的成长营造好气候，创造好生态。让学生浸润在学习氛围之中，受其熏陶、感染，在优良的学风环境中，学生的思想品德、价值观念、行为方式、意志情感得以提质。

（一）全员齐助力，上下建学风

学校一切工作都要围绕人才培养，建立学业辅导机制，服务学生成长成才。教师、辅导员、班主任共同打好"组合拳"，既服务又育人，既教书又育人。校、院、系、专业、班级，上下统筹协作、全员参与，做到不同部门、不同个体各司其职、各尽其责，构建学风建设齐抓共管的"大格局"，以高质量的教学、管理、服务满足学生学业发展的需求和期待。

学校历来重视帮扶机制，除开展学业辅导，实施"一对一帮扶"机制，提供思想、心理辅导外，还不断优化对学生的学业指导，确保不让一名学业困难学生掉队；对于学有专长、有特殊需求的学生，满足其个性化发展、创造性发展的实际需要，组织骨干教师提供咨询服务、释疑解惑、联合攻关，积极创造有利条件，让创新拔尖人才脱颖而出，促进学生全面而富有个性地发展。

学生自查自纠，互相监督，营造良好的学习氛围。学校于2002年成立学

生自律委员会，充分发挥学生主体作用，实施民主管理。在早晚自习检查、课堂出勤监督、文明行为养成中培养学生自我管理、自我教育、自我服务和自我监督的良好习惯。促进学生不忘学习初心、牢记学习使命，勤勉学习、主动求知、苦练技能和掌握本领。

（二）书香润学子，教风带学风

教师的核心使命就是教书育人，是好学风形成的核心因素。教师肩负着培养中国特色社会主义事业的建设者和接班人的光荣使命；同时，又是塑造优良学风的主体之一。学校历来重视教师队伍建设，把建设一支信念坚定、师德师风优良、学识渊博、教学技术精湛的教师队伍作为目标，以过硬的教师素质带动学风。课堂教学质量决定着学风质量，过硬的教师素质是建设优良学风的根本保证。从校领导推门进课堂到中层领导听课下任务，学校凝心聚力提高课堂质量，把锤炼过硬的教师课堂教学能力作为着力点和落脚点。

教师热爱教师职业，潜心教书育人、严谨治学、认真教学、为党育人、为国育才。教师热爱教学，投入教学；学生热爱学习，专注学习。学校把教师职业理想和职业道德教育进一步抓细抓实，培养教师热爱教育、关爱学生的情怀。教育引导教师自觉实践职业精神，增强职业责任感，通过"心目中的好老师"评选活动，引导教师始终怀有一颗仁爱之心、爱岗敬业、忠于职守、以德立身、以德施教，致力于上好每一节课，及时关注和回应学生的各种诉求，以自己过硬的素质赢得学生的青睐和敬佩。师生热心从教、静心求学、教学相长、共同塑造、共同付出、共建优良学风。

（三）文化展风貌，底蕴领学风

悠悠百十年，学校脱胎于封建教育，成长于民国思潮，辗转于抗日烽火，重生于崭新中国，腾飞于改革春风，历经十五次迁址，十六次易名，历经磨难，走过了一条艰难的发展道路，而校园文化则将这段历史展现得淋漓尽致。

校园文化是大学精神的重要体现，承载着大学生的思想和价值观的生成，影响着大学生的道德和行为，发挥着启迪人、熏陶人、感染人、激励人的作用。内蕴深厚的校园文化是大学生的心灵归依和精神家园，激发学生的学习热情和动力，涵育出优良学风。蒲场北路、骆耕漠像、校史门等散发着学校百年韵味，展现学校的奋进史。

校史校情、校风校训、教风学风是一所学校的精神归属，是校园文化的精髓，是一种最深沉的力量。学校积极宣传学校的办学思想、办学历史、办学模式以及校风校训，大力宣讲杰出校友刻苦求知、奋斗成才的感人故事，将校史教育纳入新生始业教育，组织学生参观校史馆，培养学生知史爱校的情感，让学生从学校传统文化中汲取养料，把学校优良传统和精神品质内化为自觉的学习追求。

一楼一品铸特色，公寓文化染学子。学生公寓是学风建设的重要窗口，学校长期将公寓学风建设作为重要载体，将党团文化进公寓、专业文化进公寓、优良学风进公寓作为一楼一品的主要建设内容，全校上下必须凝心聚力，常抓不懈，公寓建设孕育出校园里的一种新兴文化，成为学校一道靓丽的风景线。

不断丰富校园文化活动内容，积极开展丰富多彩的校园文化活动，吸引更多学生参与其中。举办经典诵读、道德讲堂、创新创业大赛、学风示范班评比等活动，把校园文化活动的重心转移到学风建设上来，让学生"有兴趣地忙""有发展地忙"，在"忙"中深切体味学习之乐。发挥学习典型的榜样示范作用，开展学生表彰大会、十佳大学生评比、创业之星评比等评选活动。利用橱窗、宣传展板以及网络媒体等宣传工具，彰显其勤于学习、善于学习的品格和立志创业、艰苦创业的精神，以发挥学习典型的榜样示范效应，使大学校园始终弥漫着学习"空气"。

三、关爱学生　提升能力

自建校以来，学校始终传承厚生育人的历史传统，从学生角度出发，坚持从学生中来、到学生中去，不仅关注学生的物质生活，还要不断了解学生的精神需求，及时做好物质与精神相结合的资助育人工作；不仅督促学生加强身体锻炼，还时刻关注学生的心理动态，及时做好心理预防和危机干预；不仅注重学生的在校表现，还以培养"德、智、体、美、劳"全面发展的社会人才为目标，有针对性地提高思政队伍综合素养，自始至终为培育适应时代的商科人才不懈努力。

（一）关心学生生活实际，提高资助育人能力

1958 年，浙商校积极响应党中央提出的"三勤"方针，着重进行"勤俭办学、勤工俭学、勤俭生产"的各项工作，动员全校师生行动起来，先后与 20 多个单位进行接洽，与 9 个单位订立合同，制订勤工俭学计划，主要通过农业劳动、商业劳动、基建劳动和学校内部的农副业劳动等四个方面来进行。2002 年起，学院先后制定实施《勤工助学管理办法》《浙江商业职业技术学院学生特殊困难补助实施办法》《关于国家助学贷款工作的有关规定及国家助学贷款管理条例》等一系列资助制度，为资助工作保驾护航。2005 年 9 月成立学生资助管理工作领导小组及校学生助学中心，使"奖、贷、补、助、勤"的帮困助学体系进一步完善。在新生入学时开设"绿色通道"，及时办理家庭经济困难学生的入学手续，确保不让一名大学新生因为家庭经济困难而失学。2017 年以"扶贫先扶志、扶贫必扶智"为出发点，创新新时代下教育扶贫举措，特设"浙商乃器班"。通过"开眼界、学规范、练内功"，打破传统物质上的帮扶模式，真正从思想上、行动上脱贫，提高学生的综合竞争力；丰富学生第二课堂内容，培养学生自信、自立、自强的人格，使学生深入内化"诚、毅、勤、朴"的品质，日后乃成大器。除此之外，还开展了师生"一对一帮扶"机制，由一名或多名教师结对一名学生，针对不同情况有侧重地帮扶。对待特困家庭学生给予适当经济援助，确保学生不因家庭贫困而辍学；对于出现心理压抑、焦虑等情况的学生，及时进行心理疏导，开展耐挫励志教育，激发学生战胜困难的勇气，树立对生活的信心；对学习困难的学生，进行学业辅导、方法指导，帮助学生提高学习成绩、提升学习能力，顺利毕业，早日成才。

（二）关注学生健康水平，提升心理干预水平

从 1916 年建校早期鼓励学生参加浙江省中等学校联合运动会，到 20 世纪 90 年代起有组织、系统地开展运动会，鼓励学生强身健体，积极参加体育锻炼，一直贯穿校育人全过程。体育运动是实现学校立德树人根本任务、提升学生综合素质的基础性工程，也是建设教育强国、体育强国的重要工作。但在关注学生身体健康的同时，也不能忽视学生的心理健康，因为它对个人的健康发展具有重大作用。为更好地帮助心理有障碍的学生健康成长，2003

年 5 月，学校成立心理健康指导中心，由学工部负责指导，中心开通心理咨询信箱、心理咨询热线，并配备经验丰富、业务水平高的专业心理咨询师开展咨询业务。经过十六年的积累，浙商院充分发挥学工部、校团委、马克思主义学院、心理健康教研室、心理健康指导中心、二级学院心理辅导站和"绿色心"心理协会的作用，打造了"5·25""12·5"心理健康节等品牌活动。活动以心理情景剧、团体辅导、心灵使者培训、解忧信箱、音乐节、线下告白、心理电影赏析为主，辅以知识竞赛、视频制作、素质拓展、辩论赛、定向越野、专题讲座、工作坊等符合学生心理特征、贴近学生现实生活的第二课堂实践模式，提高了教育活动的吸引力和感染力，增强了教育活动的科学性和实效性。自 2003 年以来，已面向全校发行《心之语》《心之声》《小心理》等期刊，建立心理健康网站、微博和微信公众号。在人员全参与、媒体全覆盖的良好态势下，把行之有效的专题活动转化为促进心理育人的长效工作。同时，学校作为滨江萧山高教园区心理联盟的成员之一，依托园区的优质资源，通过与各兄弟院校之间的交流沟通，互相协作发展。2013 年获得浙江省首批"心灵港湾工作坊示范点"荣誉称号。

（三）关切学生深远发展，加强队伍素质建设

学校以"诚毅勤朴"校训为指导思想对学生开展教育活动，十分注重学生思想政治教育。2001 年 9 月，根据省委教育工委的文件精神，学校积极推行思政进公寓工作制度，开辟学生思想政治教育的新途径。公寓设有辅导员总值班室，每幢楼至少安排一位辅导员入住，辅导员与学生同吃、同住、同生活。进驻公寓的辅导员在做好公寓安全稳定工作的基础上，还开展各类公寓文化活动，极大地丰富了学生的业余生活，营造了"积极、健康、和谐、向上"的公寓文化氛围。

高质量、高水准、可持续发展的辅导员队伍对学生的成长起着至关重要的作用。21 世纪后，学校明确提出要建立一支政治强、素质高、业务精、纪律严、作风正、敬业爱岗、结构合理的专职和兼职相结合的思想政治工作队伍。为建设一支政治素质过硬、业务能力精湛、育人水平高超的思政队伍，2002 年，学校为各系配备专门负责学生思想政治工作的党总支书记（副书记）、团总支书记。2003 年 4 月，学生处开始对各系的学生工作进行学期考核。同

年，学校单独设立社科部，配齐"两课"教师。"两课"教师热爱自己的工作，积极介入学生的各项学习、生活和活动中，如担任学生辩论赛、演讲赛的指导老师和评委，开设各类人文选修课或专题讲座，为学生德智体美劳全面成长提供保障。

为提升学校思想政治工作队伍的理论研究水平，学校每年组织开展一次思想政治工作研讨会，并专门组织评比、表彰，出版思政论文集。2004年，学校出台《优秀学生思想政治工作者评选办法》，每年组织一次优秀思想政治工作者的评比活动，并在每年教师节时进行表彰。随着时代的飞速发展，为保障辅导员队伍、思政队伍紧跟时代脚步，创新育人模式，学工部于2014年组织开展第一届辅导员沙龙，至今已开展42期。辅导员工作沙龙成为辅导员总结经验、交流思想、探讨问题的工作平台，使辅导员能够拓宽视野、开阔思路，在与领导和同行的交流中探索问题、共享经验、创新经验，进而增强工作责任意识、自主创新意识和自我发展意识；同时也是院校改进学生管理方式和方法的创新性尝试，是学校辅导员职业素质与岗位创新创业能力提升工程的一个重要内容。

四、现代科技　创新育人

（一）依托信息化平台，提高教育管理水平

信息化平台是做好学生思想政治教育和管理的有效载体。通过"今日校园""辅导猫""正方学生工作管理信息系统""迎新系统""就业系统"和学生发展中心公众号等平台的建设，影响教育面越来越宽，教育效果越来越好。几年来，通过引进学生管理信息系统，大大提高了管理水平和工作质量。改变了过去传统工作中那种靠"嘴喊、腿跑、手抄"的体能型和"以时间换空间"的教育管理模式，优化了大量的事务性工作，比如评奖评优、勤工助学、国家助学贷款、学生档案管理、健康打卡、检查签到等工作程序，提高了工作效率。

（二）依托信息化平台，优化科学评价体系

学生工作的评价体现了工作的导向性、示范性以及教育理念的落实情况。无论是对学生综合素质的评价，还是对各学院学生工作的评价，都需要有一个科学的指标体系和操作模式。近几年来，浙商院注重对学生实施综合测评，不断完善学生综合测评体系，通过对学生信息的全过程多角度的动态采集和管理，开展学生网络综合测评，既提高了工作效率，又体现了科学和公正，教育引导学生全面发展、健康成才。每年度开展的评奖评优工作，都要通过网络信息平台，广泛征求意见，比如学期奖学金、学年优秀系列的评选，都通过学生工作管理信息系统进行。每年度在系统上进行班主任工作测评，并把投票结果作为重要参考指标。

（三）依托信息化平台，高效开展复学工作

2020年初新冠肺炎疫情突然暴发，学校探索利用今日校园App，推进学生管理工作信息化，为13000余名学生每日健康打卡、健康状况上报、中高风险地区排摸、特殊群体的关心关怀等疫情防控工作提高防控管理成效，实现疫情防控精准管理、精准服务、精准关怀。学生返校前，及时掌握动向，做好学生报到准备工作。学生返校时，扫码确认身份，确定是否为浙商院学生、是否已经同意其返校，以防止校外人员和未达到返校条件的学生私自返校。学生返校后，每日打卡完成健康状况及时上报，方便学校防控办上报数据，每日晚检采用"今日校园"定位签到和动态二维码抽检的形式，完成对学生晚查寝的管理。

第二节

活动纷呈　春风化雨

一、坚定信念　引领青年

（一）树立理想信念，把握发展方向

浙江商业职业技术学院自建校起，始终注重思想引领，坚持不懈地用马克思主义中国化的最新成果武装青年大学生。建校初期，学校爱国师生关心国家大事，积极参加反帝反封建斗争。从 1919 年五四运动，到 1920 年 3 月震动全国的"一师风潮"，再到新文化运动、"五卅"惨案，学校学生始终坚持学习新思想，为维护国家的利益坚持不懈。在日寇步步入侵、民族危机空前严重的关头，商科师生与全校同学一起，同仇敌忾，奋力投身于抗日救国的洪流之中。在解放战争时期的爱国民主运动中，全校师生又进一步谱写了一页页光荣的篇章。

正是如此，学校坚持引导大学生学习校史、校训，唱校歌，增强爱校、护校的情怀。参观校史馆，学习校训、校史，学唱校歌是大学生入学时的重要一课。

国家当富强，始基端在商。

计然范蠡浙之光，古今人才遥相望。

我校历史已久长，息游湖山仍郁苍。

四科设教如网纲，学成致用实效彰。

同表东海风泱泱，同表东海风泱泱。

校歌创作于20世纪40年代，是原浙江省立高级商业职业中学校歌。20世纪40年代正是中国风雨飘摇时期，外有忧患，内有焦土，富国强民是救国的唯一途径。这首校歌就是在这样的背景下创作的。校歌庄严和谐，简洁精练，朗朗上口，催人奋进，富有感召力，既有深远的文化底蕴，又展现了积极向上的精神风貌，既有厚重的历史感，又富有现代气息，体现了浙商院办学的商科特色，充分表现了全校师生员工朝气蓬勃的面貌和自强不息的精神。即使时光流逝，校歌似将同我们美好的岁月一样，成为永久的记忆。引导学生经常演唱校歌，情感及精神境界会受到充分感染，在情绪、精神状态上得到共鸣，激励师生发扬学校"诚、毅、勤、朴"的优良传统，培养学生勤奋学习的优良品质和道德情操。

大学生军训是高校学生国防教育的重要组成部分，浙商院坚持将军训作为育人的第一堂课，通过军训提高学生的思想政治觉悟，激发其爱国热情，增强国防观念和国家安全意识；进行爱国主义、集体主义和革命英雄主义教育，增强学生组织纪律观念，培养艰苦奋斗的作风，提高学生的综合素质；参加军训，学生掌握基本军事知识和技能，为中国人民解放军培养后备兵员和预备役军官，为国家培养社会主义事业建设者和高素质高技能应用型人才打好基础。

自2017年起，学校严格按照共青团中央《"青年马克思主义者培养工程"实施纲要》和团省委的相关要求，已举办3期青年马克思主义者培养工程培训班，通过理论学习、理论研讨、素质拓展训练、社会实践、课题研究、汇报演出、总结表彰等方式，进一步加强全校学生骨干队伍建设，努力培养一支政治坚定、学习刻苦、工作勤奋、作风扎实、品德高尚的学生骨干队伍。目前学校已培养了700余名合格的青年马克思主义者。

（二）依托课堂教学，深化理想信念

习近平总书记指出，"要用好课堂教学这个主渠道，思想政治理论课要坚持在改进中加强，提升思想政治教育亲和力和针对性，满足学生成长发展需求和期待，其他各门课都要守好一段渠、种好责任田，使各类课程与思想政治理论课同向同行，形成协同效应"。学校党委宣传部、教务处、马克思

主义学院等部门积极行动，深入探索，破解长期以来思想政治教育与专业教育相互隔绝的"孤岛效应"难题，将立德树人贯彻到高校课堂教学全过程、全方位、全员之中，推动思政课程与课程思政协同前行、相得益彰，构筑育人大格局，这也是新时代中国高校面临的重要任务之一。

（三）开展特色活动，引领时代青年

发挥党员之家的作用，树立正确的价值观。为落实党的十六大精神和浙江省教育工委工作部署意见，学校进一步改善学生党员的活动条件，创造党员教育载体，增强支部凝聚力和战斗力，于2012年建立学生党员之家。学生党员之家设立在学生生活园区，占地60平方米，配备了桌椅、电脑、音箱、电视机等设施。制订《党员之家管理制度》，将党徽、党旗、入党誓词、学生党员发展流程等元素上墙，营造庄重典雅的氛围；还布置了一些图书、绘画等作品，营造浓厚的文化气息，大大丰富了学生党支部组织生活的内涵，有效满足学生党支部活动进公寓，方便党员和积极分子学习党的基本知识的需要，成为学生党员开展政治理论学习、组织生活的重要场所。

十多年来，学校坚持每年开展"红五月"系列活动，带领青年传承红色基因，守住"红色根脉"。"红五月"活动既是对于初心的回忆，也是对未来的展望。在弘扬"五四"精神、传播校园文化的同时，也为大学生搭建了展示能力和才华的平台，以充分展现浙商院青年学生不忘初心、逐梦新时代的青春风采。

举办业余党校，注重入党积极分子的教育培训，引导学生党员意识到作为当代大学生，他们肩负着建设祖国的重任，应自觉地把理想追求同祖国和民族的命运前途联系起来，勤奋学习，勇于创造。在树立正确的世界观、人生观和价值观，提高自身素质，完善人格品质的同时，学生党员还要在学生群体中起到先锋模范的带头作用。

二、营造环境　寓教文化

（一）绿色校园，生机盎然

建校以来，按照省委、省政府的部署和省教育厅的具体安排，浙商院坚

持基本建设与绿化建设同步发展，积极种植花草树木，以"美化生态环境，构建和谐校园"为主题，把美化生态环境和人文环境有机结合，营造出学校温馨舒适的氛围，让绿色概念永远充满校园。

利用校园的自身条件，从园林景观效果的角度把这些有生命的东西因地制宜地进行合理配置，努力营造安静、幽雅、舒适、风景优美的文化生态校园。走自然化的道路，并建立校园人工生态系统，保证校园绿化景观持续地发展。

滨江校区占地面积 137000 平方米，其中绿化面积为 55200 平方米，绿化率达到 40.3%。滨江校区共种植树木 4763 株、灌木 761238 株、草坪 43373.8 平方米。德胜校区占地面积 26633 平方米，其中绿化面积为 10655 平方米，绿化率达到 40%，休息景点 3 处。

（二）景观育人，生态和谐

学校的园林景观设计，以"传承文脉，景观育人，求本致远，生态和谐"的设计理念为指导，遵循生态与可持续发展的原则，根据校园环境的状况，将地域性、生态性、教育性三者相结合，力图营造一个立体的、多层次的参与性空间。整个校园景观设计清新自然、开阔疏朗、生态和谐，追求以小见大、以景见深、以境见长的意境，具有深远的文化底蕴。

为加强形象建设，学校于 2006 年通过广泛的意见征求，征集了滨江校区楼名、路名、广场名。2011 年学校二期工程基本完成后，以学校曾经办学的主要旧址为路名，对校园主要道路进行了重新命名，以此浓缩和凸显学校百年办学历史。广场有中心广场、青春广场、同舟广场。雕塑有"腾空落燕"雕塑、郑在常塑像、张之桢塑像、骆耕漠塑像、章乃器塑像。路名有黄醋园东路、黄醋园西路、平安桥东路、平安桥西路、银洞桥东路、银洞桥西路、大方伯路、南田路、琐园路、碧湖路、蒲场南路、蒲场北路、金沙港路。目前，滨江校区主要景点有中心广场、青春广场、紫藤花连廊、竹林假山花园、西楼花园、东楼花园、体育馆前花园等。环绕学院的主要道路共 6 条，分别为西环路、东环路、求是路、行知路、春华路、秋实路。

（三）历史积淀，厚植于心

学校建有校史墙，记录了历史沿革的光辉片段。晚清时期封建专制制度日趋腐朽没落，伴随着民族资本主义的产生和发展，国内社会的重重矛盾激

荡着时代的变革。1911 年 3 月 15 日，绅士郑在常在杭州市马市街黄醋园巷创办了杭州中等商业学堂，这是浙江省新式商业教育之先驱，也是当时全国最早创办的商科学校之一。学校自此开启了百年发展的风雨征程。在辛亥革命、北伐战争、抗日战争和解放战争的硝烟中，学校分分合合，几经辗转，克服重重困难，坚持教学，"诚毅勤朴"的校训在这一时期一脉相承并被发扬光大。中华人民共和国的成立为中国教育事业的发展注入了新的生机和活力，学校也迅速完成了从旧高商向新高商的转变。1980—1998 年，学校经历了四校并存的时期。浙江商业学校、杭州商业技工学校、浙江省商业干部学校、浙江广播电视大学直属省商业厅分校四校相对独立又互相扶持，在改革开放时期昂首走在了全省乃至全国中等职业教育和干部教育的前列，培养了一大批优秀人才。1998 年，学校迎来了发展的大转折，浙江商业学校、杭州商业技工学校、浙江省商业干部学校、浙江广播电视大学直属省商业厅分校四校合并，并筹建浙江商业职业技术学院。2002 年 1 月，浙江商业职业技术学院正式成立，学校历史翻开崭新的一页。

（四）第二课堂，实践育人

学校秉持理论与实践并重、知识传授与能力培养并重的观念，注重学思结合、知行合一，注重因材施教，以强化实践育人有关要求为重点，以创新实践育人方法途径为基础，以加强实践育人基地建设为依托，以加大实践育人经费投入为保障，积极调动整合社会各方面资源，形成实践育人合力，着力构建长效机制，努力推动浙商院实践育人工作取得新成效、开创新局面。学校第二课堂实践育人体系主要有以下特色。

1. 主体个性化

发挥学生主动性。学生是实践育人的对象，也是开展实践活动的主体。激发学生参与实践的自觉性和积极性。支持和引导班级、社团等学生组织自主开展实践活动，发挥学生在实践育人中的自我教育、自我管理、自我服务作用。

定制个性化方案。实践育人过程把握教师"主导"和学生"主体"的辩证关系，教师根据学生发展规律，结合学生实际，指导学生自主定制个性化实践方案。

2. 载体多元化

主题彰显时代性。科学规划实践主题，彰显时代精神，满足社会发展需要。抓住重大活动、重大事件、重要节庆日等契机和暑假、寒假时期，紧密围绕一个主题、集中一个时段，广泛开展特色鲜明的主题实践活动。

内容体现多样性。实践包括道德、文化、科技、创业、公益、环保、劳动、艺术、体育等内容，倡导和支持学生参加生产劳动、志愿服务和公益活动，鼓励学生在完成学业的同时参加勤工助学，支持学生开展科技发明活动，引导学生根据自身的爱好与特长参与到多元的实践活动中去。

3. 模式项目化

参与过程常态化。实践育人是一个长期而复杂的系统工程，暑期和寒假是"三下乡"等实践活动的主要开展时期，仅局限于假期数周不等的时间难以保证实践的育人成效。实践环节纳入学校教学计划和学生培养方案，充分利用在校时间，融合第一课堂和第二课堂，保证育人工作的长期性和稳定性。

组织管理项目制。从实践开始到结束，从经费的预算到使用，从人员的选拔到参与都采用项目的方式运作。学生及团队进行申请，提出实践项目方案，由所在院系或学校进行审核，并组织相关的专家、教师和有经验的学生组成评审组，对申报活动的意义、可行性、经费预算等方面进行评审。这是项目组成员通过答辩才可实施的一种方案。这样实践的开展更有条理、更加规范化，也能更好地激发学生的积极性和创造性，也可以联络更多的社会有效资源共同对学生开展的实践给予支持帮助。

4. 收益实效化

考核评价学分制。实践有专项学分，采用学分兑换形式，切实保障学生权益。学生根据项目验收评比成绩获得相对应的学分，未修满的将影响毕业。

激励形式联动化。建立实践的激励机制，注重多种激励类型的有机结合，将物质激励和精神激励有机结合，相互促进；把学生参加实践的情况作为对学生进行考评和评奖评优的重要依据之一。

5. 组织全员化

多方参与成合力。高校教师都负有实践育人的重要责任。制定完善教师实践育人的规定和政策，加大教师培训力度，不断提高教师实践育人水平。主动聘用具有丰富实践经验的专业人才。鼓励教师增加实践经历，参与产业

化科研项目，积极选派相关专业教师到社会各部门进行挂职锻炼。配齐配强实验室人员，提升实验教学水平。统筹安排教师指导并参加学生实践活动。积极组织思想政治理论课教师、辅导员和团干部参加实践、挂职锻炼、学习考察等活动。教师承担实践育人工作要计算工作量，并纳入年度考核内容。

整合资源基地化。实践育人基地是开展实践育人工作的重要载体。努力建设教学与科研紧密结合、学校与社会密切合作的实践教学基地，要强化现场教学环节。基地建设可采取校所合作、校企联合、学校引进等方式。依托高新技术产业开发区、大学科技园或其他园区，设立学生科技创业实习基地。积极联系爱国主义教育基地和国防教育基地、城市社区、农村乡镇、工矿企业、驻军部队、社会服务机构等，建立多种形式的实践基地，力争每个院系、每个专业都有相对固定的基地。

三、精神引领　凝聚力量

从中等商业学堂到浙江商业职业技术学院，一百一十年来，"诚 毅 勤 朴"的四字校训始终如指路明灯，引领着一代代师生不断向前。我们树立典型、表彰先进，号召广大青年学子向各类先进集体、先进个人学习，砥砺自我、奋发向上。这是浙商院"创品牌，争一流"必不可少的基石。

在这百余年的建校历史长河中，涌现出一位位杰出的能人志士和无数个感人的事迹。

（一）建校初期

曾任粮食部部长的爱国民主先驱、救国会"七君子"之一的章乃器先生，在"文化大革命"中惨遭残酷迫害，仍吟诗："能求祖国长富强，个人生死无足伤。坏事终当变好事，千锤百炼铁成钢。"他出生在破落的乡绅家庭，在学习的五年间，家境每况愈下，以致负担不起学费，但他每次考试都名列第一，终于靠奖学金完成了学业。章乃器在工作之余，潜心研究经济学和金融理论，每天在昏黄的灯光下苦读到深夜，数年如一日。他的理论水平和业务才干共生共长，发表了不少有见地的论文，在银行界崭露头角。他不仅在经济发展上贡献斐然，在救国运动中也名垂史册。他早年信仰进化论和三民主义，但不肯加入国民党，宁愿做三民主义的"居士"而不做"和尚"，始终坚持反对帝国主义和新军阀的立场。不管是改革财政，团结抗战，还是捍卫民族工业，章乃器始终相信实践检验真理、时间解决问题。

著名革命家和经济学家骆耕漠先生在艰苦卓绝的革命战争年代，在担任繁重的领导工作的同时，从20世纪30年代就开始从事经济理论研究，著述不辍。此后，在中华人民共和国成立后的四十多年中更是硕果累累，论著颇丰。他一方面参与国家经济建设的计划管理工作，一方面深入系统地研究马克思主义经济理论，同时着力于进行经济政策的研究和政治经济学基础理论探索，特别深入钻研对当前经济体制改革和发展有重大指导意义的基本理论。他系统研究了社会主义初级阶段的经济成分、产品分配关系和交换关系、工商产品的计划分配和市场流通、生产力和生产关系等重大问题，为我国确立社会主义市场经济体制和繁荣社会主义市场经济理论起了积极的推动作用。

（二）解放初期

通过加强马列主义政治理论课，健全班主任制度，加强了党团建设，学生的思想政治水平不断提高。经常进行专业思想教育和学习目的性教育，激发学生旺盛的求知欲，培养学生刻苦钻研、独立思考、联系实际的学习态度。正是由于学校十分重视校风建设，在整个高商期间，尽管环境极其恶劣，生活非常艰苦，但师生情绪高昂，校纪严明，学习风气相当浓厚，一批又一批的青年学生在烽火中健康成长，毕业生得到用人单位的普遍欢迎和赞赏，不少人在中华人民共和国成立后成为所在单位的骨干，有的还被评为高级会计师、高级经济师等。

（三）四校合并时期

学校强调学生"自尊、自强、自理"，重视发挥学生的主体作用，营造"团结守纪、勤奋求实"的良好风气，培养学生做到学习勤奋、作风踏实、讲究效率、勇于创新，推动学校精神文明建设，促进学生德智体美劳全面发展。加强团组织建设，办好团干部培训班，在学生团员中开展"无违纪"活动并对学生团员进行考核，争做合格团员。开展先进团支部、优秀团员评选、"宣

传五四精神，加强形势教育"宣传教育活动。并创建了学生会、学生社团等团学组织，每年都表彰先进，树立学习楷模。

1984 届烹饪专业毕业生章乃华，代表浙江省参加首届全国青工烹调技术大赛，在与来自全国 29 个省、市选手的激烈角逐中，经过理论与操作技术的比赛，取得全国第二名的好成绩。为了表彰他刻苦钻研、勇于拼搏的精神和对工作认真负责的作风，浙江省商业厅给予他通报表彰，晋升一级工资，授予特三级烹调师。

（四）近 20 年来

21 世纪伊始，学校为勉励学生树立虚心、刻苦、严谨、进取的优良学风，培养品学兼优的生产、管理和服务一线的应用型人才，学校制定和完善了《优秀学生干部、三好学生评比办法》，以此推进全校深入开展"创三好"活动，涌现出"全国优秀学生干部"李娜等学生干部代表。

学校依托道德讲堂、浙商企业家大讲堂、浙商乃器班、青马工程班等其他校园文化载体，培养学生的道德意识和社会责任感。金森兴荣获 2015 年"浙江孝贤"、2016 年"最美青春——浙江省第二届感动校园人物"称号。身残志坚的残疾人运动员姚攒，在 2017 年全国残疾人游泳锦标赛上获得 3 金，在 2018 年全国残疾人游泳锦标赛获得 2 金 1 银，在 2018 年雅加达亚残运会获得 3 金 1 银；还获得"2017 年度中国大学生自强之星"、宁波市三八红旗手、宁波市最美"90 后"、慈溪市"感动慈溪人物"、2019 年"浙江省第六届十佳大学生"等荣誉称号。

聂腾云和陈立英为学校 1995 届商业经营专业毕业生。两人于 1999 年 8 月在上海创建了上海韵达货运有限公司（注册商标为"韵达快运"）。在短短的十多年时间里，韵达的创业者和全体员工靠艰苦卓绝的拼搏精神，群策群力，由一个不知名的快递公司迅速崛起成为中国快递行业知名品牌之一。"吃水不忘挖井人"，聂腾云和陈立英夫妇对于母校有着深深的反哺情怀，韵达公司与母校已经开展了近十年的校企合作，成立"韵达订单班"，共享资源，共赢发展，依托现代学徒制人才培养模式，联手系统性培养物流业人才，并取得了圆满成功。

学校坚持德智体美劳全面发展，孕育了无数学子，在省市、全国乃至世界级比赛中获得了一个又一个的奖项，激励着一代代浙商院人坚定理想信念，志存高远，脚踏实地，勇立潮头。他们从商院出发，积极寻求人生的新突破，在中国梦的生动实践中谱写青春华章！

四、立足实践　影响社会

"有时间做志愿者、有困难找志愿者""我为人人、人人为我"。多年来，全校各级青年志愿者组织本着"奉献、友爱、互助、进步"的志愿精神，活跃在校内外的各级各类志愿活动中，他们的微笑与汗水，他们的努力与奉献，让道德散发馨香、让文明闪耀光芒。

（一）扎根校园奉献爱心

1. 践行环保理念，创建绿色校园

"绿水青山就是金山银山"，维护生态环境人人有责。多年来，全校青年志愿者协助后勤服务中心定期开展"绿色校园"系列活动，在校园内、公寓区内开展垃圾分类、环境治理、节水节电、低碳出行、环保宣传、旧衣回收等公益活动。截至目前已有上百位志愿者加入这一队伍，为保护环境、节约资源贡献自己的力量，其中周怡冰等多名同学凭借自己优异的表现荣获校园"绿叶之星"的称号。

2. 志愿服务师生，奉献成就自我

"学校是我家，建设靠大家。"全校青年志愿者多年来积极参与各级各类校园志愿服务，助力日常教学工作，获得了全校师生的一致好评。在新生入学第一课中，志愿者协助承训部队和学生处、图书馆、后勤服务中心等职能部门完成迎新接站、行李运送、军事训练后勤保障、学校主要场馆功能讲解、战地救护培训服务和新生体检引导登记等工作；在校运动会中，志愿者协助后勤服务中心、体育部和保卫处维持秩序、计时登记、照顾伤员，传递同学间互助友爱，保障了运动会的顺利开展；在教学活动中，志愿者配合教务处、学生处、后勤服务中心等在考点附近的主干道上设服务点引导考生，协助老师扫码签到、维护考场秩序，对意外受伤的同学展开帮助等，为各级各类考

试的顺利进行保驾护航。

此外，在疫情期间，数百位师生志愿者参与到校园防疫志愿者服务中，在学校的各个入口处测温扫码，在餐厅引导师生守好一米安全线，24小时护送学生就医，等等，他们坚守岗位、努力付出，为校园疫情防控贡献自己的一份力量。

3. 献出青春热血，铺就生命之路

全校青年志愿者协会联合浙江省血液中心十几年如一日地定期在校园内开展无偿献血活动。活动前，校青年志愿者协会组织无偿献血知识讲座，遇到问题随时请教血液中心的老师，特别强调了献血前的注意事项，采取了青年志愿者线下线上相结合的宣传形式，激发同学们的奉献热情。活动中，志愿者们除了主动参与献血外，还积极配合血液中心医务人员做好场地布置、路线引导、报名登记、维持秩序、发放奖品等后勤保障工作。通过多年的无偿献血知识和志愿服务理念的宣传，全校参与献血的人数和献血量屡创新高，相关事迹得到了浙江省血液中心的官网、官微转发报道，浙商院2016—2017年度荣获省卫计委、省教育厅、团省委颁发的无偿献血感谢状，李捷成等多名同学荣获浙江省无偿献血"杰出志愿者"和"优秀献血志愿者"称号。

（二）迈出校园服务社会

1. 中国国际动漫节志愿服务

2018年以来，浙商院青年志愿者已经连续参与了3届中国国际动漫节志愿服务，共计600多人次。无论是刮风下雨还是烈日炎炎，志愿者们始终坚守岗位，用亲切的笑容和饱满的热情迎接每一位入场的游客，并为身体不适者提供及时的救助，用实际行动诠释了"奉献、友爱、互助、进步"的志愿者精神。由于表现优异，全校青年志愿者团队荣获了第十四届中国国际动漫节优秀志愿服务集体，马卓俊等多名同学荣获第十六届中国国际动漫节"优秀志愿者"称号。

2. 乌镇互联网大会志愿服务

世界互联网大会连续五年在浙江乌镇举办。浙商院旅游烹饪学院连续五年选派相关专业的师生志愿者担任"小梧桐"，开展连续一至两个月的服务工作。至今已有上百人次参与了该项服务活动，同时也推动着我们的志愿者

向着优秀职业酒店人成长。

3. "笑笑橙"消防应急安全体验馆志愿服务

浙商院青年志愿者协会与杭州青少年活动中心合作，在"笑笑橙"青少年消防应急安全体验馆协助工作人员完成青少年消防演练工作，让孩子们了解更多的消防应急安全知识，防患于未然。

4. 浙江康复医疗中心"喘息计划"志愿服务

浙商院青年志愿者协会与浙江省康复医疗中心合作"喘息计划"，帮助自闭症和脑瘫儿童的父母照顾孩子，为这些孩子带去笑容和欢乐，也给家长们一个可以休息的机会。

5. 杭州低碳科技馆志愿服务

浙商院青年志愿者多次前往杭州低碳科技馆，为游客进行场馆陈设的讲解。志愿者饱满的热情和优质的服务获得一致好评。

6. 五水共治地推活动志愿服务

浙商院青年志愿者多次参加滨江各地组织的五水共治地推活动，宣传五水共治知识，以白马湖区域为责任区，不定期开展捡垃圾、环湖巡逻活动，还杭州以"绿水青山"。

7. 浙江金秋购物节志愿服务

浙商院青年志愿者多次参与浙江金秋购物节志愿服务，维护现场秩序，保障购物节启动仪式顺利进行。他们一丝不苟的工作态度与良好的精神面貌是全校志愿者高水平志愿服务的体现。

8. 文明礼让、安全出行志愿服务

"礼让斑马线"体现的是对行人路权的尊重和对生命的敬畏，更是一个城市应有的气质。但良好的交通环境，要通过大家共同努力来营造。在工作日早晚高峰期间，在学校门口的人行道上常常能够见到浙商院志愿者手举"彬彬有礼"指示牌，引导过路行人文明礼让、安全出行。

此外，浙商院志愿者还参与了戴村马拉松、2019UA RACE 10千米竞速跑、全球未来出行大会、中国规划年会、亚运会吉祥物发布会、第五届全国品质公益峰会、杭州火车东站和城站春运等志愿服务活动，受到服务单位的一致好评。

多年来，浙商院青年志愿者一直致力于公益事业，与时俱进，砥砺前

行，将志愿服务融入生活、写进事业，涌现出一系列优秀志愿服务者。例如，2016 级学生周夕容获得 2017 年度湖州市"最美志愿者"提名奖、2017 年度德清县"最美志愿者"；2017 级学生赵航荣获杭州市优秀志愿者，并在毕业后成为杭州志愿者培训学院的一名志愿者培训师；等等。未来浙商院志愿者会再接再厉，将公益事业进行到底。

第 三 节

海纳百川　桃李芬芳

一、顺应改革 择天下英才而教

2014 年，国务院印发《关于深化考试招生制度改革的实施意见》；同年 9 月，浙江省、上海市（以下简称浙沪）启动高考综合改革试点工作。

为顺应国家教育深化改革潮流，响应新高考改革形势，浙商院作为首批浙江省先行先试院校，在学校领导的高度重视下，学校党委及相关职能部门、各二级学院积极主动，迎难而上，抢抓历史机遇，全校招生工作取得了突破性进展，在招生形式、招生规模、录取分数等方面创造了历史新高。

（一）紧跟改革步伐，推进各科各类招生探索

自开展高职教育办学以来，学校紧跟教育改革探索的步伐，先后面向普通类、艺术类（美术）、高职单考单招、高职提前招生、中高职一体化五年制职业教育招生，且在每个类别招生均率先试点，走在同类院校前列。

1. 深化高职提前招生，广受社会关注与认可

学校自 2009 年试点开展浙江省高职自主招生，而后又在 2016 年率先调整为高职提前招生，为浙江省探索"分类考试、综合评价、多元录取"高考改革试点工作积极探路。高职提前招生是浙江省高考综合改革方案规定的四种选拔模式之一，普通高中学生以高中学考成绩为基本依据，中职学生以全省统一组织的职业技能考试成绩为基本依据，高校对考生文化素质和职业适

应性进行综合评价，择优录取。录取实行一档多投、双向互动选择，在高考前提前录取。作为先行先试院校，近五年报考人数与招生计划数比均在 11∶1 以上，2020 年提前招生计划 555 名，有效报考人数达 9775 人，报考比达到 17.61∶1；部分专业报考数与计划数比达到 40∶1，有效确保了生源质量。

表 5-1　2016—2020 年学校提前招生报考数据统计

年份	提前招生计划数	报考人数	报考比
2016	450	6613	14.70∶1
2017	500	5929	11.86∶1
2018	555	6341	11.43∶1
2019	555	7378	13.29∶1
2020	555	9775	17.61∶1

2. 积极响应国家高职扩招政策

2019 年 3 月，国务院总理李克强在政府工作报告中提出，高职院校大规模扩招 100 万人。同年 5 月，教育部联合国家发展改革委、财政部、人社部、农业农村部和退役军人事务部印发了《高职扩招专项工作实施方案》，正式启动面向高中毕业生、退役军人、下岗失业人员、农民工、新型职业农民等群体的高职扩招。

在此背景下，浙商院在积极响应浙江省新高考改革的基础上，加大生源结构调整力度，在招生录取工作中，除了统一高考、提前招生、艺术类招生、中高职一体化招生外，学校党委及相关职能部门、各二级学院主动响应国家高职扩招政策，积极向上级主管部门争取，开展了高职扩招招生工作。学校 2019 年高职扩招（第二阶段）计划数 220 人。招生专业 5 个，分别为电子商务、会计、物流管理、烹调工艺与营养、应用电子技术，最后录取 397 名，不仅超额圆满地完成省考试院下达的扩招招生计划，同时丰富了全校招生形式。

3. 开展联合培养专升本教育试点工作

为贯彻落实《浙江省教育厅办公室关于做好高职与本科院校联合开展专升本教育试点工作的通知》（浙教办〔2020〕62号），进一步统筹优质办学资源，提升人才培养质量，探索积累高素质应用型人才培养的有效途径，浙商院与杭州电子科技大学合作开展专升本教育试点工作，联合培养的专业为电子商务和国际经济与贸易，2020年共录取93人。双方围绕提高技术技能人才培养质量，努力实现高等职业教育和本科应用技术教育优势的有机结合，理论教学与实践教学尤其是实训实习的有机结合，不断拓宽技术技能人才上升通道和培养途径，为浙江经济社会发展和产业转型升级提供有力的人才和智力支撑。2021年增加软件工程专业联合培养招生计划。

（二）扩大招生规模，循序渐进丰富招生省份

1. 招生区域范围创历史新高

2020年学校开展招生省份已达24个，占全国省级行政区域的70.59%，涵盖了华东、华北、东北、华南、华中、西南、西北地区。

2. 招生数量规模创历史新高

2020年省教育厅下达浙商院招生计划数5045人，另有与杭州电子科技大学联合办学本科招生数93人，实际录取新生数达5195人，计划数和录取数均突破5000人，都创了历史新高。

（三）优化生源结构，持续不断提升生源质量

学校招生工作充分结合浙江省考试招生改革，既注重选拔普通类优秀学生，又注重中高职一体化人才培养模式改革、高职提前招生改革，还承担大量支援中西部地区招生协作计划。近五年招生计划数从3808名增加到5045名，创历史新高，增幅达32.5%。

表 5-2　2016—2020 年学校分类别招生计划

序号	类别	2020 年		2019 年		2018 年		2017 年		2016 年	
		计划数	计划数占比	计划数	计划数占比	计划数	计划数占比	计划数	计划数占比	计划数	计划数占比
1	省内普高	992	19.66%	961	19.28%	884	21.06%	736	18.35%	942	24.74%
2	艺术类	270	5.35%	180	3.61%	150	3.57%	135	3.37%	193	5.07%
3	单独考试	1730	34.29%	1645	33.01%	1250	29.78%	1394	34.76%	1195	31.38%
4	提前招生	555	11.00%	555	11.14%	555	13.22%	500	12.47%	450	11.82%
5	中高职一体化转升学	765	15.16%	884	17.74%	847	20.18%	710	17.71%	508	13.34%
6	省外计划	733	14.53%	759	15.23%	511	12.18%	535	13.34%	520	13.66%
计划数合计		5045		4984		4197		4010		3808	
招生省份数		24		21		18		18		17	

学校开展灵活多样的宣传工作，与所负责区域内的教育主管部门、重点生源高中保持长期联系，科学建立优秀生源基地；并深入省内各地重点生源中学，把学校的办学成果、专业特色及最新的招生政策推介给考生及家长，搭建了多元化的交流平台，有针对性地开展招生宣传、咨询服务及内部管理。同时积极借助中国教育在线、浙江教育报刊总社等主流媒体平台开展线上直播招生政策解读并互动答疑，以及浙江省阳光高考、教育部阳光高考平台开展宣传与答疑，实事求是地为考生和家长提供服务。

通过分析往年招生录取数据，结合区域经济发展情况，学校招生办和各学院紧密配合，以高水平专业群建设为牵引，优化专业布局，加强专业认证和内部自我评估，充分结合专业纵向发展与横向比较竞争，调整招生计划指标，不断提升专业的张力与核心竞争力，及时研究论证，科学合理地确定年度省内外招生计划数及各生源类别招生计划比例。

经统计，浙商院 2020 年省内普通类专业（不含中外合作办学）招生最高分 580 分，最低投档分数线 473 分，超出省控线 194 分，对应最低位次号

179869，录取学生平均分达 497.98 分。在 28 个普通类招生专业（类）中有 21 个专业在省内同类院校中排名前五，其中旅游英语等 6 个专业在省内同类院校中排名第一，工商企业管理等 15 个专业在省内同类院校中排名前三；有 7 个专业的最低投档分数线超过二段线，有 13 个专业的平均分超过二段线，在省内高职院校中继续保持名列前茅。

普高艺术类最高分 514 分，最低投档分数线 463 分，对应最低位次号 B-18586，录取学生平均分 494.58 分，比第二批第二段省控线高出 34 分。

三个中外合作办学专业（市场营销中法合作、电子商务中美合作、物流管理中美合作）投档录取成绩稳中有升。

省外文理科录取成绩总体保持稳定，一些省份最低投档分数线超过或者接近该省本科分数线，其中，辽宁理科最低投档分数线超过该省本科分数线 31 分，黑龙江理科最低投档分数线超过该省本科分数线 26 分，吉林文科最低投档分数线超过该省本科分数线 11 分，河北文科最低投档分数线超过该省本科分数线 4 分，河北理科最低投档分数线超过该省本科分数线 7 分，安徽文理科、黑龙江文科、吉林理科、江苏理科、贵州文理科等最低投档分数线都接近该省本科分数线。

二、一力担当　发出浙商院最强音

学校积极响应浙江省教育厅招生计划落实要求，积极配合教育部关于教育资源公平性问题的解决。近五年来，广泛安排出省招生计划，特别是支援中西部地区普通高校招生协作计划及中西部欠发达地区招生计划占年度省外招生计划的 60% 左右，占年度统招计划的 10% 左右。以 2020 年为例，学校面向浙江省在内的 24 个省级行政区招生，在教育部规定的中西部协作省份中，浙商院安排在山西、安徽、江西、河南、广西、四川、贵州、甘肃、云南、新疆、青海、宁夏、湖南等 13 个省区招生计划数 463 名，占省外计划的 63.16%，占全年统招计划的 10.82%，实际录取中西部协作省份新生 460 名，充分体现了学校招生工作的社会担当。

表 5-3　2016—2020 年支持中西部协作省份及欠发达地区招生计划

年度（年）	统招计划数	出省计划数（名）	占统招计划比（%）	中西部计划数（名）	占出省计划比（%）	占统招计划比（%）
2011	3391	505	14.89	220	43.14	6.49
2012	3357	495	14.75	200	40.40	5.96
2013	3302	460	13.93	215	46.74	6.51
2014	3302	455	13.78	220	48.35	6.66
2015	3300	490	14.85	240	48.98	7.27
2016	3300	520	15.76	310	59.62	9.39
2017	3300	535	16.21	325	60.75	9.85
2018	3350	511	15.25	321	62.82	9.58
2019	4100	759	18.51	529	69.70	12.90
2020	4280	733	17.13	463	63.17	10.82

三、强化服务　助推学生素质发展

（一）就业工作机制日臻完善

近年来，学校领导高度重视毕业生就业工作，充分落实就业"一把手"工程，成立了以校党委书记和校长负责、各有关职能部门领导参加的学校毕业生就业工作领导小组，形成了学校统筹、招生就业处牵头、职能部门配合、二级学院具体落实、教职工全员参与的学生就业工作体系。历年来，学校持续加大毕业生就业经费投入力度，设立专项经费用于贫困生资助、就业质量跟踪调研和就业指导队伍建设。各二级学院院长（或书记）、专任教师、思政教师组成的毕业生就业工作小组进行实习走访，在指导毕业实习、论文写作的同时，面对面地了解毕业生的思想动态和就业情况，有效解决毕业生在就业中碰到的各类问题，全员参与就业工作的氛围日益浓厚。

（二）人才培养模式初见成效

作为教育部首批现代学徒制试点单位，浙商院以"双主体"人才培养模式教学改革为核心，重构"新商科"专业群建设，主动寻求与知名企业的深度合作，探索出了一条全新的人才培养之路，为毕业生实习和就业奠定了坚实基础。

一年一度的"双十一"电商实践是学校培养电商人才、体验真实职场环境的一大亮点。每年"双十一"期间，学校与浙江百诚网络科技发展有限公司、日本阿里事业部等企业开展电子商务专业校内实训课程教学，师生共同参与电子商务平台项目实战。2018年，学校于义乌成立浙江电子商务学院，进一步深化产教融合，着力培养电商物流创新实用型人才，打造义乌人才聚集高地，抢当"人才服务重要窗口"模范生。

除了建立浙江电子商务学院，2019年，学校还与浙江省轨道交通运营管理集团合作共建浙江轨道交通学院，以轨道学院为推手，全面开启各项合作。充分利用学校丰富的办学经验与优势，以及轨道集团在专业技术人才、线路运营及实训基地上的优势，共同打造双方所需的人才，做好教育资源与产业资源的整合，形成"教育、培训、科研、应用"四位一体的运行机制。这是校企双方共建产教融合、工学结合、适应市场发展的多层次人才培养的现代职业教育模式的一次重要尝试。

为结合旅游业态创新和旅游人才需求，创新专业特色人才培养之路，近几年来，学校以现代学徒制培养为突破口，坚持实施双主体、双身份、双本位、双选择的"4DS"酒店管理现代学徒制人才培养模式。依托企业制学院，在原雷迪森酒店管理学院和洲际英才学院的基础上，实施学校、企业"双主体"人才培养；针对学习阶段，重塑学生、学徒"双身份"角色定位；立足"工匠精神"，形成职业素养与职业能力"双本位"课程架构；提供多元机会，开展高级服务员和基层管理者多通道"双选择"育人机制。

近些年，学校还与滨江区国税局、阿里巴巴、中国邮政、海康威视、浙商财产保险、物美、韵达、曼卡龙、永辉等开展"现代学徒制"人才培养合作，联合开展订单班、认识实习、分阶段跟岗实习、毕业顶岗实习和就业等多种方式合作。通过合作育人和就业，学生职业技能和职业精神得到了高度融合，学生全面发展得以保证，学生技术技能和就业创业能力获得了提高。

（三）就业市场持续稳步推进

为促进毕业生充分就业和高质量就业，浙商院多措并举，不断挖掘、创新毕业生就业工作。2009 年 6 月，学校被认定为"杭州市大学生就业创业指导站"，进一步整合各方资源，不断开发就业市场。一方面，多渠道搭建校企合作平台，依托浙商职教集团成员单位为毕业生实习就业提供充足的岗位。据统计，多年来与浙商院有长期招聘合作的优质企业已超 1500 家。另一方面，每年定期开展企业走访，加强与合作企业沟通交流，推动校企合作关系向深层次发展。同时充分利用浙江省人才交流中心、浙江省职业介绍指导服务中心、杭州市人才服务局、杭州高新区人才开发中心、杭州市就业服务局等平台开展有针对性的职业指导服务，积极推荐毕业生就业创业。经过全体师生的不懈努力，学校就业率持续稳定地保持在 97% 以上。此外，2020 年，学校还首次与高新区（滨江）合作开展政务通用人才培养计划，为大学生实习就业搭建了一个良好平台，选拔了 20 余名优秀学生，进入滨江区西兴、长河、浦沿街道办事处进行为期一年的岗位实习。这在一定程度上缓解了大学生的就业压力，也能让大学生充分了解政府机关为民服务的措施和流程，这是一个开阔视野、经历锻炼、增强才干、实现人生价值的好机会。

（四）智慧模式推进精准就业

为建立、健全精准推送就业服务机制，促进毕业生更加充分和更高质量地就业，一直以来，学校与杭州市就业管理服务中心、杭州市人才管理服务中心等机构保持广泛联系和多方拓展，招聘会的招聘岗位数量和质量逐年提升。在就业信息化方面，学校升级就业信息网，为用人单位提供"一站式校园招聘"预约渠道。利用就业信息网络服务平台，实现了招聘单位的网络化展位预订和个性化就业信息推送。一方面，学校对用人单位资质及岗位薪酬进行严格审核；另一方面，将招聘会就业信息"发布权"交给企业，为用人单位提供了更为便捷的校园招聘预约渠道，学校和企业建立起一个快速对接、实时沟通的交流平台。另外，学校充分利用就业信息网、微信公众号等平台，把岗位招聘信息精准推送给学生，打造全校"永不落幕的招聘会"。还通过宣传栏、多媒体屏幕、QQ 群、移动短信平台等方式及时发布就业信息，学生可以在第一时间了解相关岗位招聘情况。此外，学校举办"就业导航月"

系列活动，内容涵盖就业创业讲座、就业政策宣讲、求职礼仪及简历制作技巧等，为毕业生提供全方位服务。

（五）持续做好延伸服务工作

为及时掌握毕业生的就业情况，了解社会评价与需求，指导学校改进各项就业工作，浙商院每年与省教育评估院紧密配合开展毕业生就业质量跟踪调查。结果显示，浙商院2019届（毕业一年）毕业生就业质量跟踪调查综合排名位列全省同类院校第七名，较2018届提升了四名，进入全省前十。就业指导中心充分利用跟踪调查反馈的数据开展就业监测，为就业诊断与形势研判、专业人才培养改革、实施精准服务提供强有力的数据支撑。学校利用校园招聘、实习走访等机会开展系列跟踪调查。一方面，加强对各专业市场需求的调研，真实了解企业对浙商院毕业生的满意度，如学生的工作态度、工作能力等；另一方面，开展毕业生对用人单位的满意度调查，如发展前景、工作环境、薪资待遇等。此外，学校还定期走访优秀校友企业，开发校友资源，积极邀请知名创业校友、校友雇主企业组团来学校开展专场招聘。

（六）丰富职业生涯规划方式

为使毕业生更加了解新时代背景下大学生的就业现状、行业选择和素质能力要求，同时也让学生更加清晰地认识到就业、创业、升学的路径选择，为今后的职业生涯规划明确方向，学校充分利用校友资源，不定期开设浙商企业家大讲堂、校友讲坛，邀请历届知名校友结合自己的就业与创业经历，为学生开展形式多样、主题丰富的职业生涯规划讲座，"互联网时代下大学生就业与创业路径选择""我的就业观和创业观""先择业还是先就业"等主题讲座，帮助学生找准人生定位，尽快适应就业形势的要求，促进学生树立正确的就业观，以顺利实现从学校到社会工作岗位的平稳过渡。

四、念兹在兹　校友情怀跨越山海

校友是母校建设发展的见证者，也是母校成长壮大的参与者。母校前进

道路中的每一个足迹，都饱含着校友们对母校深沉的爱；母校发展腾飞中的每一幅蓝图，更书写着校友们的绝美佳作。时光流逝，挥不去对母校的眷恋，抹不掉对老师的恩情，忘不了同窗的厚谊和那激情如歌的岁月。校友意识是校友围绕毕业院校而形成的一种身份认同感，对学生的人生观、价值观有潜移默化的影响。强化校友意识、培育母校情怀势在必行。

（一）更新校友工作理念，创新校友工作机制

学校的根本任务是培养人才，充分发挥校友资源的作用，是学校教育工作向社会的延伸和拓展。我们要深入研究校友资源开发利用的影响因素和动力来源，增强创新意识努力开拓进取。制定校友资源开发利用规划，使校友工作提高新境界、开拓新领域、开创新局面。地方校友会是促进母校和校友联系的重要组织，是联系母校和校友之间感情的重要纽带，是增进校友之间友谊的重要桥梁，是校友关注母校、支持母校建设和发展的重要通道，也是促进母校发展、推动地方经济建设的重要载体。

建立校友组织网络，挖掘校友资源促进校企合作。组建校友理事会，明确了打造校友与校友、校友与母校同步发展平台，聚焦校友愿景，着力精准服务，努力建立起一套运转有效的校友会组织架构，打造一支热爱校友、服务校友的校友会工作队伍。在浙江省11个地方和宁夏、上海分别成立校友会的基础上，成立校友总会，并成立"未来校友协会"，以加强对在校生的校友意识教育。一百周年校庆期间，又在6个二级学院成立校友分会或专业校友分会，加强了校友与校友、校友与母校的沟通。建立校友谱，查阅省、市档案馆，走访杭州市教育局、商业局和兄弟院校，从离退休领导和各地校友中收集毕业生信息，在收集、整理、编排、版面设计等方面做了诸多努力，在这个师生谱中共收录校友、教职员工和在校生名单68283名，成为宝贵的文献资料。组建编纂工作小组、落实栏目责任编辑，设立"今日商院""校庆专栏""商院往事""校友风采""校友动态""校友园地"等栏目，创办并出版了两期《商院校友》期刊，受到学院领导、兄弟院校和广大校友的一致好评。同时，在百年校庆期间评选和表彰了189名杰出校友，他们所取得的显著成绩，激励全体在校生和各届校友，更加努力地学习和工作。

"校友讲坛"传经送宝，助力成长。"校友讲坛"是实施校友教育功能

的重要平台。通过邀请校友来校进行演讲和报告，引导学生提升个人素养，树立良好的人生观、学习观和职业观，成为人格健全、爱岗敬业、踏实拼搏的新一代浙商人才。在广大校友的支持下，校友总会及各二级学院共同开设了校友讲坛系列，致力于打造商职学子和业界翘楚传承与对话的平台。既有浙江国大雷迪森旅业集团投资发展总经理、中国烹饪协会常务理事、全国新长征突击手章乃华，嘉兴市南湖船菜大酒店总经理、中国烹饪大师钱林杰等知名校友走上浙江省高校十大校园文化品牌项目"浙商大讲堂"，也有浙江永辉超市股份有限公司家电采购部经理林姿、杭州雷迪森龙井庄园房务主管俞潇等跨出校门不久，还在企业一线拼搏努力的新生力量走进"校友讲坛"。讲坛内容以优秀校友成长轨迹为主线，以榜样人物的吸引力和感染力展现他们的奋斗历程，激励青年学子前行。

（二）壮大海内外校友队伍，依托校友软硬实力

浙商院自建立海外校友会后，不断增添新鲜血液，海外中餐馆培训学员、国际乒乓球培训人员、各国留学人员等都加入校友大家庭。在第十二届国际文化节上，各种肤色人种集聚在一起，高举着各国国旗，周围摆放着具有各种风格的展台，展现了浙商院的国际化形象。为培育各国"一带一路"建设人才，各地校友会依托区域经济、区域文化等特点，积极开展各项活动，渲染毕业生的校友情怀，宣传各地校友会的机构及群二维码，统计毕业生的就业去向，取得了较好的影响。

不断加强与校友企业合作，促进共赢。一是组织师生参观校友企业。因为专业相近、地域相关等原因，在校学生与当地校友企业联系比较紧密，经常会选择到校友企业参观、实习或就业。二是深化校企合作。由于行业背景和专业岗位因素，校友企业大多与学校的专业贴近，加上母校与校友间特殊的情感因素，往往容易达成校企合作项目。许多校友企业与学院建立合作关系，成为浙商职教集团成员单位。如上海韵达董事长聂腾云校友与浙商院联合成立订单班，共建"韵达学院"。

建立校友助学基金，支持学校教育事业。校友的捐赠不仅增强了学校办学实力，而且体现了校友关心、支持、参与学校建设的情怀，对在校生起着潜移默化的爱校教育效果；而校友奖助学金，不但能够资助贫困学生完成学

业，激励品学兼优的学生全面发展，而且培养了学生感恩回报的意识。根据"汇聚社会涓流、培育商科人才，支持学院的教育事业发展"的宗旨，学校教育基金会支持学院建设、建造、更新教学和科研设施，扶植重点专业、重点实训基地和重点课程的建设，奖励做出突出贡献的优秀教职工和品学兼优的在校学生，资助在校贫困学生及困难校友等。建立专门的"校友助学基金""校友关爱基金"，资助贫困学生完成学业，帮扶生病或生活困难的校友。在校友会理事会和广大校友的大力支持和慷慨帮助下，学校教育发展基金会自成立以来，累计接收捐赠收入 700 余万元；设立各类专项奖助学金 10 余项，每年发放奖助学金 40 余万元，资助数百名品学兼优的在校大学生。

（本章编写人员：余益峰　房　敏）

第六章

实效：精致大气的制度文化

制度是通过权利与义务来规范主体行为和调整主体间关系的规则体系。制度作为一种权利与义务的分配规则体系，它规定了人们在现实生活中的实际活动范围以及基本行为方式或模式。从外延看，制度作为一种社会的规范形态，是经过特定组织的强制力来保证实施的制约主体行为和主体间关系的特定规范。而学校的制度是为保证学校各项活动有序进行而制定的规章、规程和规范，集中体现了办学理念对师生的行为要求。

文化一般是指精神活动的范畴，包括社会意识形态和社会心理。学校文化的最高境界是让学校的核心价值观变为师生的自觉行为。从文化理念到自觉行动从来不是一蹴而就的。学校需要经过制度的约束使价值观贯彻到师生的行为中，从而形成习惯，再从习惯变为师生的自觉行为。

"制度文化是制度的灵魂"，直接关系着师生对制度的认可、支持、拥护和接纳的程度，影响甚至决定着制度文化育人的实际效果。制度文化建设是学校教育教学、管理、服务中要制定完善各种规章制度和配套的实施办法，保障学校的持续发展，是师生行为方式的具体规定的准则。制度文化建设旨在提升师生精神风貌、焕发学校面貌。制度文化不仅能够创新学校文明建设模式，也体现着党组织的能力水平，而且能够最大限度地动员社会力量、整合资源，凝聚建设合力，为学校发展建设提供支撑。

第 一 节
严谨求实的制度安排

制度安排是制度文化的具体体现形式。学校制度安排是学校制度意识形态与其相适应的社会规范、制度及组织机构和设施等的总和，是价值观落地的重要保障。严谨求实的制度安排，对于保障学校正常运转、协调各方面关系、保证团结协作、调动各方面积极性和创造性、制约各种消极因素和越轨行为具有重要的意义。

一、学校制度文化的建立

制订学校制度的根本目的是维护秩序，只有注重学校制度文化中的秩序价值，学校规则和规范的约束功能才能发挥出来，学校的教育教学活动和学校主体间的交往与实践才能按计划有序进行。浙商院自成立开始，就注重制度文化的建立。

1947 年，学校制定的《学业成绩考查规则》规定，学生学期成绩分为以下四项：（1）日常考查；（2）临时测验；（3）学期考试；（4）毕业考试。《学业成绩考查规则》中还明确说明了补考、留级、退学、不予毕业的标准，足见当时学校重视教学质量和学生学业的程度。其间，学校还订立了《各学科教学研究会规则》，规定各学科教学研究会的主要职责：（1）讨论教学方针；（2）研究教学方法；（3）筹划学科之发展；（4）规划学科实习之设备；（5）选择或编辑教材。

1951 年，为严格学校纪律，督促学生养成良好的行为习惯，学校实行学生操行成绩考核。学生操行成绩由校长、训导主任、级任导师及军事教官根据青年训练大纲训育纲要及军事管理等办法来考查。学生操行成绩考查分两种：（1）评判考查，各导师通过平日对学生进行观察、谈话、测验、访问等来评定；（2）记录考查，根据平时学生请假登记、上课点名、集会点名、寝室点名、内务检查和奖惩登记等进行考查。

为使学生养成健全品格、培植优良学风，学校还制定了一整套奖惩办法。奖励办法分奖状或奖品、记功、嘉奖（口头或书面）等三项。凡学生有下列情形之一的，分别进行奖励：操行、学业、军训、体育成绩均列入甲等者；好学有全学期不缺课请假者；有特殊善行或研究兴趣者；生活规律定为一校楷模者；热心服务成绩显著者。惩戒办法分训诫或禁假、警告或记过、试读、命令停学或退学、开除学籍等五项。

二、学校制度文化的发展

1949 年后，学校经过不断的整顿改革，特别是在 1953 年起全面学习苏

联教育经验，旧的教育体制、教学思想、教学内容、教学形式和方法等得到比较彻底的清除，但也不可否认，在学习苏联教育的同时，在课程设置、教材内容等方面，也存在照搬苏联、缺少联系我国实际的倾向。因此，根据社会经济发展，特别是根据浙江省商业工作的需要，设置和调整专业，制订各专业的教学计划、教学大纲，加强教材建设；同时，重新建立和健全各科实验室，建立省内外的实习基地，加强实践教学；制订专业科、教研组、班主任、教师的工作职责，以及有关教材编写、专业实习、学生考核、学籍管理、学生守则等制度。

1960年末至1961年初，学校根据中央教育工作会议精神，贯彻"调整、巩固、充实、提高"的方针，明确了学校工作应以教学为主。1961年下半年，根据中央颁布的《教育部直属高等学校暂行工作条例》精神，在总结经验的基础上，拟订了《杭州商业学校工作条例》，调整教学与生产劳动的关系，修订各专业的教学计划，整顿教学工作秩序，教学质量得到进一步提高。

学校在办学过程中不断总结经验，形成了一套比较完整的规章制度，保障了学校各项工作有条不紊地进行。1981年，为加强学校建设，提高工作效率，制定了《浙江商业学校各处室职责范围试行规定》；1984年，推行了岗位责任制。1983年，推行教师工作量制度：工作定量、按年计算；量质结合、计分考核；授课报酬、统一收支；1986年，试行《关于教职工工作量考核的试行办法》，商业机械厂试行承包责任制。1989年，参照教育部《关于试行高等学校教师工作量制度的通知》精神，结合岗位责任制要求，体现按劳分配原则，重新修改制定了《关于实行教职工工作量考核及津贴试行办法》，而后在实施的过程中不断修改完善。

三、学校制度文化的跨越

自1988年学校建立党委以来，把制度建设作为党委的一项重要基础工作来抓，根据上级有关精神和学校实际，先后制定并完善了多项规章制度:《校领导、校党委成员公约》《党员联系寝室、联系班级的有关规定》《师生守则》《人事调动管理制度》《教师工作规范》《关于开展评比学校文明教职工活动的通知》《会议制度》《业余党校组织管理工作的若干意见》《关于加强领导班子建设的安排意见》《党员干部廉洁奉公规定》《关于试行党支部目标管理、党员目标管理两个办法的通知》《关于切实做好发展党员工作的几点具体意见》《校科两级干部廉洁自律规定》《关于再度开展评选文明教工活动的通知》《关于推行党支部工作目标管理的实施意见》《教职工守则》《教职工礼貌用语、文明举止若干规定》《关于工作秩序的若干规定》等。

1992年起，学校进行以人事与分配制度为突破口的内部管理制度改革，在全校范围内试行了全员聘任制，从1992年开始的第一轮全员聘任到2020年，已进行了六轮全员聘任。学校在深化内部管理体制改革上迈出新的一步，引进竞争机制，强化岗位考核，优化内部组合，增强了活力，调动了教职工的工作积极性，提高了教学质量和工作效率。1992年以后，多次修改和完善《关于实行工作量津贴和出勤奖的暂行规定》，形成了一套比较契合学校实际的分配制度。此外，对校内能采取计件、计量工作的部门和个人，实行计量按劳取酬，由单一的奖励制度转向不同工种、不同岗位采取不同的激励机制。

在这一阶段，学校强调学生"自尊、自强、自理"，重视发挥学生的主体作用，并实施了《学生操行分管理办法》《日常行为规范细则》和《学生寝室文明卫生晋级制度》，将学生日常操行列为一门课程来考核。班主任工作有健全的工作规范与量化考核制度，各项工作层层落实、一抓到底。培养学生具有"团结守纪、勤奋求实"的良好品质，做到学习勤奋、作风踏实、讲究效率、勇于创新，推动学校精神文明建设，促进学生德智体美全面发展。

四、学校制度文化的升格

2015年，学校成立了由党政主要领导任组长的《大学章程》起草委员会，成立专家组进行咨询指导，并向全体教职工和学生代表征求意见，凝聚学校改革共识，明确学校办学目标。通过学校章程的制定，明确内部治理结构，明确学校党委会、校长办公会、教代会、工会、学术委员会、教学委员会等主要组织机构的职责。《浙江商业职业技术学院章程》（以下简称《章程》）正式通过浙江省教育厅核准（浙江省教育厅高等学校章程核准书第25号），

于 2015 年 12 月 31 日向社会发布，标志着学校发展步入了"宪章"时代，具有重要的里程碑意义。

学校《章程》包括序言、正文和附件了部分，正文共 8 章 73 条。《章程》明确了学校的办学使命、办学特色和发展愿景，明确了学校实行党委领导下的校长负责制，坚持和完善"党委领导、校长负责、教授治学、民主管理"的中国特色现代大学制度，依法明确了学校的办学自主权和职责任务，明确了教职工、学生的主体地位和权利义务，突出了学校内部治理的制度框架、民主管理的基本形式和学校外部关系，体现了现代高等教育的理念要求，具有鲜明的时代特征。

学校党政班子高度重视《章程》的制定，校领导多次召集有关会议，听取《章程》起草情况汇报和相关意见，起草工作也得到了学校各部门和广大师生员工的高度关注和大力支持。《章程》制定工作自 2014 年 6 月启动后历时一年多，先后组织了校内外专家、师生代表和民主党派代表座谈会 10 余次，收到各类修改意见 150 余条，先后修改章程文本 10 余稿。制定过程严格按照规定程序，历经教职工代表大会讨论、校长办公会议审议、校党委会审定、省商业集团公司审批，以及省教育厅组织的初审、专家论证答辩和厅长办公会议审核同意等环节。

《章程》凝聚了全校师生员工的智慧，承载着师生员工对推进依法办学、完善内部机制、加快学校发展的期待。《章程》是办学治校和履行公共职能的基本准则和依据。《章程》的发布是学校建设现代大学制度迈出的历史性的一步，为实现学校治理体系和治理能力现代化，加快建设国内一流、具有显著商科特色的高等职业院校奠定了坚实的制度基础。

第 二 节
党建引领的制度特色

    浙江商业职业技术学院将完善规章制度体系作为推进依法治校的重要举措，以党建引领，以理论研究与实践探索为建设路径，将制度体系建设的优势转化为学校治理效能，实现学校高素质技术技能人才培养的目标。

    高校育人，党建为魂。党建引领作用的发挥体现在落实学校发展战略的方方面面，制度体系的构建是必不可少的一个内容。学校的制度体系在党建引领下，坚持和完善党委领导下的校长负责制，充分发挥党委的领导核心作用，用中国特色社会主义理论体系武装党员、教育师生，充分发挥基层党组织的战斗堡垒作用和党员的先锋模范作用，坚持改革创新，促进学校的持续稳定发展。学校制度体系建设充分发挥党建的领导核心作用，扎实推进学校战略发展工作的开展，以确保学校发展取得实质性进展，逐步完成学校发展战略任务，达成战略目标。

一、科学谋划构建制度体系

    党建引领在学校的制度体系中具有导向作用。学校党委在组织的整合方面有着得天独厚的优势，党的组织特点与组织文化可以有效实现跨部门、跨层级的沟通、协调和整合。而且学校可通过干部培养和选任来激发组织活力、防止组织僵化，形成自身发展的组织协同，以推动科学研究和创新人才的培养。

    学校党委对各项育人要素进行整合、再造，坚持问题导向、打破专业壁垒、

统筹育人资源、强化方法创新，通过构建谋划、动员、执行、保障和评估的闭环机制，建立了党建制度体系、行政管理制度体系、教师成长制度体系以及学生成长制度体系四大学校制度体系，加强了学校的顶层设计和重点建设方向的谋划引导。

1. 党建制度体系坚持继承与创新相结合的原则

学校党建工作是一门科学，有其自身的发展规律和特点，要处理好继承和创新的关系，在继承的基础上创新，在创新的基础上发展，总结经验、不断增强学校教育管理长效机制的科学性和有效性。

2008 年，学校紧紧围绕提高党的执政能力和拒腐防变能力，坚持党要管党的方针，牢固树立和全面落实科学发展观，立足于发展党内民主、加强对党员领导干部权力运作的监督和制约，建立了党务公开运行制度和机制。学校党委公布《推行党务公开试点工作实施办法》，使党务工作更加透明。之后，为切实加强党对学校的领导，办好人民满意的高等职业教育，又修订了《中共浙江商业职业技术学院委员会工作职责和会议制度》，进一步明确党委的职责和各项工作内容。

2011 年，学校党委更加注重治理体系的建设。为了加强二级学院党政领导班子建设，充分发挥学院领导班子集体领导的作用，规范和完善学院重大事项议事规则和程序，保证决策的民主化、科学化，提高学院决策水平和办事效率，建立和完善"院长书记分工负责、党政联席会议集体决策、教职员工民主管理"的工作机制，特下发《二级学院党政联席会议制度》和《二级党组织党务公开目录（试行）》。在选人用人方面，学校党委下发《中层干部选拔任用工作试行办法的通知》，建立科学规范的中层领导干部选拔任用制度，形成富有生机与活力、有利于优秀人才脱颖而出的选人用人机制，进一步推进学校中层领导干部队伍的年轻化、专业化，建设一支高素质的中层领导干部队伍，确保党的基本路线和教育方针的贯彻执行，促进学校各项工作的顺利开展。学校党委为在选任干部的过程中充分发扬民主，下发《中共浙江商业职业技术学院委员会干部任前公示制实施意见》，更广泛地听取群众意见，增加干部工作透明度，接受群众监督，切实做到选准干部、用好干部。

在党风廉政建设方面，学校党委不断结合新的形势，及时对当前形势下的管理做出调整。2017 年，下发《关于进一步建立健全作风建设长效机制的意见》，就进一步建立健全作风建设长效机制提出如下意见：一是进一步建立健全教育引导机制；二是进一步建立健全服务教职工机制；三是进一步建立健全费用管控机制；四是进一步建立健全监督检查机制；五是进一步建立健全考核评价机制；六是进一步建立健全责任追究机制；七是进一步加强作风建设组织领导。学校党委通过并下发的《关于落实党风廉政建设责任制的实施细则》和《党委及领导班子成员党风廉政建设责任分解》，明确了党政领导班子和领导干部在党风廉政建设中的责任。

"双高计划"建设是国家发展现代职业教育的重要战略部署，这不仅是高职院校加强内涵建设的重要途径，也是学校跨越发展的必然要求。为进一步统一思想、提高站位、压实责任、落实举措，学校党委根据《关于加强高校党的政治建设的若干措施》（教党〔2020〕29号）文件精神，以及省委、省交通集团党委相关文件和会议精神，结合学校实际情况，印发《关于在推进学校"双高"发展中加强党的领导的决定》，并在全校范围开展建设"重要窗口"大讨论行动和"干部作风大提升"行动。

2. 行政管理制度体系坚持解决思想问题与解决实际问题相结合的原则

解决思想问题是增强教职工思想政治提高的实际效果所要达到的重要目标。思想问题得到有效解决，才会使教职工不断提升自身的思想觉悟，坚定共产主义信念。创新行政管理，要既讲道理又办实事，既以理服人又以情感人，了解教职工的实际情况，将这些实际问题纳入党组织活动、服务的内容中去，切实解决教职工在工作和生活中遇到的实际问题，在一定程度上调动起教职工的积极性，进一步促进行政管理制度的创新。

学校始终坚持教职工是办学的主体，教职工思想政治素质与内涵建设、办学质量息息相关。拥有一支德才兼备的高素质的教职工队伍，是培养高素质高技能人才的关键，是实现学院发展目标的关键。2007年，学校党委下发《中共浙江商业职业技术学院委员会关于加强和改进教职工思想政治工作的实施意见》（以下简称《意见》），把理论武装放在教职工思想政治工作的首位，坚持院、系两级中心组学习制度，组织好教职工政治理论学习，坚持和完善各项学习制度，加强考核和指导，努力使政治理论学习内容充实、形式活泼、学研结合、富有成效。《意见》进一步加强教职工思想政治教育的科学研究，做好思想政治工作研究课题的立项、申报、评审工作，开好每年一次的思想

政治工作研讨会，为学校加强和改进教职工思想政治工作提供理论支持和决策依据。

为更好地贯彻落实党委领导下的院长负责制，提高院长办公会议的质量和效率，做到学院行政决策的科学化、民主化和规范化，学校制定了《院长办公会议议事规则（试行）》《党政联席会议议事规则（试行）》及《部务会议议事规则（试行）》。各项规则都对会议的召开、议事范围、议题的提出、会议的进行、会议纪律、会议决定的执行和督办提出相应的要求。

为进一步加强行政体系管理，调动和发挥系部工作的积极性和主动性，推动学院教学、科研、学生工作和师资队伍建设不断取得新的成绩，提高学校整体管理水平，学校下发《院、系二级管理考核暂行办法》，主要从教学工作、科研工作、师资队伍建设和学生工作四个方面提出具体的考核明细。2019 年，为提高学校管理水平，健全绩效管理考核运行机制，进一步推进管理重心下移，激发全校各部门工作积极性和创造性，增强办学活力，促进学校事业科学发展，党委决定成立学校绩效管理考核领导小组。同时，下发《绩效管理考核办法（试行）》，以党的教育方针、教育主管部门的相关政策和法规，以及浙江省交通投资集团有限公司对学校的考核指标为基准，以学校办学定位、发展规划和亟待解决的问题为导向，以学校具体校情和主客观条件为基础，以激发全校各部门工作积极性和创造性为出发点设置绩效考核目标。

3. 教师成长制度体系坚持提高素质与改进培育方法相结合的原则

教师成长工作，要着眼于教师队伍建设，提升教师的思想政治觉悟和专业素质，保证教师党员群体理论素养和专业能力协调发展，同时不断探索改进和完善培育的内容和方式，建立教师成长的长效机制。

为加强师资队伍建设，使学校人才引进工作更加科学、规范、有序地进行，做到公开、公平、公正，学校下发《进人基本条件和程序的有关规定》，引进担任专任教师岗位的，原则上要求硕士及以上学位，40 周岁以上原则上要求具有副高及以上职称，45 周岁以上原则上要求具有正高职称；担任实训教辅岗位的原则上要求研究生学历（或硕士学位），或重点院校优秀本科毕业生。调入人员原则上要求具有高级职称或博士学位，专业人员符合"双师"素质要求；对特殊高技能人才可适当放宽条件。管理类岗位原则上要求具有研究生学历或副高及以上职称。学生思想政治辅导员，按岗位空缺情况和学院管理工作需要，原则上要求具有研究生学历、中国共产党党员；特别优秀的可考虑优秀本科毕业生，从而在整体上促进教师素质的提高。

2014 年，学校下发《关于成立教师发展中心的通知》，宗旨是关心教师身心健康发展，引导青年教师成才。学校高度重视这项工作，借助教师发展中心这个平台，通过"服务人才需求、致力于教学发展、提供咨询培训"，服务教师教学与专业成长，使全体教师在一起思考、一起学习、一起交流中共同成长，服务学校事业发展。除了对青年教师的关怀和培育外，学校通过《校领导联系高层次人才制度》了解和掌握高层次人才在思想、学习、工作和生活方面的情况，针对普遍关心的问题交换看法、交流思想，拓宽高层次人才建言献策渠道，增强领导干部的人才意识，充分发挥高层次人才在学校建设、改革与发展中的重要作用。

学校落实"高层次人才引进管理办法""博士工程"等高层次人才培养办法，加强对优秀后备军的关心和指导，积极支持其培训进修、企业实践等，以促进其尽快成长为高层次人才。坚持学校统筹规划与学院专业群发展相结合，发挥学校政策的引导作用，激发高层次人才的主动性和创造性：坚持把高层次人才队伍建设放在师资队伍建设最优先的位置，集中优势资源，精准施策。坚持走"大师＋团队＋平台"的可持续发展之路，加大中青年人才培养力度，不断提高师资队伍整体水平。柔性引进有较高知名度的高层次、高技能人才来校承担专业建设指导、青年教师培养、服务地方项目攻关及短期讲学等工作，支持和鼓励高层次人才发挥引领作用。学校同时建立科学合理的经费保障机制，严格按照学校财务管理规定合理使用，开展教师培训培养，实行专款专用。

4. 学生成长制度体系坚持思想教育与创新创业教育相结合的原则

学生成长制度，既要充分发挥学校教师、党团组织的教育引导作用，又要充分调动大学生的积极性和主动性，引导他们自我管理、自我教育。一方面，高校大学生成长制度的创新要强调教育的力量。通过学校老师、党团组织的教育引导，广大学生树立起科学的社会主义理想和信念，在思想上坚持社会主义方向不动摇。另一方面，培养学生的创新意识和创业能力去应对挑战，是职业学校不可或缺的重要内容。

2004 年，学校党委下发《关于建立学生党建工作领导小组的通知》，把党建工作充分融入学生工作。同时，下发《关于进一步加强和改进大学生形

势与政策教育的若干意见》和《关于进一步加强和改进思想政治理论课的实施意见》，要求引导大学生正确认识当今世界错综复杂的形势，把握国际局势的发展变化和人类社会的发展趋势；引导大学生正确认识国情和社会主义建设的客观规律，增强在中国共产党领导下全面建成小康社会、加快推进社会主义现代化的自觉性和坚定性；引导大学生正确认识肩负的历史使命，努力成为德智体美全面发展的中国特色社会主义事业的建设者和接班人。

学校始终把创新创业教育工作摆在学校工作的重要位置，出台《全面推进创业创新的决定》，成立了以党委书记为组长、分管领导为副组长、各二级学院和相关职能部门负责人为成员的创新创业教育领导小组，专门设立创业学院，并将创新创业教育纳入学校"十二五""十三五"和"十四五"发展规划，先后出台20多项"双创"工作制度，实现了从"模拟创业""全真创业""四轮驱动"到"协同育人"的四次转型。"全真环境创业教育的探索与实践""'四轮驱动'全面推进创新创业教育的探索与实践"分别被评为浙江省第六届、第七届高校教育教学成果二等奖，浙商院先后荣获"省级众创空间""省级孵化器""省级示范性创业学院"称号，成为全省高职院校中唯——所同时拥有以上三项省级荣誉的院校。

二、推进学校制度体系变革

党建在学校制度体系中具有引领作用，通过价值倡导，紧密契合党和国家的政策导向，将师生个人价值和更广泛的社会价值统一起来。社会的进步、公众对教育多元需求的增长、政府对教育的规约、学校自身的发展，这些都要求学校充分发挥重要的思想指导、行为规范和精神鼓励作用。学校通过制定新的行为规范，调整主体间的权利关系，对已有制度框架、结构和内容进行改革与创新的活动，实施一系列制度变革。"党委领导下的校长负责制"是实现以党建引领大学治理创新的制度保障和根本领导，也赋予了大学法政的独立自主权。

为深入学习贯彻习近平新时代中国特色社会主义思想，坚持为党育人、为国育才，切实加强党对高校的全面领导，持续深化巡视整改，建设好新时代落实立德树人根本任务、保障学校健康发展的良好政治生态和管理环境，学校通过进一步加强制度体系建设，推动学校治理体系和治理能力水平不断提升。一是强化制度整体谋划，完善商科职教制度体系。根据全国教育大会对新时代职业教育的部署，围绕中国特色、世界水平的"双高计划"建设要求，聚焦构建适应新时代商业职业教育发展的制度体系，扎实推进制度"废改立"，同时确保集中力量办大事、凝心聚力谋发展的制度优越性得到更加充分的体现。二是强化基层内部控制，完善二级学院制度建设。强化二级学院制度建设的系统规划，完善二级学院领导班子集体决策议事制度，完善二级学院党风廉政建设体系、健全权力监督机制工作。三是坚持党管人才，完善人才制度建设。强化人才发展支撑，制定出台《高层次人才引进人员管理办法》《"博士工程"实施办法》，优化人才结构，激发内生动力。

2019年以来，为大力推进治理能力现代化，健全现代大学制度体系，浙商院出台了《岗位工作标准》《专业教学标准》《绩效考核管理办法（试行）》等，为完善校内教学质量监控、评价体系打下坚实基础，以定性定量结合的形式推进教学工作评价机制改革。出台《留学生招生管理和经费管理办法（试行）》等，修订《教材管理办法》等，进一步完善协调学校教学中心工作的制度体系，促进教学管理的规范化、科学化，凸显制度推进办学新任务、新业务和新重点的功能。出台《科研平台建设与管理办法》等，加快推进具有职业院校特征的科研工作转型，推进校企联合开展技术技能积累，创新科研服务经济社会发展的体制机制。根据落实"职教20条""双高"校建设等精神和要求，调整、修订《教师专业技术职务自主评聘办法》等制度，围绕双师队伍建设、产教融合等重点工作，为教学质量快速提升保驾护航。

为进一步激发和保护学校干部和教职工改革创新、干事创业的激情活力，营造锐意改革、勇于创新、敢于担当、容错纠错的良好氛围，推动学校决策部署高效率推进、高质量落实，依据《中国共产党纪律处分条例》《中共浙江省委办公厅、浙江省人民政府办公厅关于完善改革创新容错免责机制的若干意见》《中共浙江省交通投资集团有限公司委员会关于企业及领导人员容错纠错实施办法（试行）》和其他有关法律法规，结合学校实际，制订了《关于建立容错免责机制的实施办法（试行）》，对敢于担当、勇于作为的单位和个人，在改革创新履职过程中主观上为公为民，客观上尽职尽责，可容错

免责的条件进行了细化，推动学校以教学为中心的决策部署高效率推进、教学高质量落实。

随着社会的发展，学校的制度要与时俱进。新制定的制度内容需要符合三个要求。一要"实用"，内容具体明确；二要"可用"，不与其他制度规定相矛盾；三要"好用"，便于操作和监督。学校为总体把握《章程》实施以来全校推进制度建设的情况，进一步健全以章程为核心推进学校治理体系和治理能力的现代化，从制度上明确学校的组织结构、管理体制，完善与学校教育发展相关的制度体系，确保学校相关工作有据可依。依据学校章程落实和扩大二级学院办学自主权，理顺校、院两级关系，推进管理重心下移，健全二级学院决策机构及其实施机制。

为全面保障学校教育事业的健康发展，推行学校规章制度"立、改、废"工作的实施，针对校内各部门规章制度进行了三次全面梳理，集中清理解决了大学章程实施过程中存在的文件不规范、管理无依据、制度不完善等问题。2021 年，共修订 102 项制度，废止 46 项制度，新增 25 项制度。

三、赋予学校制度文化意义

党建引领在学校的制度体系中具有保障作用。党委通过创新机制，加强制度建设，把党的建设贯穿于教学、科研、后勤服务等各个领域，组织、开展党的活动，增强党组织的凝聚力、创造力和战斗力，围绕学校的中心工作，推动学科建设和人才培养，为学校制度文化建设提供保障。学校各级党组织发挥战斗堡垒作用和思想政治教育优势，通过扎实细致的思想政治工作，深入了解广大师生的思想状况和生活情况，有效解决高校改革发展中存在的突出问题和矛盾，满足师生精神文化需求。

学校制度文化是学校经过长期的教育教学管理实践形成并积累而成的教育教学管理体系，是学校长期办学经验的概括和精神结晶，是学校的历史底蕴和特色。学校制度文化建设要经历一个艰难而漫长的培育和积淀过程，从无到有、从不完善到逐步完善、从程式化到各具特色。学校制度设计立足于本校的历史和传统，秉承"诚毅勤朴"的校训和"自强不息，追求卓越"的办学精神，举文化旗，传商业道，走以就业为导向、产教融合、校企合作的发展之路，致力于建设国内一流、具有显著商科特色的高等职业院校。

2019 年以来，为优化学校治理结构，促进治理要素配置，学校以治理体系发展为导向，以治理要素畅通流动为目标促进学校事业科学发展。以"不忘初心，牢记使命"主题教育为契机，书记领头开展治理体系提升大调研、校长领头开展"最多跑一次"改革，制定实施《加强新时代商科类高职院校治理体系和治理能力建设实施方案》，大力加强治理体系与治理能力现代化，推进学校治理能力的提升。深化浙江电子商务学院（与义务市政府合办）、智慧财金产业学院（与浙江交投集团财务公司合办）、轨道交通学院（与浙江省轨道交通运营管理集团合办）等混合所有制改革与发展。学校作为全国商贸职业教育集团理事单位、浙江省轨道交通产教融合联合主席单位，以多主体数据、资本等要素的流通，积极推动理事会制度的探索，学校牵头成立的浙江商业职业教育集团为教育部首批示范性职业教育集团。以全员聘任为契机，围绕学院发展战略，调整内部机构，以组织机构建设为教学发展赋能，设立国际合作与交流处、马克思主义学院等机构，新设或调整校院二级管理委员会、师资工作委员会、教学委员会、学术委员会等非常设机构。强化教学一线骨干力量配备，设立二级学院专职党总支副书记，在艺术设计学院、应用工程学院推广党总支领导下的院长负责制，大力开展二级学院"双带头人"建设，人才培养工作的管理和促进机制进一步健全。

学校领导班子通过组织开展教学工作会议、教学质量分析会议、教学工作业绩考核分析会、创新创业竞赛会议、订单培养工作会议、引企入校会议、现代学徒制项目深化推进会议、职业技能竞赛会议、学校与轨道集团校企合作推进会等，专题研究学校专业教学设想与方案。从现代学徒制专业建设、优势特色专业建设等入手，加大商科专业建设，扩大商科品牌专业，丰富商科教学特色与内涵。通过"创新体制机制，提升治理水平和办学活力""深化产教融合，夯实专业群建设综合平台""对接四大产业，打造商科特色六大专业群"三大方面共 19 个项目的建设，致力于商科特色优势专业和专业群的打造和商科特色高素质技术技能人才的培养。学校通过浙江省优质高职院校的验收，以"双高"建设专业群项目为契机和抓手，最终实现学校"具有创业教育优势和显著商科特色的国内一流、国际知名的优质高职院校，打造

商业职业教育的中国品牌"的战略目标。

校企合作是学校制度文化发展的创新点。与其他高校相比，职业教育更多地表现为开放性和社会性。职业学校的制度建设更能进一步与实践相结合，与企业文化相融合，能够在实践中推进校企文化的交融。学校与浙江省轨道运营集团开展校企合作，制定《浙江商业职业技术学院浙江省轨道运营集团校企合作实施方案》，由学校产学合作处、省轨道运营集团教育培训部牵头，学校发展规划处、教务处、学生处、二级学院等协助，共同探索校企双置、校企一体化的混合所有制办学模式，共同组建轨道交通学院，共同建设轨道专业学科，共同打造专业师资队伍，共同培育轨道交通人才。

学校大力开展校地合作，推动办学体制机制的改革发展。与义乌市政府签署战略合作框架协议，成立学校正处级建制的内设机构——浙江电子商务学院，由学校副校长兼任院长、义乌市副市长等几人兼任副院长。在校地合作的过程中，积极构建了"校、政、行、企"四方联动机制。浙江电子商务学院于2018年10月运营以来，围绕打造"校政合作新模式、产教融合新范式、人才集聚新高地"的目标，积极推进全日制学历教育，招收电子商务与物流管理两个专业共计49名学生。依托"双实双创"基地，创新推出"交换生"项目，先后与全国40余所高校开展校校合作，组织实习就业双选会30余场，为义乌培养、输送电子商务人才2700余人。建立电子商务培训中心、网红直播创业孵化基地、电商直播人才中转站，并在陆港电商小镇等电商产业园建立8个"双实双创"校外实训实习基地。浙江电子商务学院在深化产教融合，促进义乌市人才培养供给侧和电子商务产业需求侧结构要素全方位融合，以及职业教育综合改革试点工作等方面交出了满意答卷。

为凝聚教学中心共识，激发治理发展活力，学校深化治理创新的决策部署，在"不忘初心、牢记使命"主题教育等活动中专门设计学校"双高"发展大讨论、学校中长期发展规划大调查等活动，确保学校重大战略的层层落实。党委、团委分别开展"亲青谈""主题团日"活动，后勤部门开展"书香校园"与"美丽校园"活动，校办公室、宣传部等部门联合二级学院党总支开展课程思政建设，进一步完善"三全育人"大体系，提高综合人才培养能力。以校园文化培育为根基，激发学校高质量、高水平发展的活力，深化落实《校园文化育人工程实施方案》，以二级学院为主体开展"一院（部）一品"校园文化品牌活动，推动建设"毓商文化""精·诚文化"等项目，打造"学生文化—教师文化—文化校园—恋家文化—合作文化"多维合一的"家文化"，以文化建设为核心构建学校办学内涵全面发展和教学质量持续提升的长效机制。

第三节

改革创新的管理体制

一、有效运行的管理模式

（一）健全的组织运行机制

坚持和完善党委领导下的校长负责制。学校进一步梳理了党委会、校长办公会议的议事范围、议事规则与决策程序，依法落实党委、校长职权。进一步建立健全党委领导、党政分工、密切合作、共同负责的工作机制，提升领导班子办学治校能力。坚持党委统揽全局，制定实施党政领导工作规则，健全权力运行和监督机制，贯彻执行民主集中制，坚持集体领导和个人分工负责相结合，改进领导方式、优化运行机制，增强校党委政治领导力，构建党委统一领导、党政分工合作、协调运行的工作体系。强化学习型领导班子建设，2014 年建立了《两级理论学习中心组学习制度》，着力提升领导班子办学治校和驾驭全局的能力，增强领导班子凝聚力和战斗力，成为引领学校快速发展的强大合力。

进一步完善决策实施的跟踪评估和监督检查机制，对决策实施效果做阶段性评估，及时发现问题，及时调整纠错。落实党风廉政制度，对党风廉政建设工作进行责任分解和任务分工，切实履行"一岗双责"，把党风建设工作落实落细落到位。在各部门设立廉情观察员，他们参与学校、部门对重点领域、重大事项、关键环节的监督检查以及校内抽查抽检等工作，发现制度落实不到位的情况及时提醒，对潜在的廉政风险提出预警，积极发挥日常监督作用。

根据《国务院关于加快发展现代职业教育的决定》提出的关于"建立健全联席会、董事会、理事会等治理结构和决策机制"的要求，组建由学校、行业、企业、社会有关组织等相关方代表及专家学者参加的学校理事会或发展咨询委员会等决策咨询机构，作为学校实现科学决策和破解发展难题的重要智库，发挥其在学校确立发展目标、制定战略规划、实施重大改革举措等顶层设计中的咨询、协商、审议与监督作用。

建立法治工作推动机制。制定学校加强法治工作推进依法治校整体工作方案，将法治工作纳入学校长期规划中，定期举办普法宣讲活动，开展法治校园文化建设，树立学生法治观念，增强自我保护意识。健全法律风险防控制度，聘请法律顾问，梳理法律风险清单，加强对外签署合同的审查工作。

完善以学术委员会为核心的学术管理体系，保障学术委员会在教学、科研等学术事务中有效发挥作用，推进教授专家治学。2003年学校成立学术委员会，随后制定了《学术委员会章程（修订）》（2006年），明确了学术委员会为校内最高学术机构，统筹行使学术事务的决策、审议、评定和咨询等职权。健全以学术委员会为核心的组织架构，加强专业建设委员会动力机制，发挥其在专业及专业群建设、课程建设、实训体系建设等方面的作用，组建教材选用委员会，加强对教材规划建设的指导，统筹教材修订更新工作。完善学术权力运行体系，建立学术争议和学术不端处理机制，制定了《学术不端行为调查处理规程（试行）》（2015年），进一步厘清学校行政权力和学术权利之间的关系。充分发挥以学术委员会为核心的学术管理体系在学术评价、学风建设、发展规划、专业技术职务评聘等方面的重要作用。积极探索教授治学的有效途径，充分发挥教授专家在治学中的作用，尊重学术自由、学术平等，鼓励学术创新，激发学术活力，营造民主平等、开放包容的学术环境，有力地推动了学校科研工作的全面展开。

（二）民主的师生参与机制

建立和完善了师生民主参与机制。学校严格执行教职工代表大会制度和学生代表大会制度，每年召开一次教职工代表大会，听取和审议学校发展规划、教育教学改革、校园建设以及与教职工利益直接相关的内部分配方案等重大

改革和重大事项，落实教职工代表大会的各类提案。经常组织召开不同层面、各种类型的座谈会，听取广大师生的意见和建议，注重发挥工会、共青团、学生会等群众组织的桥梁纽带作用，注重提高民主党派、专家学者参与学校建设管理的积极性，教职工参与民主管理的意识大幅度提升，实现了有效的学校内部监督和社会监督。

进一步加强学生会组织地位，推动"学校、学院、班级"三级联动，通过学生代表大会及"亲青谈"等活动，征求广大同学对学校工作的意见和建议，搭建学生与学校党政领导、职能部门面对面沟通的桥梁。定期开展学生满意度调查，内容涉及教书育人、课程教学、管理和服务工作三大方面25个分项，并与往年数据做横向对比分析，发现教学及管理上的不足，进行调整改进。全面推进实施民主管理和监督机制，畅通了学生合理参与学校涉及教育教学、后勤管理、学生奖惩等关切的事务的决策、管理和评价工作的渠道，提升了学生对学校建设和发展的参与度，完善了广大同学参与、监督和评议学校工作的体制机制。

优化民主监督机制，充分体现教职工和学生的主人翁精神，发挥教职工代表大会和学生代表大会在师生参与民主管理中的主渠道作用，保障广大师生员工对学校事务的知情权、参与权和监督权。组织师生共同参与"学校年度工作报告""学校十件大事"等座谈会，将关于学校的重大发展规划、重大改革方案、重大决策举措及实施情况，及时向师生员工、群众团体、民主党派、离退休老同志等通报，广泛听取各方面的意见和建议。建立领导班子成员联系基层单位制度，下发《关于设立校领导接待日的通知》（2013年），定期开展与师生面对面交流活动。建立健全师生献计献策的平台，设立网上"校务专区""建言献策信箱""书记校长信箱"，畅通师生表达诉求、反映问题和意见的渠道。每年定期召开民主党派和无党派人士、教授代表、离退休教职工座谈会，逐步拓宽师生参与民主管理的渠道和范围。建立健全师生权利保障与救济机制，制订完善教职工申诉和学生申诉处理办法，完善申诉委员会的职责，尊重师生的主体地位，保护师生的合法权益。积极推进党务公开和校务公开，加强内部审计监察，完善内审机制，体现自我约束、自我监管，让民主管理与监督真正成为凝聚人心、推动发展的动力。

（三）"目标引领、三级递进"质量管理模式

学校提出"目标引领、三级递进"理念，即以"教育部工作要点、学校发展规划、教育厅及省交通集团工作重点"为目标，引领学校工作质量目标；经过"事前下达部门绩效目标，事中督促部门服务对象满意度，事后纳入部门绩效考核"三级递进的方法，实现整体办学质量的提升。学校在全省高职院校教学业绩考核中连续六年获 A 等，并于 2019 年入选"双高计划"专业群建设单位名单，2020 年入选浙江省高水平高职院校建设单位。

为确保服务对象的需求得到考虑和满足，学校持续改进包括学生、家长、用人单位、社会等四类服务对象的满意度，加强各部门的服务意识。多年来，坚持开展服务对象满意度测评，并将测评结果应用在 24 个部门和二级学院的年度绩效考核中，以此举提升各部门服务意识及服务质量。

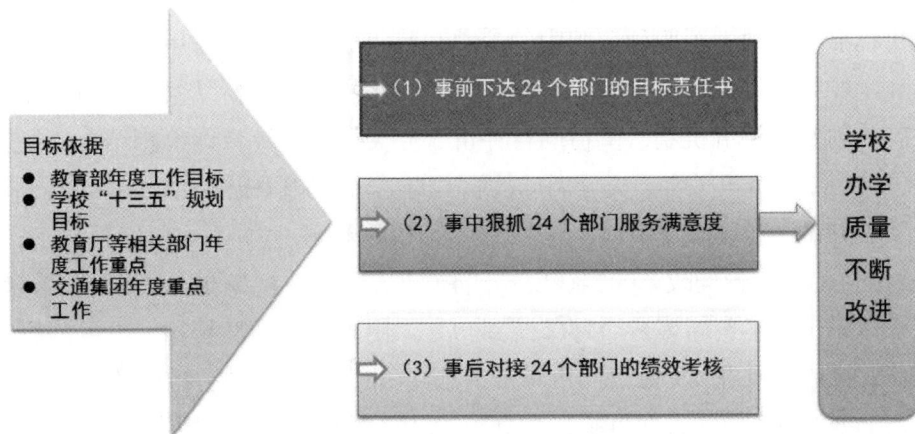

目标依据
● 教育部年度工作目标
● 学校"十三五"规划目标
● 教育厅等相关部门年度工作重点
● 交通集团年度重点工作

（1）事前下达 24 个部门的目标责任书

（2）事中狠抓 24 个部门服务满意度

（3）事后对接 24 个部门的绩效考核

学校办学质量不断改进

图 6-1 "目标引领、三级递进"的质量管理模式

二、激发活力的管理机制

（一）创新二级管理制度

2011 年，学校制定了《二级管理考核办法》，明确了二级学院、教学部的考核内容和相应的考核指标。为了持续深化校、院两级管理改革，坚持"职

能归并，效能优化，布局合理，发展协调"的原则，遵从科学的建设逻辑，进一步完善运行机制与决策程序，推进机构改革，学校经过六轮的全员聘任，不断优化机构设置，整合了职能相近的有关部门，调整二级学院与职能部门之间的权责关系，按照"放管服"的要求，简政放权，实现学校宏观调控、学院自主办学、职能部门服务支撑的管理模式。

2019 年，为改革创新人事制度，优化绩效考核机制，学校出台《绩效考核管理办法（试行）》和《岗位工作标准（试行）》，重新梳理了部门职责和工作流程，将对职能部门的考核也纳入考核体系，使职能部门和二级学院之间的管理更加顺畅，提高办事效率和内部管理水平，突出考核的激励和导向功能。坚持过程考核与年度考核相结合、专业水平评价与师德师风评价相结合，把考核评价结果作为教职工个人年度评优、职称评审、岗位聘用等的重要依据；坚持收入分配制度改革、绩效评价改革与用人制度改革三者相融合，完善了以绩效工资为主的收入分配制度。改革专业技术职务评聘办法。创新评价标准，合理设置职称评聘中的论文和科研成果条件，将用人部门考核推荐和学校综合评价、定性和定量相结合，淡化资历，坚持品德、能力和业绩导向。创新了评价机制，坚持同行评价、分类评价、综合评价相结合，促进评价与使用的有机融合，充分调动教职工的主动性和积极性。

构建教学管理改革范式，坚守高职教育本质。建立了"一中心、两主线、五转变"的教学管理改革的实践模式，注重顶层设计，把专业定位、人才培养、课程体系、教学创新等各个环节统到一处，使之成为环环相扣、不可割裂的整体，拓展了专业发展和教学提质的崭新空间，为高职教育教学改革提供了实践依据。创新教学管理机制，建立了"以学生为中心"理念引导的校内"专业—课程—教学—管理—评价"新的教学生态链，从加强教学管理制度供给着手，系统设计，整体推进学校教育教学管理改革，为教师大胆创新扫除制度和管理上的障碍，激发教师教书育人的主导性、自觉性和学生学习的积极性，推进课堂教学的"学生主体、教师主导"教学方法改革，凸现机制引领。"助力学生成长成才的高职教学管理'三个转变'的研究与实践"课题成果获得2016 年浙江省教学成果二等奖。

（二）深化二级院系治理改革

深入推进简政放权和管理重心下移，提升二级学院用人自主权、财务自由权、对外合作权，确保院系成为教学主体，实现从"校办院系"到"院系办校"的转变。

支持二级学院根据自身发展实际和学科特点，自主制定队伍建设规划，引进、培养一批高层次学科领军人才，探索推行以学院为主体的学科建设绩效管理办法，设计责、权、利相互制约平衡的科学公正的考核评价机制，完善成果激励体系，充分调动学院师资建设的积极性和主动性。

完善以目标任务为导向的预算分配制度。按照《校内预算管理办法（修订稿）》（2019）的相关规定，将教学管理、项目建设、人才培养等专项经费配置给二级学院，使其自主确定内部收入分配、自主管理学校财产和经费，扩大学院经费统筹使用权，保证教学团队的高效运转。

积极推进政行企校合作办学体制机制创新，下放对外合作权。支持二级学院立足自身优势，挖掘资源，展开院企合作、院政合作、院际合作，加强与社会各界的共建共享，实现优势互补，合作共赢。推进国际交流合作，引进优质教育资源。经济管理学院与法国商业行为与研究学院合作设立市场营销（中法合作）专业，引进法方课程标准，实行学分互认，将商科特色教学和法方国际营销实践教学培养贯穿于专业人才培养的全过程；旅游烹饪学院与尼泊尔巴拉希奥兹学院合作，推进"中尼合作酒店管理项目"，实行"校内、校外双课堂，线上、线下双渠道，学生、学徒双身份，课程双标准，双文化育人"的"五双"模式，既提升了尼泊尔学生的专业技能，又拓展了"一带一路"教育合作交流，以多种形式推进浙商院国际化教育进程。创新合作办学，建立特色二级学院。学校以浙江电子商务学院、轨道交通学院、维嘉学院3个多方合作育人平台为试点，探索理事会制、混合所有制等办学模式，在人才培养、专业共建、产学研究、企业员工培训、教师实践能力提升等方面达成全方位多层次合作，为校企深度合作共同育人打下基础。进一步深化与永辉、韵达、百诚等公司在专门人才培养方面的合作，加强素质教育和专业教育、理论传授与技能传授的融合，进一步发挥现代学徒制教学模式在人才培养方面的作用，形成学校与企业互惠、互赢的局面，加快产教融合育人改革发展的步伐。"基于现代学徒制的商业人才培养系统化改革与实践"课题成果获

得 2018 年国家教学成果二等奖。

（三）构建专业群的教学组织

大力推进专业群建设，实现高质量发展模式。学校教学组织结构从最初的分专业设立教研室，到按课程内容划分课程组，再按相近专业建立系部。至 2014 年，学校围绕浙江省重点发展，优化学校专业布局，服务经济社会发展，以群建院，用分层推进的方式开展专业群建设，现已形成了 1 个国家级专业群、2 个省级专业群。并在此基础上逐层推进，着力打造具有商科特色"1+1+4"专业群，即在学校六大商科专业群整体建设的基础上，建设卓越的国家电子商务专业群，服务浙江数字经济；重点打造省级烹调工艺与营养专业群，服务浙江省万亿级旅游产业；引领带动智慧流通、财会金融、艺术设计、空调电子专业群建设，对接现代流通产业、商贸产业、节能环保产业和文化创意产业，努力建设成为"行业优势突出、群众满意度高、社会知名度大、专业特色鲜明"和"地方离不开、行业成标杆、国际可交流"的高水平专业群，推动高职教育深化改革。

践行产教融合协同育人模式，将专业群设置与产业群需求相对接，完善行业企业参与专业群建设的途径与渠道，发挥企业在校企联合育人中的主体作用。专业群师资团队校企深度融合，校内现有教授 49 人、副教授 160 余人，"双师型"教师 51 人，聘请行业企业专家近 300 人担任兼职教师，学校 32 个专业的专业指导委员会都由行业专家、企业高管、技术能手参与组成。每年度以行业企业最新需求为人才培养指向，结合高职教学规律，充分论证专业人才培养方案，共同制定、调整人才培养目标、课程架构、课堂教学和企业实践环节配比，形成了主动适应经济社会发展的专业动态调整机制，效果良好。引进企业参与到专业的人才培养方案、课程标准的制定完善中，合作建设模块化专业课程群。在企业中建立产教融合型实训基地，推广理实一体、情景教学等新型教学方式，合作开发具有职教特色的新型活页式、工作手册式教材，配套信息化资源并及时更新，推进教学方法和评价方式改革，突出高职院校特色。建立校企人员双向交流合作的模式，实行在校教学校企双教师、企业实习校企双导师，形成了校内专任教师与企业导师融为一体的"双主体、双场地、双身份、双考核"的校企育人团队。完善双师型特色教师队伍建设制度，以"四有"标准打造结构化教师教学创新团队，培育专业水平高、行业有权威、国际有影响的专业群建设带头人。

以学校电子商务专业群为例。2019年电子商务专业群被确认为"双高建设"专业群建设单位，依托政企行社各方面的资源，联合阿里巴巴、浙江百诚集团、中小微电子商务企业等展开深度合作，建设了浙江电子商务学院、数字贸易学院、数字营销学院等产业学院，培育具有电子商务领域经营管理知识、具有网店运营管理能力、具有营销策划能力、懂商品品类知识与管理、有电子商务技术、有创新理念的现代商务领域高素质、高技能复合型人才。创新人才培养模式，调整人才培养规格，形成产教深度融合的复合型人才培养模式。合作设计了"新商业前沿趋势与新思维课程群"和"新商业基础知识与基本技能课程群"2个模块化专业基础课程群，"智慧营销课程群""智慧零售课程群""数据分析课程群"等8个模块化专业核心课程群，课程模块设计灵活，可根据行业企业岗位群的需求技能进行动态调整。建设线上线下立体化专业群教学资源，参照国家教学资源库、在线开放课的标准，开发了40门以上的线上课程资源。

三、闭环完整的质量监控

学校围绕"一个体系、一套标准、一个平台、一套机制、一条路径、一品文化"的"六个一"建设思路，进行内部质量诊断与改进工作的建设，构建了融合诊改"五个层面"的质量保证体系。

学校将"以生为本、人人成才"的质量理念贯穿质量保证全过程，构建了融合学校、专业、课程、教师、学生五个层面的自我质量保证机制，形成全要素网络化的内部质量保证体系。学校制定并实施《浙江商业职业技术学院章程》，梳理和完善教学、学生、人事、科研、财务、资产、后勤保障等方面的管理制度、标准及工作流程，形成日常管理流程化、质量管理标准化，实行"责任—问题—整改—提升"管理闭环，确保管理无盲区，提升管理服务能力，保障了教学工作质量。

通过科学制定规划体系，明确诊改坐标，建立常态化、全员性、过程性、

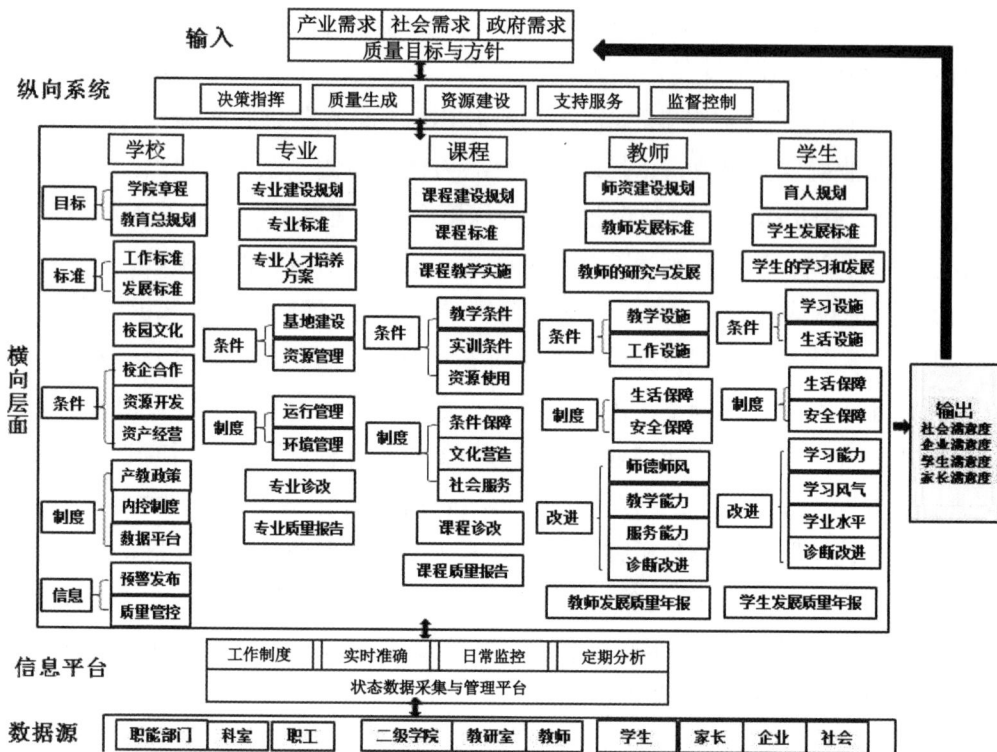

图 6-2　融合教学诊改的质量保证体系及运行

考核性诊改制度，落实诊改运行。通过建设校本平台，提升教育教学管理信息化水平。逐步树立全面质量、全程质量、全员质量的质量观，确立"以生为本、人人成才"的质量理念，明确学校的质量方针和质量目标，制订职责清晰、标准明确、工作到位、反馈畅通、持续改进的工作标准，建立以"五纵五横一平台"为基本框架的内部质量保证体系，形成具有学校特色的质量文化，实现教学管理水平和人才培养质量的持续提升。

（一）健全目标体系，建立目标执行机制

完善组织机构，构建顶层设计。学校成立了以校长为组长的教学工作诊断与改进领导小组及各二级学院教学工作诊断与改进领导小组，同时由质量监控办公室具体负责教学诊改工作的实施。以学校领导小组为组织核心，根

据上一年度的教学诊改情况，设计和论证下一年度的教学诊改方案和计划，确定年度教学诊改重点工作，召开教学诊改推进会和教学质量分析会，向职能部门和二级学院反馈上一阶段的工作成效，分析短板，查找问题，共寻改进对策。

完善目标链，建立机制与诊改成效相结合。学校根据《内部质量保证体系诊断与改进实施方案》开展教学诊改工作，结合国家优质校、"双高计划"申报方案和年度工作计划，适时地优化调整学校教育教学各个层面的质量目标，通过螺旋上升的诊断与改进环节，促进各职能部门和二级学院不断完善内部质量保证体系建设，提升工作成效，持续提高人才培养质量。

明确管理制度，有效落实任务到人。学校为健全教学管理制度，先后制定和完善《学生管理制度》《校院二级管理办法》，以及人事、财务和后勤等管理制度 450 余项文件，细化职能部门和教学单位在决策指挥、质量生成、资源建设、支持服务和监督控制 5 个纵向系统的功能和作用，梳理职能部门管理事项，设计管控工作流程，将各岗位职责标准化，完成 319 个岗位工作标准的制定，印发《岗位工作标准（试行）》（2019 年），进一步厘清部门工作职责。2021 年，结合学校第六轮全员聘任岗位名称及职责变化，进一步修订完善了岗位工作标准，形成一张全员、全方位、全过程的教学诊改网。

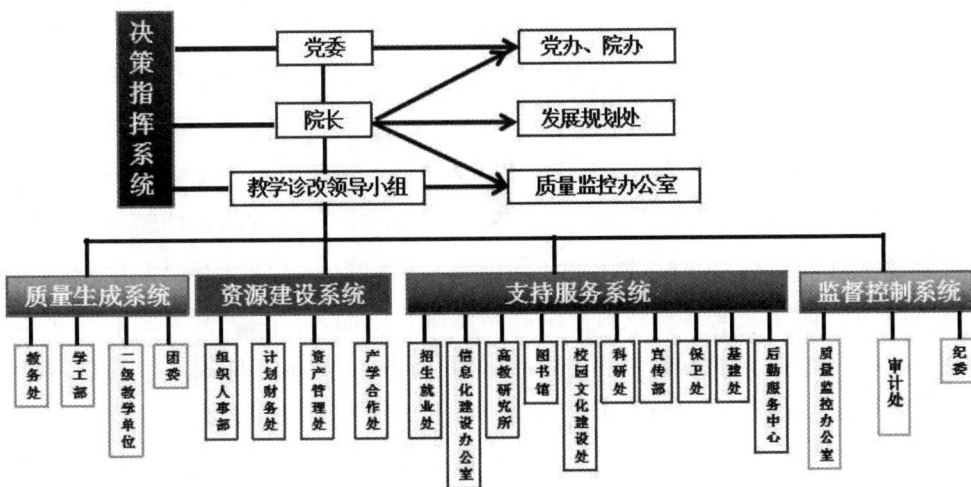

图 6-3 学校教学诊断与改进组织架构体系

（二）健全标准体系，建立标准执行机制

结合"双高计划"，完善学校质量标准体系。将人才培养目标作为质量保证总目标，设计形成学校、专业、课程、教师和学生等5个层面的质量标准体系。根据教育部发布的高等职业学校专业教学标准，结合浙江省经济发展和"双高"建设，调研行业、企业发展实际需求，对表对标，相继制订《岗位工作标准（试行）》（2019年）和《教师教学工作规范（试行）》（2019年），32个专业教学标准，制定和完善542门课程标准。并依据专业教学标准启动新一轮人才培养方案的修订，切实将专业教学标准作为推进教学改革、提高教学质量的基本依据。

关注教师发展，保障教师的基本权益。依据国家有关教育法规和省教育行政部门的有关规定，制订《教师教学工作规范（试行）》（2019年），完善各主要教学环节的质量标准，提高教学运行管理效率，为促进教学质量的全面提高，提供了制度保障。开展新教师岗前培训，促进新教师的成长，实现身份的转换；召开新教师座谈会，了解新教师的需求和职业规划发展，通过"青年教师培养工程""访问工程师培养工程""教学团队建设工程"提升教师在师德师风、教学科研等方面的素质；以教师发展中心为平台，开展名师讲堂、博士论坛、教学沙龙、培训交流、教学技能比赛等活动，对各类项目给予经费资助。

聚焦学生成长，提高学生综合素质。学校全面贯彻"三全育人"理念，制定了符合学校实际的育人规划并保证落实。科学制定学生素质教育方案，印发了《学生综合素质测评指导性意见》（2014年）等文件。实施学分制，采用个性化制定人才培养方案，小班教学、专业特色班、分类培养与分层教学相结合。通过创新素质教育，学生各种内化的素质向创新素质转化，开设创新创业课程，有针对性地开展加强创新和创业教育。建立专兼结合的育人管理队伍，加强人文素质教育，提高学生综合素质，开设人文素质、浙商文化等课程。建立了家庭困难学生生活保障管理运行机制，印发了《经济困难学生资助工作条例》（2005年），做好心理健康教育工作，健全学生心理健康档案；广泛进行"无烟校园"建设；进一步畅通学生反馈机制，及时解决与学生相关的各项事务。

（三）搭建数据平台，打造质量监测中心

学校依托数字化校园、人才培养工作状态数据平台、教务管理系统和学工管理系统，持续推进校本数据平台建设，建立教学诊改工作诊断点和数据之间的映射关系，完善其状态分析和监控功能，并将平台数据作为人才培养质量、工作绩效判断的主要信息来源和分析依据。实现数据平台动态化管理，满足日常管理和教学质量监控，查找问题与薄弱环节，确保人才培养质量不偏离目标。通过二期校本数据平台建设，平台在质量保证运行中的状态分析和监控功能渐显，各类数据源头采集、即时采集。

根据数据信息，建立各类年报制度，编制了《人才培养质量年度报告》《人才培养工作状态数据分析报告》《内部质量保证体系自我诊改报告》《学生教育满意度调查报告》《教师课堂教学质量测评分析》《毕业生就业质量年报》《适应社会需求能力报告》等，并向社会公布，接受社会监督。

（四）有效运行教学诊改，提升人才培养质量

学校按照"年度诊改、有所侧重、螺旋上升"的理念，通过"目标—标准—运行—诊断—改进"质量螺旋递进的常态自我诊改机制，完善内部质量保证自我诊改运行机制。梳理学校教学质量的诊改任务，与二级学院联动开展自我诊改。

建立了全员、全过程、全方位的质量监控反馈网络，在疫情线上教学期间发挥了重要作用。采用常规教学检查、教学重点督查、质量专项监控相结合的机制，推进教学过程诊断与改进，质量监控办公室、教务处和学生处联合开展"教风、学生、考风"专项巡查；二级学院督导交叉检查专业教学标准和人才培养方案、授课质量及进度等教学质量检查。

优化校、院两级督导工作机制。学校早在 2003 年就设立了教学督导室，隶属于教务处。2008 年正式制订了《教学督导工作条例》，明确了二级督导机制。2017 年，学校进行机构改革，独立设置质量监控办公室，将教学督导的职能归属于质监办，使教学管理和质量监控相分离。学校建立从队伍构成、职责范围到组织管理的教学督导制度体系，健全教学检查、督导工作会议、督导简报等制度，采用常规教学检查、教学重点督查、质量专项督查相结合的机制，推进教学过程诊断与改进。校、院两级专兼职督导结合学校教学诊改工作计

划，协助二级学院开展教学诊改工作，推门听课 700 余节／年度，教学巡查 180 余次／年度；根据校级专兼职督导、二级督导组反馈有关课堂教学质量、教学管理过程等问题，及时通过《督导简报》向相关部门及二级学院反馈。

有效开展课堂教学诊断工作。重点开展课堂教学诊断巡查工作，密切跟踪教师的课堂教学状况。开展常规听课和重点听课、面上听课和跟踪听课相结合的听课评课工作，实行线上教学"云听课"，既挖掘教师课堂教学创新的亮点，又抓青年教师、校外兼职教师教学的规范性和有效性。通过集中跟踪课堂听课、查阅相关材料、召开座谈会等多种形式，全面诊断教师教学工作状况。

召开教学诊改推进会和教学质量分析专题会。针对学校在全省高职高专院校教学工作及业绩考核中的保障情况、教师情况、人才培养质量情况、教学改革和办学特色情况、校企合作和专业社会服务能力建设情况、开放教学情况和争先创优情况等 7 个方面的指标进行分析，制定和调整下一阶段教学诊改工作。此外，通过对全国高职高专院校竞争力排行榜 50 强、国家示范校等社会的关注焦点进行跟踪分析，诊断学校发展的短板，实时转化成各部门的工作重点。

开展学生满意度调查。根据学校实际教学情况和高等职业教育质量年度报告要求，学校设计"教学满意度问卷"，组织在校生进行问卷调查。2019年度一年级和二年级学生课堂育人满意度分别为 98.44% 和 97.45%，课外育人满意度分别为 97.74% 和 94.79%。

（五）营造质量文化，教学成果丰硕

通过有关教学诊改的学习、讨论和研究，全体教职工提高了对教学诊改工作的认识，推进了校园质量文化品牌建设。学校邀请全国职业院校教学工作诊断与改进专家诊改相关报告和指导培训，组织职能部门相关人员参加"高职院校内部质量保证体系建设与运行实施方案"编制培训班，组织校、院两级教学督导人员参加"全国高职院校教学督导、质量评价与质量保证体系建设研讨会"，在全校范围内学习《高等职业院校内部质量保证体系建立与运行实务》。

通过制度建设，实施"目标—标准—运行—诊断—改进—考核"质量螺旋递进的常态自我诊改机制及绩效考核，质量意识成为全体教职工的自觉行为。学校将年度工作任务、各类项目建设、过程管理成效作为部门和全体教职工绩效考核的诊断性依据，质量标准成为绩效考核的重要参照。

通过设置科学合理的激励、预警机制，督促相关职能部门采取切实措施，解决潜在问题。教学单位从党风建设、教学科研、师资队伍、学生管理等七方面，职能部门从党建思政、履行职责和服务管理三方面建立了科学合理、标准规范的绩效管理与考核评价体系，实行绩效目标、绩效考核和激励奖惩的有机结合，确保绩效考核目标的顺利完成和学校决策任务的有效落实。

有效运行质量保证体系，教学成果丰硕。学校遵循"坚持立德树人，德技并修，提供优质教育服务，培养社会需要的商科特色的高素质技术技能人才"的质量方针。通过质量管理体系的运行，取得了显著成效，先后成为国家"双高计划"专业群建设单位、国家优质专科高等职业院校、全国职业院校"国际影响力50强"单位（连续三年）。"十三五"期间，学校新增国家级教学成果奖二等奖1项、浙江省教学成果奖2项，获省部级以上奖13项。教师在全国职业技能大赛上获奖15项，获省部级以上奖65项；学生学科竞赛获奖57项。毕业生就业率达98%以上，学生教学满意度在97%以上。承接技术服务项目120余项，科研技术服务到款额达1452.45万元，开展技术技能培训151717人次，培训到款额达2207万元，为地方经济发展做出了应有贡献。

（本章编写人员：何添锦 李 薇 何 轶）

第七章

融通：共生共赢的校企文化融通

第一节
和谐共生的浙商职教集团平台

一、率先启动：集团化办学先行者

20 世纪 90 年代中期以来，组建职教集团、实施集团化办学成为全国许多地方加快职业学校布局结构调整、促进职业教育资源整合、做大做强职业教育所选择的重要方式和途径。2006 年 5 月，以浙江商业职业技术学院为龙头，依托浙江省商业集团公司，整合集团公司 18 家成员企业和 7 所省内中等职业学校，浙江商业职业教育集团建立。十余年来，集团不断发展，形成了由职业院校、学术团体、研究机构、行业协会、传媒机构、现代服务业企业为主的职教大集团，实现了学校、企业、行业和区域之间的资源共享、优势互补、共同发展，为深化"工学结合，校企合作"职业教育人才培养模式的改革打造了良好的平台和基础。

（一）抓住机遇，整合资源，组建浙江商业职业教育集团

浙商职教集团的筹建与成立正值我国职业教育大发展的大好时期。2005 年 10 月 28 日，国务院发布了《关于大力发展职业教育的决定》，明确提出推动公办职业学校资源整合和重组，走规模化、集团化、连锁化办学的路子，明确了今后一个时期职业教育改革与发展的指导思想、目标任务和政策措施。随后，国务院召开了全国职业教育工作会议，强调要把发展职业教育作为经济社会发展的重要基础和教育工作的战略重点，要大力发展中国特色的职业

教育，加快培养高技能人才和高素质劳动者。基于这样的大背景，在省商业集团公司领导的关心与指导下，在省商业集团所属成员企业的支持与参与下，2006 年 3 月 22 日，职教集团筹备工作预备会议顺利召开；4 月 30 日，省教育厅发文同意以商业职业学院为龙头，联合若干家职业学校和企事业单位组建以商业类为特色的"浙江商业职业教育集团"；5 月 26 日，学院联合 18 家企业和 7 所中等职业学校组建的浙江商业职业教育集团正式挂牌成立。

（二）资源共享，优势互补，构建校企深层合作桥梁纽带

职教集团是新形势下整合职业教育资源，实现优势互补、谋求多赢的新举措，也是实现职业教育为经济服务，走产学研结合之路，推动职业教育向规模化、集团化、连锁化方向发展的新模式。自成立以来，浙商院充分发挥职教集团的桥梁纽带作用，在校企深度合作上搭建起有效的平台，以专业为纽带，以企业为依托，以服务为宗旨，整合教育资源，形成整体优势，突出专业特色，拓展就业渠道，增强整体实力，初步构建了"价值共识、专业共建、资源共用、成果共享、校企合作、共同发展"产学研结合的新模式。通过加强校企合作，工学结合，优化资源配置，实现资源共享，提高学院适应市场的核心竞争力。充分发挥集团优势、组合效应和规模效应，促进资源共享，打造高等职业教育品牌，提升高职教育的综合能力，为浙江现代服务业的发展培养更多更好的技能型人才。

1. 校企联手，共同制定培养目标

积极依托浙商职教集团的平台，发挥浙商职教集团成员企业优势，在专业建设、教学模式、人才培养上与企业展开全方位、深层次的合作，实现校企双方的互动共赢。组建了专业建设指导委员会，结合现代服务业的发展，共同制定培养方案，确定专业培养目标、课程设置、教学内容和实践环节，以培养行业企业急需的高技能人才为目标。如，国大集团总经理赵国恩、浙江惠丰投资总经理胡幼善等均为财会金融学院专业建设指导委员会的成员，他们为财会金融学院的专业建设、人才培养模式改革等提出了宝贵的意见和建议。据初步统计，理事单位的 10 多位高管成为市场营销、国际贸易、财务会计、广告设计、酒店管理等专业的指导委员会成员。为理事单位的发展提供人力资源服务，也是校企合作的深层次内容。2009 年 9 月，学院了解到省

商业集团计划筹建保险公司，急需保险专业人才，学院趁此机会向省教育厅申报设立保险专业，由省商业集团与学院双方共同建立师资团队，共同研发课程、编写教材，学生毕业时通过考核进入集团保险公司工作。

2. 项目驱动，创新人才培养机制

浙商职教集团作为理事会制教育组织，成立了浙商职教集团秘书处，负责各理事成员间的联系，并起草了《理事会章程》，签订项目合作协议，规定双方责任，以规范各理事成员间的合作。集团牵头单位浙江商业职业技术学院与理事企业开展了多个项目合作，利用项目驱动的方式加强校企资源联系，实行项目与专业对接。2009 年 10 月，学院与国大集团成立雷迪森酒店管理学院筹建工作组，注入国大集团的人力资源开发与管理的教育教学资源，全方位参与教学、培训与管理，建成校企合作办学的二级学院，为国大集团又好又快地发展提供人力资源保障。经双方多轮协商，已明确了雷迪森酒店管理学院的发展战略、组织性质和架构，研究了雷迪森酒店管理学院发展的阶段性工作，制定了工作计划。目前已组建了四届雷迪森班。首届雷迪森班毕业的同学大多担任公司主管以上职务，组织编写了《前厅服务与管理》等一批培训教材。学院按照五星级标准新建了一幢集教学、培训、实训、办公等多功能于一体、建筑面积为 13000 平方米的雷迪森酒店管理学院大楼。

3. 整合资源，共建生产性实训基地

教育部教高〔2006〕16 号文件提出，"要积极探索校内生产性实训基地建设的校企组合新模式"。理事企业拥有先进的技术设备、雄厚的技术力量和规范的管理制度等，已为学院提供了稳定的生产性实训基地。如，应用工程学院依托理事企业浙江商业机械厂建立了校内生产实习实训基地，成立工程技术研发中心。作为制冷空调专业主要核心技能之一，学院把商业机械厂的实训内容纳入教学计划，每年安排一个月的时间在厂内进行生产实习，主要内容为压缩机整机的组装及调试、冷水机组的组装及调试，浙江商业机械厂为该系学生提供了先进的实训设备及一线的技术辅导员，在生产现场建有教学用的多媒体教室。双方合作建有压缩机实验室、三坐标测试室、水冷冷水实验室三个具有国内先进水平的实训基地，并成功申报了由中央财政支持的实训基地。同时应用工程学院不定期地组织学生参与理事单位浙江省食品公司万吨冷库的操作、运行、保养等维护工作，让学生在真实的工作环境中

得到锻炼。

4. 工学结合，提供顶岗实习基地

作为商业类特色的浙商职教集团，成员理事单位中心许多企业、工种、岗位与学院的专业、就业基本对接，充分运用好企业的师资、技术、设施设备等方面的优势，将专业理论知识与岗位操作技能及技术服务有机结合，建立理论实践一体化的培养模式。许多职教集团的理事企业想学生所想、急学生所急，为学生的专业实习、毕业实习提供了多个岗位，并且配备了实习"指导教师"，在思想上教育学生养成良好的职业素质，在业务上指导学生提升动手能力，在文化上引导学生融入企业行为规范。据统计，全院有800多名学生在理事企业的顶岗实习中，动手能力得到了提升。

5. 工教结合，共育"双师型"教师

校企合作，充分利用理事企业的资源是学院"双师型"专业教师队伍建设的捷径。专业教师进入合作企业担任企业岗位工作，专业教学聘请行业专业技术人员为兼职教师，实现专业和合作企业专业技术人员的合作互融，使专业教师在企业环境中得到了锻炼，职业能力、社会能力得到了提高，有的教师已成长为专业的骨干，个别甚至成了学科带头人。学院先后有10多位教师到国大集团、浙商拍卖有限公司、浙江惠丰投资发展有限公司、浙商典当有限责任公司等企业挂职顶岗，参与项目开发、经营管理和课题研究等，在知识的应用中得到锻炼，从中获得课堂教学所需的实践素材，培养了"双师型"教师的实践能力和应用能力。各二级学院从理事企业中聘请10多位高级管理人员、专业技术人员担任"客座教授"，参与开设专题讲座，承担部分专业课教学和实训实习指导任务，共同培育高素质的现代流通业专业人才。

6. 联合办学，中高职教育有效衔接

浙江省教育厅发布的《关于"十一五"期间全面提升高等职业教育办学质量和水平的若干意见》（浙教高教〔2007〕188号）指出，职业教育集团内的职业学校要"实行资源共享、联合培养、学分互认、教师互聘，探索走规模化、集团化、连锁化的新的高职办学路子"。浙商职教集团拥有杭州市电子信息职业学校、杭州市临平职业高级中学、绍兴县职教中心、海盐县职成教中心、温岭市职业技术学校、温州技工学校、义乌市技工学校、嘉善县中等专业学校、嵊州市中等职业技术学校等国家级或省级重点职业学校。集团

成立以来，学院与中职学校开展了广泛的"校际合作"，构建了中职与高职教育相衔接的立交桥，达到了"资源互补、政策共享、分段培养、科学发展"的目的。学院从招生制度、专业设置、培养目标、课程体系、教师建设、考试管理等方面做到了"六个衔接"，从宏观层面上看，是教育制度的创新；从中观角度看，实现了职业院校的可持续发展战略；从微观而言，打通了中职学生的成才之路。一是改进招生，确保质量。加大宣传力度，如实向考生讲明"3＋2"考核内容、转录条件等，加强对招生过程的监控与指导，确保优秀的初中毕业生进入"3＋2"五年制高职学习。二是综合考核，公正录取。学院制定实施关于"3＋2"班转升选拔录取工作实施办法，成立由学院和各中职（技）学校联合组成选拔录取工作小组，采用"考试＋考评"相结合，择优录取，并公示选拔拟录取的名单，保证录取工作的公平、公正。三是集体备课，教学观摩。为保证教学质量，采用"集体备课会"的方式，统一基础课与部分专业主干课程的教学要求，举行公开课观摩活动。四是关口前移，课程植入。将"高职英语"和"计算机"等公共基础课程向中职提前植入，实现与高职教育的有效衔接。五是培训师资，提高水平。通过职教集团平台，向成员单位下达课题研究任务，组织专家深入指导；提供教师挂职锻炼机会，采取"1＋2"（1名导师带2名进修教师）项目化运作模式，同时组织暑期中职骨干师资培训班。六是质量监控，规范管理。制定了"3＋2"班教学管理制度，加强对中职学校教学管理环节上的出卷、考试、阅卷上的质量监控，派出专任教师到中职学校参加现场监考，提高教学管理质量与水平。校际合作办学有效解决了中职学校资金、设备、师资等瓶颈，提升办学层次，保证了中职学校的教学质量，又为高职院校提供了优质的生源，实现了办学质量与效益的双赢。

（三）面向地方，协同发展，成立政校联盟的区域共同体

职教集团的发展必须融入地方政府元素，在发展战略、核心业务、信息交互等界面实现协同发展，建立起地方政府与高校的紧密型战略合作伙伴关系，促进共同发展。一方面，融入地方政府元素的职教集团发展方向更为明确，平台更宽广，合作单元更丰富，合作绩效更有保障；另一方面，职教集团可以为发展业态相同或相似的地方政府提供更有针对性的支持，促进地方

政府产业升级和集群化发展。为进一步深化职教集团与地方政府的合作关系，2010 年 10 月，职教集团龙头单位浙江商业职业技术学院与全国百强县市浙江排名第一的萧山区人民政府签署了区校战略合作协议。在战略合作框架协议下，学院与萧山区各职能部门、各经济开发区、各乡镇和大集团大企业的全面合作，创新产学研合作模式，共建技术应用中心、产学研基地；共育高技能人才，共享科技成果和教育资源，在装备制造、商贸流通、信息技术、文化创意、旅游休闲等产业领域实现产业与专业的无缝衔接深度融合，促进学院人才培养模式改革，提高师资队伍水平和人才培养质量，更好地满足萧山区在转变经济发展方式、调整产业结构、加快城市化进程中对高素质高技能人才的需求。2010 年 12 月，职教集团龙头单位浙江商业职业技术学院与龙游县人民政府签订战略合作协议，在人才培养、技术研发、社会培训等方面开展全面合作，在省部级重点职业学校龙游县职业技术学校的基础上合力组建"龙商学院"，努力促进龙游县实现转型跨越发展，加快建设富裕的生态屏障。

二、多方联动：政企行校多方联动见实效

自 2014 年 12 月 19 日第二届二次理事会议召开以来，集团步入持续发展与收获成绩的阶段。在政府主管部门的关心和指导下，集团各成员单位共同努力，以创建浙商特色的职教集团品牌为目标，积极推进集团各项工作的提档升级，深入推进行业、企业和职业院校各方更深层次、更广领域的多向合作交流，取得了引人瞩目的成绩，谱写了浓墨重彩的篇章。

（一）做强龙头单位，扩大职教集团影响力

围绕打造示范性职教集团的工作目标，通过加强自身发展，扩大交流活动，增强集团对社会行业企业的吸引力，凝聚集团成员单位的向心力，切实增强集团整体影响。

注重建设内涵，保持持续发展态势。集团理事长单位浙商院以优异成绩顺利通过浙江省示范性高等职业院校建设终期验收，成为浙江省示范性高等职业院校，荣获首批"全国职业院校数字校园建设实验校"、浙江省首批"中

外合作办学项目示范校"和全国"科研和创新创业教育先进单位"称号。

产教深度融合，现代学徒制成效显著。集团200余家成员单位深度合作，组建的9所校企合作学院和50余个校企合作订单班，创建了紧密型合作办学体制机制，被教育部列为全国首批100所现代学徒制试点院校之一。现代学徒制教育试点经验，得到了省教育厅领导的充分肯定。

面向兄弟院校，推广集团办学经验。充分发挥集团龙头单位的主体优势，主动把合作交流的目光投向全国，向各界宣传推介集团职教事业发展情况。集团领导利用中国高教研究会等学术平台及分支机构多次发表演讲，扩大了集团影响。并签订校校合作协议，推进了东、中、西部商科院校战略联盟。浙商集团副总裁蔡玉林被聘为全国商业职业教育教学指导委员会委员，浙商院书记骆光林被聘为全国商业职业教育教学指导委员会委员，兼小微企业运营管理专业教学指导委员会主任委员。

（二）强化内部管理，提高职教集团执行力

按照集团定位及创建全国示范职教集团品牌的要求，集团在加强自身建设、筑牢工作基础等方面迈出了坚实的步伐。

专业对接产业，完善二级管理机制。职教集团内部强化以各二级理事分会为工作重心的二级管理体制，充分实现职业教育专业建设与行业企业零距离。近年来，集团各二级理事分会组织各类活动，体现出不同于以往的崭新风貌。如经贸分会召开了"现代学徒制"试点座谈会；旅游烹饪分会召开专家指导委员会；财会金融分会承办了"第二届高等财经职业教育发展论坛"，积极探索职教发展战略、办学特色和人才培养改革基本思路。

推进集团建设，不断壮大成员队伍。集团规模稳中有升，集团新与衢州市、嵊泗县签订战略合作协议，新增成员企业29家、研究院1家，集团成员单位共计211家。自海峡两岸共同携手创办的国内首家美丽乡村培训学院落户浙商院校后，美丽乡村培训学院引进台湾地区先进的管理技术和培训体系，由校旅游烹饪学院和国内首家美丽乡村运营机构——壹联盟旅业具体运作。随后浙江复兴国学研究院入驻学校产学合作基地。

举办学术论坛，扩大集团影响力和辐射面。近年来，集团分别在杭州和衢州举办了多届"钱塘商业论坛"，分别以"互联网与实体商业（零售业）

之创新发展"和"构建商业新生态，助推供给侧改革"为主题，探讨新形势下的商业变革与创新，努力营造浙江商界高端交流的理想平台和品牌。同时，还承办了"新形势下职业教育与电商产业融合发展"及"高等职业院校大数据产业人才培养体系建设"两个大型全国性研讨会，受到与会专家的高度赞扬。

（三）深化产教合作，提升职教集团实效力

集团成员单位本着平等交流、共谋发展、合作共赢的原则，进一步促进地方政府、行业、企业和院校的多向合作交流，加强各方更深层次、更广领域的合作。

推进校企融合，合作内容更加广泛。集团成员单位把校企合作项目做深做实，取得了丰硕成果。如物美经营管理 1505 班朱建洪、姚芹、刘鹏、蔡光玲等 19 名学生在物美华东公司顶岗实习期间因工作成绩出色，在毕业前就直接跳过员工、资深员工、储备副课等职级，喜获晋升，被提拔为副课长。每年"双十一"，学校电子商务专业的同学们助力百诚网络公司等 2 家企业创造了亿元的"神销售"，并组建了"百诚家电电商顾问班"，学生作为"学徒工"，享受在校期间的工龄计算、企业标准报酬、工伤保险等方面待遇，毕业时补缴社保费用。

共享教学资源，彰显社会影响力。集团成员院校、企业与行业共享资源，协力开发教学资源库 20 多个，教材 40 余部。校企合作专业覆盖面达到100%。由浙江商职院主持的国家教学资源库"民族文化传承与创新——烹饪工艺与营养传承与创新"项目建设启动会如期召开，标志着学校牵头主持的国家教学资源库项目正式启动，这是集团龙头院校成功申报的重大国家级教学科研项目。

拓展合作路径，创新人才培养通道。全日制专升本工作是集团职业人才培养立交桥的重要通道，对于满足专科阶段学生升入本科院校继续深造发挥着积极作用，专升本录取率逐年递增。两岸合作交流范围进一步拓展，台湾景文科技大学、台湾弘光科技大学相继来访，经过洽谈，双方在学生访学、教师访教、课程交流、专业合作办学等项目达成了初步意向。

加快国际合作，拓宽境外合作领域。近年来，浙江商职院开展多方国际合作交流，引进国外先进的职教理念，探寻与国外院校及企业的衔接路径。学

校先后与美国东北州立大学、荷兰戴尔逊学院、法国亚眠高等商学院、加拿大阿希尼伯因社区学院等签订合作办学协议书。中外合作交流在互派留学生方面已经取得了实质性进展，为集团发展国际化合作提供了新机会。

（四）服务区域经济，提升承担社会责任感

集团注重发挥综合功能作用，投入大量人力承担职业技术比赛、技能鉴定、技能培训等社会服务，发挥成员单位优势资源，为区域经济及社会发展做出了积极的贡献。

履行社会责任，承担社会培养任务。浙江商职院承办了2014年度国家中等职业学校青年教师企业实践培训项目，完成酒店管理、烹饪、会计、装饰美工、物流、市场营销、电子商务等66名学员论文答辩任务；承办了浙江省人社厅2015年"金蓝领"电子商务高技能人才培训任务；完成了浙江省人社厅组织的技工院校教师职业核心能力提升培训班；完成了浙江省职业技能鉴定中心对117名"双师型"培训的学员和60名"紧缺型"培训的学员进行的职业资格鉴定考试。

发挥综合功能，承办各类技能赛事。学校承办了全国职业院校技能大赛浙江赛区选拔赛"中餐主题宴会设计""西餐宴会服务""市场营销技能"三项赛事；承办了浙江省中职学校技能大赛"酒店服务"和"沙盘模拟企业经营"两大赛项，展现了集团的精神风貌和职业技能。

展现强项优势，为社会贡献力量。集团进一步展现强项优势，积极承接各类重大社会活动服务任务，为国家、社会贡献力量。如，2016年学校选派108名在校大学生作为G20杭州峰会志愿者，全程参与会务服务。志愿者全身心投入，高效工作，为出席峰会的中外政要提供了安全、优质、专业、高效的服务，为G20杭州峰会的成功举办做出了应有的贡献。他们的卓越表现，得到了上级组织的认可和表扬，他们为国争了光、为集团添了彩。

三、示范行动：积极探索国家示范性职教集团建设之路

（一）集团目前运行情况

浙江商业职业教育集团自 2006 年成立十余年来，先后与 7 个地方政府签订区域合作框架协议。目前共与 11 个政府部门、158 家企业、11 家行业协会、8 家研究院所、28 家院校、2 家其他社会组织共计 218 家集团成员单位，建立了紧密型产教融合的办学机制。2018 年浙商院被列为浙江省示范性职教集团，2020 年被评为全国首批示范性职教集团（联盟）培育单位。集团始终面向地方，成立政校联盟的区域共同体，协同发展。

（二）建设国家示范性职教集团之路

在国家不断完善职业教育相关法律法规和政策制度的基础上，进一步加强改革创新，在省交投集团的领导和支持下，发挥职教集团推进政企行校多方参与职业教育办学的纽带作用。建立健全校企"双赢"的管理体制和运行机制，积极探索法人型职教集团运营模式。

1. 扩大校政合作联盟，服务经济社会发展

拓展校地战略联盟，借助政府强化服务。借助各级政府部门的桥梁纽带作用，集聚和利用区域社会资源拓宽办学空间，构建商业流通领域"区域联盟"体系。继续开拓衢州、嵊泗等地方政府战略框架协议内深化合作，推动双方在装备制造、商贸流通、信息技术、文化创意、旅游休闲等产业领域实现产业与专业的无缝衔接并深度融合。

借助企业职教资源，增强服务社会能力。探索合作发展道路，提升社会服务水平，在社会培训、结对帮扶、技术服务等方面为地方经济社会发展提供支撑。统筹集团成员院校专业布局与人才培养结构，推进院校成员专业建设与区域产业对接，技能人才与区域产业发展匹配度提高，提高对区域发展贡献度。

构建科技研究团队，推广商业应用价值。积极推进应用技术协同创新工作，积极承担技术技能培训任务。加强协同创新中心、工程技术研究中心等合作型应用技术科研机构与科研团队建设，共享研究基础条件，提升研发与服务

能力；积极开展基于所服务产业的应用技术研究工作，建设期内成员单位合作开展应用技术研发项目增幅达 100% 以上；提高集团成员院校教师的教科研水平，教师参与企业技术研发成果数量和技术服务成果到账经费每年递增。

2. 产教对接校企融合，跨界协同创建品牌

组建混合制的学院，探索多元主体办学。鼓励社会组织和企业投资参股，明晰法律地位、法人属性、产权归属，实施职教产权主体多元化。如：组建混合所有制特征的二级学院、成立股份制工作室等，通过现代学徒制培养方式，建立校企联合招生、联合培养、一体化育人的长效机制，全程共育人才。

依托研究机构组织，整合社会组织资源。充分发挥省级商经学会平台、商业经济研究所及学校研究机构作用，主动承担商业流通技术应用开展课题，提升科技转化水平和经济效益。积极与行业协会共享职业教育资源，合作开展科学研究、职工培训、职业资格培训和技能竞赛。

紧扣浙商文化底蕴，开展校企文化合作。做好企业文化、校园文化、浙商文化等项目的合作与传承工作。以新时代浙商精神特征为引领，以项目合作方式启动实施一批专业实践课程建设，根据不同工作岗位群的要求，共同开展校园文化与企业文化、职业素养培育建设工程。

3. 构建职教专业体系，培育技术技能人才

工作职责对接课堂，企业岗位融入教学。推动集团成员院校人才培养目标、专业布局、课程体系、教育教学过程等方面有机衔接，建立学分积累与转换制度，拓宽技术技能型人才成长通道。合作开发课程、合作开发教材每年都有新成果，集团成员院校课程开放程度高，共享精品课程资源。

对接区域特色产业，专业建设对接产业。紧扣区域经济特色，建立集团成员院校专业建设共商与协调机制。到 2023 年，力争建成依托成员院校 50 个以上共享性教学实训基地，逐步推进中高职一体化的具有区域特色的专业，促进人才培养与地方需求紧密衔接。

根据行业企业需求，实施跨界人才共育。结合行业企业紧缺人才需求，实施现代学徒制、委托培养、定向培养、订单培养等多种校企合作人才培养模式，为集团内成员企业提供更好的人才资源服务；联合成员院校与行业协会，努力做好企业员工培训工作。

4. 改善结构与运行机制，提升集团内驱力

完善集团治理改革，提升校企办学效益。积极探索向法人型职业教育集团的转型；修订集团章程，改进集团治理结构和治理模式，进一步吸纳和调整会员单位，提升成员单位契合度及合作质量。保持紧密合作成员单位在 200 家以上规模，其中参与集团办学的"中职—高职—本科"一体化人才培养通道架构完成，并探索职教资源集团化输出的可行性。

健全集团组织结构，明确管理决策权限。构建基于"政府部门—行业协会—院校专业（群）—行业骨干企业参与"的工作委员会与专业（群）建设分会，结合职业教育发展和浙江省产业转型升级需要，拓展职教集团二级理事分会（2023 年达到 9 个），完善集团分支机构工作职责，提升集团分支机构工作效能。

创新集团运行机制，争取集团法人登记。健全集团内部协商、决策、投入、执行、考核、监督、奖惩及成员加盟、退出等日常管理工作机制，探索集团内部产权制度改革和利益共享机制建设。保障集团规范化管理，提升集团发展内驱力。

（三）浙商职教集团化办学的启示与经验

1. 需求互补与互惠互利是集团化办学的内在动力

职教集团的内在动力主要来自政府、职业院校和行业企业之间的需求互补与互惠互利，从政府部门的角度看，作为教育主管部门，需要通过职业教育质量的提升，来提高人民对教育的满意度，为企业发展提供智力支持；从职业院校角度看，牵头的高职院校可以获得较优秀的生源，通过与企业、行业的深层次产学研合作，确保学生的质量和出口畅通；参与职教集团的中职院校可以为学生毕业后就读高职提供良好的渠道，同时通过共同培养人才的模式，提升学校的教学、管理的综合实力，并利用龙头学校的师资为成员学校的教师个人能力的提升提供便利。从企业的角度看，首先企业最关心的是职教集团能为其提供哪些更优秀的劳动者，他们的职业技能有哪些新的价值提升，学校培养和提升了新劳动者哪些职业素养和职业技能，是否具备胜任企业目前和未来发展的岗位要求的职业能力。其次，企业还关注合作学校能否在人才培训、员工学历提高等人才技能或综合素质提升方面提供有效的方法，以及合作学校有没有能力解决企业在经营、管理中遇到的困惑。

2. 人才输送与技术支持是集团化办学的核心要素

集团化办学的目的是促进职业院校与行业企业之间更紧密地联合，共享教育培训条件、实训岗位和教育培训师资等资源，形成校企双方人才资源优化和集聚机制；加强学校与行业企业之间科研和产品开发等方面的合作，加快实现科技成果转化，提高职业院校和行业企业的可持续发展能力。高校的三大功能在集团化办学中集中体现为人才输送和技术支持，一方面反映了高职院校的办学宗旨和价值诉求，另一方面也符合企业对人才和技术的现实需求，这也是职教集团校企合作的关键点，是集团化办学的核心要素。

3. 资源整合与校企合作是集团化办学的基本路径

集团化办学的基本路径之一是整合职教集团的各种资源。组建职教集团的重要作用在于整合资源，推进集团内优质资源集聚，发挥出"1+1>2"的功效，实现服务社会的功能拓展。职教集团各成员单位间共享信息、人力、设施设备等资源，整合和优化配置，可以实现效益最大化。集团化办学的主体是学校和企业，主导方是企业，主营方是学校。因此，校企合作也是集团化办学的基本路径，推进项目开发与合作共建是集团化办学的重要形式。

第 二 节

独领风采的浙商企业家大讲堂品牌

作为浙江省商业职业教育之先驱，学校早在 1911 年创立之时，就确立了"诚毅勤朴"的校训，浓缩了商业人才的品质和精神，奠定了商业人才培养的文化基因。百年的历史积淀，孕育了一批又一批的商业人才，走出了一批以章乃器（1897—1977）、骆耕漠（1908—2008）为代表的享誉海内外的著名人士，被誉为"浙商人才培养的摇篮"。

新时期，培养新一代的浙商人才，成为当代商职院人的历史使命。2006年 5 月，学校依托浙江省商业集团公司，联合杭州百大集团、杭州解百集团、浙江国大雷迪森旅业集团、杭州联华华商集团等 50 多个著名企业，组建成立了"浙江商业职业教育集团"，学校与这些著名企业开展合作办学、合作育人、合作就业、合作发展，由此催生了"浙商企业家大讲堂"，成为"传承文化，合作育人"的重要平台。

2006 年 5 月 26 日，学校报告厅内座无虚席、掌声迭起，中国亚太经济研究中心高级研究员、浙江省浙商研究会执行会长王曙光以"全面创新是中国企业的唯一选择"为主题，开启了"浙商企业家大讲堂"的精彩序幕。十五年来，先后有 200 余名知名浙商企业家、知名学者、企业高管、行业能手站上大讲堂的主讲席，听讲师生达 5 万多人次。

大讲坛的讲座选题，始终围绕"弘扬浙商精神"这个核心，同时注重内容的丰富性和多样性，从已举办的近 200 场讲座来看，选题涉及经营管理、创新创业、金融投资、房地产、旅游餐饮、电子商务、物流、制冷等诸多行

业和学科领域，讲座类型有学术探讨、经验介绍，也有形势分析和职业指导，商界学者、企业名流、大国工匠们以自己的亲身经历，演绎了创业的艰辛、管理的智慧、人生的感悟、企业家的责任，讲座内容丰富、催人奋进、感人至深。每一场讲座都是弘扬浙商精神的文化大餐，展示出浙商企业家精神风采，对接专业行业最前沿讯息，传导高技能人才职业素养，自开讲以来，大讲堂发挥了独特的育人效果，成为"校企合作、文化育人"的重要平台，2012 年荣获浙江省高校校园文化品牌，成为广大师生"领略浙商风采，感悟成功之道"的精神家园。

一、浙商风采：展示浙商企业家精神风采

浙商研究会执行会长杨轶青教授在"浙商精神世界与社会形象的整合演变"讲座中说："浙商是极具代表性的企业家群体，浙商精神是极有典型意义的企业家精神。"作为浙江省商业教育先驱的百年商科学校，开设"浙商企业家大讲堂"的基本目标，就是以"弘扬浙商精神，培育浙商新人"为宗旨，通过知名浙商企业家的演讲和报告，营造弘扬浙商精神和企业家情怀的文化氛围，广大学生充分认知一个又一个具有传奇色彩的"浙江模式""浙江经验"和"浙江现象"，领略"历尽千辛万苦，说尽千言万语，走遍千山万水，想尽千方百计"的企业家风采，感受"自强不息、坚忍不拔、勇于创新、讲求实效"的浙江精神，领悟新一代浙商具有的勇气、智慧、汗水和担当精神，引导学生树立良好的职业理想，增强创新创业意识，努力成为具有扎根一线、奉献敬业、敢创敢拼、全面发展的新一代浙商人才。

"浙商企业家大讲堂"不是一般意义上的学术讲座或人文讲座，主讲人大多来自浙商企业或省内外其他优秀企业，以浙商人物或浙商企业为典型案例，介绍特定人物的创业历程和成功体会，介绍特定企业的发展理念、发展模式和成功运作经验。"浙商企业家大讲堂"是浙商精神的"宣传队"和"播种机"，也是引领学生人生发展的导航仪，浙商精神更是学生走向成功的动力源。国贸 0620 班的沈肖明同学深有感触地说："在当今这个浮躁的网络时代，虽然有太多一夜成名的故事，但真正的成功仍然需要一种精神。老一辈浙商

的创业精神、开放精神、包容精神、思变精神和诚信精神，为我们树立了实现人生价值的丰碑。我们要传承这种精神，去创造自己的事业。"

一个讲堂能否永葆生命活力，最主要是看其是否有质量，是否有特色，是否受听众的欢迎。学校充分依托浙江商业职业教育集团的资源优势，广开渠道，精心培育，邀请成员企业的高管、部门领导和专家、劳模来校开设讲座，一些企业如韵达快递、杭州百大集团、杭州联华华商集团、浙江食品有限公司等企业的高管和部门负责人已经成为"浙商企业家大讲堂"的固定主讲人。每一场讲座都是弘扬浙商精神的文化大餐。十多年来，数十名企业家、高管在三尺讲台上，结合行业企业的实际，讲述创业艰辛和企业的成长历程，剖析行业问题，列举实战经验。曼卡龙珠宝培训学院负责人陈建瑛为曼卡龙订单班的同学们讲述"曼卡龙珠宝有限公司珠宝门店管理条例"；韵达集团人力行政中心总经理綦军数次为物流专业的同学讲述"国内物流形式分析及韵达企业文化"； 开元旅业集团副总经理、市场销售总监郁国刚结合开元旅业集团的实际，以"21世纪开元旅业集团发展战略"为题给旅游专业的同学阐述酒店集团化发展的启示；宁波小小超市公司董事长、总经理邬国贤先生以独特的见解诠释企业精神；浙江百诚集团董事长、总经理叶惠忠先生以其激昂的热情阐述了浙江百诚人"激情创业，诚信立业"的企业文化。

现场互动是"浙商企业家大讲堂"的显著特色，每次讲座结束之前，有一个互动环节是请学生现场提问，这可以使主讲人与学生进行深入交流，拉近了主讲人与听讲人的距离，促进了彼此的思想交流、情感交融，实现了讲座效果的最佳化。一名多次听过讲座的同学动情地说："过去总觉得成功离我们很遥远，通过与成功人士面对面的交流，发现他们也是普通人，他们的人生轨迹告诉我们，人只要拥有一种精神，奇迹也可以发生在普通人身上。"

二、行业前沿：对接专业行业最前沿讯息

打造"浙商企业家大讲堂"文化品牌的基本思路是，以浙江商业职业教育集团为依托，充分发挥职教集团成员企业的资源优势，通过建立校企联动机制，在讲座内容、讲座组织等方面共同规划、共同建设，对接行业前沿最

新讯息，使企业文化与校园文化有机融合。同时在讲座管理、讲座宣传、经费保障等方面建立协调联合机制，确保讲座的质量和成效，使"浙商企业家大讲堂"成为校企文化育人的重要平台，成为学校重要的校园文化建设工程。

十五年来，来自国内各专业领域的专家学者，来自各行业前沿的企业家、管理者，通过浙商企业家大讲堂的空间，带来了校园象牙塔之外的最新最快最先锋的讯息，为学校的专业建设、人才培养打通了讯息的时空通道。浙江金都房产集团有限公司总裁吴忠泉分析了由美国金融危机引发的全球性金融问题带来的启示，中国烹饪大师、浙江省劳模、莫干山大酒店董事长李林生主讲了"职教与餐饮行业的发展趋势"，杭州泰格电子电器有限公司董事长王佩诚由古及今讲述了"光源发展史及当今 LED 产业的现状"。林荣斌先生长期从事美丽乡村策划运营、乡村旅游传播、旅游品牌及旅游产业融合研究实务，他的企业入驻学校，和旅游烹饪学院共同组建了"美丽乡村学院"，他的讲座"乡村旅游——乡村创客的十项修炼"，结合当下最热门的美丽乡村建设与乡村旅游发展，为旅游专业的同学们开启了广阔的职业远景。

随着电子商务的兴起，学校的电子商务专业也成为强势专业，随之而来的新兴产业视角、前沿思维也成为"浙商企业家大讲堂"的"网红"。埃莫森控股公司执行董事、杭州埃莫森生态科技有限公司 CEO 陈橹达走进讲堂，深入讲述"揭秘独角兽：商业模式创新"；义乌电商直播联盟特约主播讲师、中南集团电商直播首席讲师、十年电商、主播培训资深讲师、淘宝认证主播经纪人王海燕主讲了"直播、短视频呈现的网红经济和变现"；上海韵达速递有限公司人力资源中心培训总监、企业高级培训师陈智强带来了物流行业前沿资讯："云端奔跑的光速物流"；乐其企业和学校电商学院校企深度合作，历年"双十一"屡创业绩新高，乐其高级副总裁宋金给电商学院的同学开设讲座，吸引了师生们的高度关注；2020 年因受新冠肺炎疫情影响，"浙商企业家大讲堂"及时调整模式，结合直播潮流的兴起，邀请映客、火山、斗鱼等知名 mcn 机构负责人、啵啵传媒创始人李云鹏联袂 95 后资深主播林思思举办了线上讲堂"主播进课堂：新媒体运营"，圈粉无数。打造"浙商企业家大讲堂"这一品牌是商业职教集团建设发展的重要内容，是促进校企文化融合、实现合作育人的重要平台。近年来，学校在交投集团的支持下，与集团成员企业建立了共建共管的机制，规范了运作，提高了质量。一些成员企业主动联系学校，并结合学校不同时期学生的文化需求，精心选题，精心策划，精心安排。如，在新生入学时，安排生涯设计、职业规划、职业礼仪等方面的讲座，在学生毕业之前，安排创业择业、职业精神、职业理想等方面的讲座，通过系列讲座把"弘扬浙商精神"贯穿学生学业生涯的各环节。一些企业在大讲堂开讲前，配合制作海报、横幅，精心布置和美化多媒体报告厅，协助准备好音控、投影、录像等设备，营造良好的现场氛围，有力地保障了"浙商企业家大讲堂"的顺利运作。

许多成员企业把"浙商企业家大讲堂"看成是传播企业文化、宣传企业形象、扩大企业影响的重要渠道，不少企业家在讲座中，结合自己企业的实际情况，用具体案例向学生介绍企业发展信念、企业精神、价值追求、经营理念、管理方针、行为准则，以及企业形象与社会责任等，传授企业文化的内涵和价值，把企业文化潜移默化地渗透于学生的思想中。有些主讲人则把学生带到自己企业参观，感受企业文化，增强学生对企业文化的认同感。许多学生表示，作为新一代的浙商人，"浙商企业家大讲堂"让我们产生强烈的归属感和自豪感。

"浙商企业家大讲堂"的开设，拉近了学校与企业的距离，架起了校企融合的桥梁，促进了企业对学校的深入了解。在主讲人的介绍和推荐下，学校定期组织学生到相关企业参观，了解企业的产品、设施、管理、销售等情况和生产运作流程，感受企业文化。一些主讲人在讲座结束时，直接对学生进行面试，推荐或安排学生在本企业的相应岗位上就业，也有些与学校建立了合作办班协议，如：上海韵达货运有限公司董事长聂腾云在讲座后，对学校给予了高度评价，并与经济贸易学院签订协议，开设订单班，让学生去企业顶岗实习，毕业后直接进企业上岗，双方共赢，收到了很好的效果。近几年，学校与这些企业开展合作办学，催生了以"百诚电商学院""雷迪森酒店管理学院""韵达学院""轨道交通学院"等为代表的校企深度融合的高技能人才培养模式，并开设了40多个校企合作订单班，形成了人才共育、过程共管、成果共享、责任共担的紧密型合作办学体制机制，走出了一条合作育人、合作就业的特色之路。

三、职业引领：传导高技能人才职业素养

企业在市场竞争中需要高技能人才。而职业素养是评价高技能人才的一项基本条件。它包括敬业精神和合作态度，具体有职业道德、职业意识、职业行为习惯、职业技能，前3项是职业素养的根基。走进"浙商企业家大讲堂"的许多企业人力资源高管、行业顶尖人才、职业技能高手，其中不乏全国劳模、行业国手、浙江工匠等，在讲座中向在校学生传递日常行为的教育、规范，引导同学们职业素质的养成；通过职业情境、职业场景、职业规范的描述，同学们职业意识得以养成；通过校园文化、行业文化、企业文化的熏陶，同学们职业文化得以养成；通过职业品格修养、职业道德示例，同学们职业道德得到养成。

中国美容大师、全国劳动模范、三八红旗手罗红英女士为学生作主题为"美丽策划"的报告。浙江食品有限公司董事长、总经理赵晓宁先生用散文诗一样的语言教会学生要"学会感恩"；唐氏（中国）投资有限公司副总经理许建明先生用许多翔实的案例探讨当代大学生应如何"提升自我综合素质，从容规划职业生涯"；国家技能鉴定中心专家委员会委员，中国名厨委常务副主席、浙江省餐饮行业协会常务副会长、德清莫干山大酒店董事长李林生多次走进讲堂，他的讲座"刀锋焰影里的匠心情怀——烹饪专业'工匠精神'的传承与发扬"情怀满满；杭州雷迪森旅业集团餐饮部经理、高级经济师、高级技师、WSET国际葡萄酒品酒师李历为餐饮专业的同学讲演"服务素质：服务标准与服务激情"；浙江大华技术股份有限公司生产部负责人刘传习结合大华企业的实际，讲述了"企业需要怎样的你"；浙江集群宝电子商务有限公司总经理陈炉钧，用自身的创业经历为同学们做了"互联网时代下大学生创业与就业路径分析"的讲座；索菲特世外桃源酒店总经理杜国鑫"我的职业生涯＆销售技巧"；顺丰（控股）集团杭州区销售总监胡其飞结合顺丰的企业人才需求，详细分析了"新形势下物流从业人员的能力建设"对物流专业同学的职业素质要求。浙江工匠、"百千万"高技能领军人才拔尖技能人才、温州市首席技师，中国烹饪大师、国家高级烹调技师，国家高级营养师金光武先生是浙商院校友，他在"梦想点亮人生，技能铸就未来"讲座中说：

"我是一个不太会说话的人，但商校教会我成为一名合格工匠的基本职业素养，今天，我再结合我这么多年的职业经历，回来给学弟、学妹们分析一下自己的体悟，希望能对大家有所帮助。"

职业素养是立足职场的根本，是事业成功的基石。"大讲堂"强化了学生的职场意识、责任意识、团队协作意识，提升了学生的职业精神和综合素质。电子商务0718班任成瑜同学自豪地说："大讲堂让我们学到了书本上学不到的知识和经验，正是大讲堂中企业文化的熏陶，使我在用人单位的招聘面试中，从100多名本、专科生的激烈竞争中脱颖而出，受到用人单位的青睐。"学校近几年的毕业生跟踪调查数据显示，用人单位对学校毕业生综合素质的满意度达到95%以上，新生录取分数线位于全省高职院校前列，已成为省内外考生报考的热门院校。

企业的发展和企业家的成功离不开创新，在"浙商企业家大讲堂"的影响下和企业家精神的鼓舞下，创新意识、创新行为成为学校师生的一种文化自觉。"大讲堂"也激发了学生的创新意识，创新活动成为校园文化的亮丽风景线。现在"浙商企业家大讲堂"已成为浙商院学子们的精神殿堂。我们坚信，演讲者们的思想与智慧，会像一盏盏明灯，指引着浙江商职院的学子们走向成功的彼岸。

第三节

血脉融通的校企文化培养输送渠道

一、一个专业和一家企业

（一）韵达商职人

1. 物流专业校企合作大事记

2006 年，与上海韵达货运有限公司总部签订合作协议，共同培养专业人才。

2007 年，与上海韵达货运有限公司总部合作成立韵达订单 0701 班，开始订单合作培养人才。

2011 年，与上海韵达速递有限公司总部合作成立韵达学院，在专业人才培养、企业管理人员培训、企业课题咨询等方面开展全方位合作。

2016 年，与上海韵达速递有限公司总部合作开展"现代学徒制"培养模式，由董事长聂腾云、副总裁陈立英、人事副总綦军亲自担任企业导师。

2018 年，与上海韵达速递有限公司合作开设物流精英班，开启"高职现代学徒制＋自考本科"的"学历技能双提升"人才培养模式。

2. 物流专业校企合作双赢

2010 年 9 月，浙江商业职业技术学院与上海韵达速递有限公司签订校企合作战略协议，在上海韵达速递有限公司挂牌成立"浙江商业职业技术学院校企合作实训基地"，在浙江商职院挂牌成立"韵达公司人才培训基地"，共建"韵达学院"。这个校企共建的"韵达学院"，以订单教学为切入点，尝试新型学徒制人才培养模式，整合上海韵达速递有限公司人力资源管理和学校教学资源，将部分企业人力资源管理与培训职能转移到学校，由校企双方共同制定人力资源规划与专业人才培养方案，共同开发工学结合教材，共同实施企业员工培训与学校专业教学，建成学校专业教学、企业内部培训、社会继续教育三者共享的培养体系和物流管理教学资源库，共享专任教师与企业培训师融为一体的师资团队和校内外实训体系，最终实现学校与企业的双赢。

（1）双主体共同参与人才培养，实现校企资源的融合共享

双主体共同参与人才培养与课程体系建设。首先，在物流管理专业人才培养方案制订过程中，邀请韵达公司人力资源部一起参与设计。其次，在方案具体实施过程中，韵达公司协同参与学校教学，共同实施人才培养方案、评价培养结果：学生在大学一年级时接受始业教育和"企业认知实训""物流企业调研实训"，了解包括韵达公司在内的电商物流行业专业基础知识，学习打包、分拣、信息处理等基层岗位操作规范，体验快递行业的真实环境；在大一基层岗位实训的基础上，学生在大学二年级时接受"快递运营实务""仓储管理实务""配送管理实务""物流信息技术与应用"等核心课程的学习，并在校内实训室仿真实训，在学校创业园韵达门店进行业务实践；大学三年级时，组建韵达物流订单班，选取优秀学生到韵达公司上海总部进行顶岗实习，顶岗实习的学生将接受入职培训、轮岗和定岗三个阶段的学习和实践。学生在校两年逐步养成专业素质、职业素养，最后一年在企业真实环境下进行顶岗实习，从而实现实践教学与职业技能要求的"无缝"对接，学生在毕业时即能胜任韵达公司基层主管职业岗位的能力要求。最后，结合项目教学和专题实训课程，成立校内专业学生社团"韵达协会"，组织学生基于韵达门店的经营活动，开展快递业务技能竞赛，促使学生提升专业兴趣，更好地学习专业知识、掌握专业技能。

在课程体系的改革创新上，以大型快递企业基层主管职业岗位能力培养为主线，以工作任务和工作过程为导向，通过对基层主管职业岗位标准和工作项目的分析研究，校企双方合作共同开发专业核心课程，构建基于工作任务和工作过程的课程体系，制定课程标准，建成了"快递运营实务""仓储管理实务""配送管理实务""物流信息技术与应用""供应链管理""物流综合实训"6门优质核心课程，双方合作编写完成了《快递业务知识》《快

递网点管理实务》《快递公司企业文化》《中转站管理实务》《快递公司大客户开发与维护》《快递公司客户服务管理》等6本企业培训教材，并以此为基础拍摄了《快递公司网点负责人操作规范》《快递公司中转站操作规范》等系列视频。所有这些课程、教材与培训资料已多次在专业学生、企业员工的教学与培训中使用，反馈效果很好。

实现师资团队的共建共享。校内外专兼职教师以项目教学为载体，以"韵达学院"为平台，以教学项目组的形式融合教学资源，专兼职师资融合一体共同制定培养方案、承担授课任务，共育电商物流管理人才。目前，上海韵达速递有限公司共有4人被聘为校内重点兼职教师，多名企业讲师已固定承担校内课程模块的讲授任务，校内专任教师也已成为企业内训的讲师成员，企业师资进课堂、校内教师进企业已逐步成为一种常态。

实训基地共建共享，学生员工一体成型。校内通过与韵达公司的合作共建，完成了"物流综合实训室""采购与配送实训室"建设，完成了主要针对主管晋升进行培训的"快递员工培训实训室"，并引入全真经营的"杭州滨江高教园区门店实训室"；在校外原有"韵达校外实训基地"的基础上，在韵达公司上海总部设立了"韵达商职院教学点"，为专业学生提供专题实训和顶岗实习。最终形成"校内课程实训—周边门店实践—企业顶岗实习"的"前店后学"三级实训体系，将学生培养与员工培训同步纳入一体化专业培养体系。

（2）目标一致，校企合作，深入推进订单教学

为了有效解决韵达公司在业务快速增长过程中专业管理人才奇缺的难题，同时也为了使专业学生有更好的成长空间，校企双方在前期多次进行研讨，为学生做好定位，设计好职业成长路线。首先，校企双方共同研讨，确定物流管理专业订单班人才的培养岗位和目标，制定了翔实可行的多阶段培训、顶岗实习计划。其次，在学生顶岗实习过程中，切入相关的专业、业务课程，将理论和实践进行有机的融合，以确保该订单班学生最终能快成才、多成才。具体来看，定位于管理培训生的培养，整个"韵达物流"订单班的教学培训与顶岗实习主要分为三阶段来进行。

第一阶段，为期10天的入职培训阶段。通过军训、企业文化宣导、素质拓展和企业制度学习等多种手段，学生逐步了解和融入企业，学会大型快递企业工作人员基本行为规范，为后续走上工作、管理岗位做好职业素养准备。

第二阶段，为期80天的轮岗见习阶段。学生在各部门主管的带领下，在公司总部电商分拨仓、客服部及运输调度部等多个部门进行走科见习，学习掌握一线业务操作知识及技能，基本上做到每个月轮换一次部门。通过这一阶段的培训及顶岗实习，学生初步了解韵达公司全国业务的运作流程，基本掌握相关设备及软件的操作，同时在轮岗过程中找到自己的兴趣与爱好，为下一阶段确定适合自己的工作岗位打好基础。

第三阶段，为期90天的定岗实习阶段。主要是学生在确定自己意向从事的部门后，由企业班主任与各部门具体业务负责人确定相应的训练科目和培训时间。在此阶段，学生需要按照制度有序进行工作，与公司其他员工统一上下班，在参与所在部门工作的同时对已确定的训练科目进行重点学习和实践。

多年的实践经验证明，经过这三个阶段的培训与顶岗实习，能最终坚持下来并考察合格的学生，基本能达到大型快递企业基层主管的职级和能力。这种由浅入深、循序渐进的培训与教学安排既符合高职学生的学习特点，又为这些学生的职业生涯提供了一个良好的发展平台。

3. 韵达商院人的故事

（1）聂腾云：现任上市公司韵达控股股份有限公司董事长

浙江商业职业技术学院1995届商业经营专业毕业生。1999年8月，在上海创立上海韵达货运有限公司。

有些人创业是为了钱，而有些人创业是为了实现自身价值。前者将创业当成一种手段，后者将创业当成一种追求。对于创业这件事，聂腾云显然有自己的追求。这从他当年创立韵达股份的过程就可以看出来。

众所周知，通达系快递又被称为"桐庐帮"，因为这些企业的创始人基本都与国内快递企业公司"鼻祖"有着很深的渊源。而创立者是来自桐庐的一位青年，他是开启中国快递新时代的关键人物，他叫聂腾飞——聂腾云的亲哥哥。在一次不幸的事故中，聂腾飞英年早逝。聂腾飞妻子陈小英协同哥哥陈德军接手了丈夫的事业，公司也改名为"申通"。

遭此变故，此前一直在大哥的带领下打天下的聂腾云，选择了从申通退出，创立了韵达。那一年，聂腾云大学毕业没多久，当多数人在20多岁这个年纪还是一个愣头青的时候，聂腾云选择了自立门户。事实上，聂腾云如果留在

申通，一样会有不错的待遇，以他的才华也会得到重用，但聂腾云并没有选择留下来。所以说，聂腾云的独立之心，从创业之初便已经有所体现。而从他一直未同意阿里入股来看，即使在创业的二十多年后，聂腾云的这颗独立之心依然没变。所以在2020年，在所有人都认为韵达迟早要投入阿里怀抱的时候，我们依然可以看到，聂腾云将更多的精力投入转型布局，他正带领韵达去探寻更多的可能性。

毕竟，不尽全力尝试一下，谁也不知道自己的极限在哪里。

聂腾云在校学习期间，对浙商院校训"诚毅勤朴"很有感触，做人要讲诚信，做事要有毅力，工作要勤恳，为人要朴实。创业之后，他将这一理念继续融入公司的管理当中。通过诚信结交了很多合作伙伴，也很快通过加盟打开了市场，生意越做越大。他要求员工做事要踏实，新员工到了公司，必须到基层到一线工作一段时间，让员工充分体会理解一线工作之后，再安排到适合的相应岗位上提拔任用。在韵达，踏实肯干又有创新力的员工往往多能得到重用。

（2）周益军：现任韵达公司路由规划部总监

2008年，周益军通过第一届韵达物流订单班进入上海韵达货运有限公司实习，2009年正式工作。

大学毕业从操作一线开始实习，短短的半年后，周益军就掌握了最基础也是最核心的业务知识。正是有了基层的历练，当机会来临的时候周益军把握住晋升的时机，从员工提升为分拨经理，管理能力有了极大的提升，然后到总部核心部门担任经理，最后被提升为部门总监。在企业里，每次晋升都需要时间的沉淀，当历练和积累达到一定程度的时候，只需要把握住时机顺势而为。所以，企业发展的过程中不缺机会，但机会永远是留给有准备的人的。韵达开放式的竞争平台，让周益军有了更高的积极性、主动性和创造性。

（3）徐有为：现任韵达集团总裁办部门经理

徐有为，2016届浙商应届毕业生，如今是在韵达的韵达商职人。

2016年10月初，马上面临实习和即将毕业的学生，在院系领导宣导下得知：浙江商业职业技术学院校企合作伙伴——上海韵达货运有限公司（以下简称韵达）正计划招聘一批管培生。因为在校期间，学校曾多次组织物流专业学生在韵达杭州分拨中心、杭州滨江区周边网点实践，对于韵达公司学生们有一定的认知和情感。

在花永剑老师的推荐下，徐有为和同届十五名同学一起经历了院系面试、韵达初面、韵达复试三轮面试。最终徐有为和另一个同学以管培生的身份进入韵达学习。

2016年12月26日，徐有为正式成为一名韵达商职人，在总裁办—秘书二处开启了崭新的职业篇章。

从和别人一起对接项目，到逐渐独立承接项目，徐有为在工作中不断地学习和探索。在本职工作之余，徐有为也会思考现有工作有否延伸的可能性，能否帮助公司创造更多价值。其中更是独立成功完成多个衍生项目，帮助公司年获利或减少损失近千万元。正是因为这种对工作的热情及不断的进步，2018年徐有为被提拔为部门主管，2019年底被提拔为部门经理。

加入韵达以来，徐有为不忘初心，努力提高自己的专业能力，其间成功取得PMP证书，参加了学历提升考试，从一个职场菜鸟走向职业经理人，不断前行。

（4）徐玲萍：韵达公司路由规划部普通员工

2018年，徐玲萍通过韵达物流订单班进入韵达公司实习，2019年正式工作，先后工作过的部门有韵达总裁办秘书处、韵达路由规划部。

"大家好，我是徐玲萍，于2018年9月入职上海韵达货运有限公司。在校期间，我积极参加学校的活动及比赛。2018年5月，在老师的指导下参加了'浙江省智慧物流作业方案设计及技能大赛'这个项目，并荣获个赛二等奖。比赛期间，我认识到我的专业并不是我想的那样简单，且对物流产生了极大的兴趣。兴趣使然，在知道学校与韵达公司有相关合作后，在家人及老师的支持下，我来到了韵达并开始为期一年的实习工作。实习结束后，我毅然选择了韵达，继续在这个大家庭里奋斗。"

韵达是一个温暖的大家庭。徐玲萍从一开始需要别人引导做事，到可以独当一面，在这期间遇到很多挫折。但在不知该如何处理、解决，或找不到方向的时候总会有人帮助她，使徐玲萍对韵达有了不一样的理解。

韵达是一个以"传爱心，送温暖，更便利"为使命，致力于实现"成为受人尊敬、值得信赖、服务更好的一流快递企业"的愿景的企业。徐玲萍立足岗位，期待自己能以客户为中心，以价值为目标，以奋斗者为本，以自己

的一点微薄力量，为韵达做出更多的贡献。

（二）百诚电商的发展

1. 百诚网络

浙江百诚网络科技发展有限公司（以下简称百诚网络），成立于 2012 年 6 月 18 日，总部位于杭州滨江。

百诚网络是一家专业的电商运营服务商，提供运营全链路解决方案，包括店铺运营、全域营销、直播、产品、供应链管理、IT 系统开发运维等。百诚网络是天猫五星级服务商，位列天猫消费电子大家电行业运营服务商 TOP 2，是"浙江省电子商务行业贡献奖——五年老字号企业"和"2019 年中国家电行业磐石奖——渠道价值奖"得主，是杭州高新区（滨江）优秀贡献企业。百诚网络的业务主要分为经销、分销、代运营三个模式，主营大家电，覆盖了冰箱、空调、洗衣机、彩电、厨电、小家电等类目，主要依托天猫、淘宝、京东等平台开展业务，辅以苏宁、唯品会、拼多多、小米有品、天猫优品等新渠道，全国范围内有 31 仓覆盖 2680 区县的物流体系化配送。

2. 校企合作历程

自 2014 年 9 月起，电子商务学院与浙江百诚网络科技发展有限公司开展校企合作，成立了浙江商业职业技术学院—浙江百诚网络科技发展有限公司校内实践教学基地。

2015 年，为进一步构建校企合作育人机制，深化工学交替人才培养模式，根据教育部《关于开展现代学徒制试点工作的意见》（教职成〔2014〕9 号）有关文件精神和要求，作为国家首批"现代学徒制"试点单位，浙江商业职业技术学院电子商务学院与浙江百诚网络科技发展有限公司成立了现代学徒制试点项目"百诚家电顾问班"，以校企双方需求为纽带开展深化合作，以资产为纽带进行体制突破，通过校企双方和全体教师的努力，提升学校整体人才培养质量，培养输送更多优秀技能人才，不断探索电商人才培养的新模式。2018 年，百诚网络公司投入资金、设备对商院 4 号楼 102"百诚家电顾问班"项目实战室进行了重新装修、布置。

自实践教学基地成立以来，除了成立"百诚家电顾问班"，电子商务学院多次组织学生参与浙江百诚网络科技发展有限公司"双十一"实践教学活动，校企合作不断深入。

浙江商业职业技术学院—浙江百诚网络科技发展有限公司校内实践教学基地构建可持续发展的产教融合育人模式，全方位融入人才培养过程。校企双方按照"课程设置与岗位需求对接、教学内容与工作内容对接、教学过程与工作过程对接"的要求，共同构建商业与技能并重、共建共享的专业群模块化课程体系。校企双方共同探索订单班、特色班、实验班等人才培养模式，联合培养电商人才，打造电商人才高地。通过校企双流、互聘互用、角色互认、内培外引、多方协作等多种途径，组建混合型电子商务专业群教学团队。在协商互信的基础上为对方提供技术咨询、行业信息交流等服务，以及开展各横向课题研究。

2020年，为落实《国务院办公厅关于深化产教融合的若干意见》和《浙江省人民政府办公厅关于深化产教融合的实施意见》，学院"电子商务产教融合工程项目"入选浙江省产教融合"五个一批"工程项目名单。产教融合是国家推动经济发展和产业升级的战略需求，是浙江省落实高等教育强省战略的重要举措，是学校加快"双高"建设的有效路径。为推动产教深度融合，2021年百诚网络科技有限公司在学院建立日立中央空调"内容工场"直播体验基地。该基地的建设，满足了直播的各项需求和新型的电商实训教学，实现"人、货、场"场景化设定，为学校在专业建设与行业对接、技能创新与人才培养质量提升等方面提供了更便捷的实践平台，同时也是学校"双高计划"建设持续推进、电商专业产教融合深化赋能的一个新标杆。

3."双十一"电商校企文化交融的成果

（1）践行校企多元协同的育人模式

电子商务专业群与浙江百诚网络科技发展有限公司开展深度合作，不断推进校企多元协同育人的人才培养模式，探索基于现代学徒制的人才培养路径，电子商务专业作为国家首批现代学徒制试点，在校企联合招生、联合培养、一体化育人机制等方面经过探索和实践，初步构建了电子商务专业群产教融合多元协同育人机制，并于2018年12月顺利通过教育部验收。课题项目"基于现代学徒制的商业类人才培养系统化改革与实践"获浙江省教学成果一等奖、国家教学成果二等奖。

（2）建成了专兼结合、双向挂职、多元协同的师资队伍

电子商务专业群现有校内教师 71 人，其中教授 9 人，副高 18 人，博士（含在读）5 人，其中浙江省 151 人才 1 人、浙江省专业带头人 3 名、浙江省属企业杰出创新创业人才 1 人，高级职称占比近 35%，"双师型"比例达到 78%。专业群致力于构建一个双向流动、轮岗灵活的校企教师协作创新机制，培育一支校企双元、专兼融合的混合型电子商务专业群教师队伍。近年来，主持省级项目超 20 项，发表高质量论文近 100 篇，获得实用新型专利和软件著作权高达 80 项，承办社会培训考试 40 多次，体现了较高的教师专业化水平与专业群社会服务能力。

（3）优化师资结构，构建混合型课程群

在校企合作过程中，按照"课程设置与岗位需求对接，教学内容与工作内容对接，教学过程与工作过程对接"的要求，构建了"因材施教、共建共享"的理论标准与"技术融合、跨界协同"的实战标准相结合的新型专业群课程体系，形成商业与技能并重、学校与企业共同负责的智慧营销、智慧零售、数据分析、移动商务、电商技术、跨境电商、数字贸易、应用英语等 8 个核心课程群，并在此基础上对教师团队进行细分和重构，组成 8 个混合型课程群教学团队。

（4）构建工学结合的课程体系，建设实战化、动态化、协同化新形态教材

在校企合作过程中，电子商务专业群进一步深化"三教"改革，充分发挥教材在提高人才培养质量中的基础性作用，加快新形态教材建设，以学生职业素养与职业能力培育为出发点，构建"基础课程一体化、核心课程精准化、限选课程模块化、任选课程多样化"的柔性化课程体系，增加了学生职业能力与企业工作岗位的契合度。通过课程体系建设，专业群取得国家级精品课程 1 门，国家资源库专业核心课程 1 门，省级精品课程 4 门，省级精品在线开放课程 1 门，国家级规划教材 2 本，省级重点建设教材 4 本，省级"十三五"新形态教材 4 本，阿里巴巴官方认证教材 1 本，参与人力资源和社会保障部《电子商务师国家基本职业培训包》的编制，参与全国电子商务类专业标准与课程标准建设，引领了专业群教学资源建设。

（5）提升专业技术技能培育水平

秉承"以赛促学"理念，把"产、课、赛、训"有机地结合起来。近几

年电子商务专业群学生在省级及以上各类竞赛中累计获奖 31 项，其中省部级一等奖 11 项，国家级二等奖 4 项。学生就业率、薪资水平、满意度均位于省内同类专业前列，其中电子商务专业在 2018 年浙江省专业综合排名中位列第一。

连续几年来，电子商务学院组织学生参加"双十一"实践教学活动，2017—2019 年在"双十一"活动中取得人民币 11.81 亿元、16.21 亿元、17.66 亿元的优良业绩；专业群与浙江百诚网络科技发展有限公司建立实施现代学徒制人才培养的深度合作关系，浙江百诚集团的规模也从 2012 年的 63 人发展到拥有 500 多名员工的天猫平台家电品类龙头企业，创造了企业、学生、专业协同发展的产教融合专业技术技能培育的新水平。

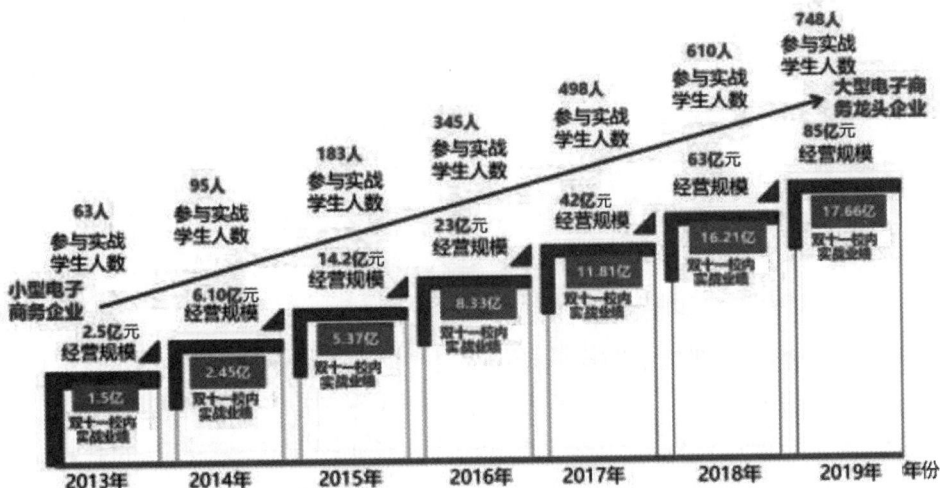

图 7-1　专业群与企业、学生协同发展的产教融合发展水平

二、一个专业群和一个行业

（一）餐饮行业的商职精英

1. 餐饮专业群的历史与发展

旅游烹饪学院有六大专业（烹调工艺与营养、酒店管理、餐饮管理、西餐工艺、导游和旅游英语），其中"烹调工艺与营养"专业群由烹调工艺与营养、

西餐工艺、餐饮管理和酒店管理 4 个专业组成。

专业群内的核心专业——"烹调工艺与营养"专业创办于 1974 年，是浙江省内开办最早的烹饪类专业，至今已有近 50 年历史。其他 5 个专业的办学历史也都已经超过 15 年。旅游烹饪学院自 1997 年开始招收高职生以来，已为社会培养 9000 余名毕业生。目前，烹调工艺与营养专业为国家级骨干专业、省级优势专业和省级重点专业，是全国资源库建设项目，在中国烹饪界乃至中国烹饪职业教育领域都享有较高声望；酒店管理专业为省级示范专业。此外，学院还建有"省级示范性实训基地""浙江省非物质文化遗产杭帮菜烹饪技艺"传承教学基地和旅游研究所、餐饮文化研究所、旅游规划与开发研究所等多个研究机构，还有潘小慈技能大师工作室、国家职业技能鉴定所、省文化和旅游厅培训中心滨江基地等社会服务机构。截至 2020 年 9 月，专业群现有专任教师 40 名和兼职教师 38 名。在 40 名专职教师中，有教授 3 人（二级教授 1 人、三级教授 2 人）、副教授 16 人；有博士学历 6 人，硕士学历 32 人；有"双师型"教师 37 人（占 92.5%）、全国模范教师 1 人、硕士生导师 1 人、省高校教学名师 1 人、留学海归 10 人、中国烹饪大师 8 人、中国服务大师 3 人、酒店服务类国际评委 1 人、国家评委 12 人、高级考评员 15 人等。

2. 餐饮专业群的地位与积累

近些年来，专业群获国家教学成果二等奖 2 项，全国餐饮职业教育行业指导委员会教学成果二等奖 1 项，全国职业院校教学能力大赛国赛二等奖 1 项、省赛二等奖 2 项；完成"烹饪工艺与营养"专业国家教学资源库的验收，并拥有国家资源库示范课程 7 门，省级精品在线开放课程 3 门；发表核心权威期刊论文 38 篇，其他著作 8 本，主持厅局级以上纵向课题 25 项、横向课题 15 个，制定行业标准 9 项；通过省级科技成果鉴定 6 项。专业群倾力承办的"万家海外中餐馆，同讲中国好故事"活动得到中央政治局委员、中宣部部长黄坤明，浙江省委书记袁家军的重要批示；获中国烹饪协会、中国饭店协会等颁发的"中国餐饮 30 年桃李芬芳卓越奖""全国餐饮职业教育优秀院校""改革开放 40 年浙江餐饮业桃李芬芳卓越奖"等，在国内外享有"浙菜黄埔""中烹黄埔"等美誉。据不完全统计，仅"烹调工艺与营养"专业的毕业生中，在省内中职院校担任烹饪专业的专职教师就有 80 多人。

多年来，专业群毕业生就业率保持在 97% 以上，职业技能证书考试通过率确保在 90% 以上。学生在全省乃至全国的高职院校职业技能大赛中成绩优异，在全国职业技能大赛获一等奖 11 项、二等奖 9 项，在全国同类院校中奖牌数名列前茅。

此外，专业群学生参加国际国内多项重大活动，如北京奥运会、上海世界博览会、世界互联网大会、世界浙商大会等，均得到组委会的高度评价，特别是在 2016 年的 G20 杭州峰会上，专业群派出 108 名学生作为核心服务成员，出色地完成了各项服务工作，受到省政府和 G20 杭州峰会组委会的充分肯定和高度评价，获得了 108 张服务 G20 荣誉证书。学生每年参与浙江省厨师节活动，协助浙江省餐饮行业协会进行展台设计和布置等，历届活动和参赛展台都受到省餐饮行业协会多位领导的赞赏。

以国家资源库建设为中心，引领全国烹饪专业群，建立"产教融合、课证融通、三阶递进"的"1+X"课程体系，全面深化教材与教学方法改革，推进模块化教学、混合式教学等。注重师资队伍的建设，打造"四有"高水平师资团队。从校内、校外、国内、国外四个维度打造集实践教学、社会培训、全真生产、产品研发、社会服务、文化交流六大功能为一体的产教融合实训平台。与政府、企业合作，建设技术技能平台，大力开展智力帮扶助力乡村振兴，传播中国味道。制定各类系列专业标准，承担各级各类师资培训项目。扩大招生国别和规模，建设海外中餐学院，进一步把"万家海外中餐，同讲中国好故事"活动推向深入。

专业群会为社会持续输送大批量的优秀技术技能型人才，综合实力稳居全国餐饮类专业群前列，真正成为"专业特色鲜明、行业优势突出、群众满意度高、社会知名度大"和"地方离不开、行业成标杆、国际可交流"的高水平专业群。

3. 餐饮专业群的商职精英

专业群为我国的餐饮行业、职业院校、企事业单位输送了大量的中高级专门人才，其中一大批毕业生已成为行业内的中坚力量和领军人物，被誉为"浙菜黄埔"。如杭州楼外楼实业集团股份有限公司原董事长沈关忠、杭州国大有限公司雷迪森旅业原副总裁章乃华、名人名家餐饮有限公司董事长李红卫、嘉兴江南印象餐饮有限公司总经理范永伟等，200 余位优秀毕业生担任省内外高星级餐饮企业总经理、总监、行政总厨等职，成为餐饮企业的精英。

（1）沈关忠

杭州楼外楼实业集团股份有限公司董事长、总经理，1974年烹饪专业毕业。曾被评为杭州市商贸服务业优秀经营者、名胜区优秀共产党员、中国餐饮文化大师、浙江省优秀企业经营者、中国餐饮业十大人物、全国建设系统劳动模范。

在他的带领下，楼外楼集团始终秉承"以文兴楼、以菜名楼"的企业发展理念，规模得到不断发展、壮大。在坚持传统菜肴的基础上，不断拓展思路，整合企业的资源优势，将传统菜肴进行工厂化、标准化的生产加工，将杭州传统名菜加工成真空包装产品。在取得良好经济效益的同时，不忘回报社会。积极参与汶川地震灾区捐款、贫困乡帮扶，社区共建、军民共建活动。

（2）章乃华

1984年学校烹饪专业毕业，大学学历。兼任中国烹饪协会常务理事、中国烹饪协会名厨专业委员会执委兼浙江工作区主任、浙江省餐饮行业协会副会长、浙江省教育委员会中职教育教研组长、浙江商业职业技术学院专业顾问，是国家级裁判、中国烹饪大师、全国新长征突击手、全国技术能手、全国内贸系统劳动模范，被国家经贸委和中国烹饪协会授予"中国餐饮业管理成就奖"等。

1990年参加浙江省烹饪大赛，获个人烹饪全能第二名。同年参加全国青工大赛，获个人总分第二名。2007年10月，被中外酒店论坛组织授予"2007中外酒店白金奖之十大经营人物奖"。

（3）李红卫

1984年烹饪专业毕业，名人名家餐饮娱乐投资有限公司董事长；是中国烹饪大师、浙江餐饮行业优秀企业家，是杭州餐饮业的新锐领军人物。1999年在杭州开始创业，目前旗下餐饮门店有20余家。作为新杭帮菜团队的领导者，李红卫为新杭帮菜的发扬光大做出了重要贡献。

公司现有员工近2000人，其中高学历管理人才和高技能人才100余人。李红卫坚持"诚信经营、回报社会"的理念，经过数年的奋斗，得到社会的广泛认可。

（4）范永伟

任浙江省餐饮行业协会副会长、嘉兴市禾菜研究会副会长、南湖区餐饮协会常务副会长、嘉兴名厨委副主任、嘉兴市江南印象餐饮有限公司总经理、嘉兴佳尚源酒店管理有限公司执行董事兼总经理。1990 年毕业于浙商院烹饪专业，是中式烹调师高级技师、中国烹饪大师、浙江省餐饮评委，曾获中华金厨奖等。

江南印象团队在他的带领下，打破浙菜传统概念，以"新、奇、特"的作品，在浙江省第五届名店名宴比赛中力夺首席特金奖，在第六届竞赛中获团队银奖，荣获商务部颁发的"全国酒家优秀管理者"证书，荣获中国浙江（国际）嘉豪·劲霸杯中华餐饮烹调精英赛"浙菜精品奖"；被授予浙江省厨师节"中国浙菜传承大使"称号，曾接待非洲驻华使节等国际友人。

（二）制冷产业的商职军团

1. 学校制冷专业发展简史

浙商院制冷专业创建于 1978 年，是浙江省同类院校中开办制冷与空调专业最早的学校，当时为技工班，1980 年改为中专招生，20 世纪 80 年代末成为全国商业系统制冷与空调技术专业的牵头学校，1996 年开始招收电大专业学生，开始大专层次的教育，2001 年开始招收高职学生 2 个班，2005 年将专业名称由"制冷与空调技术"改为"供热通风与空调工程技术"，2008 年开始招收 3 个班，2014 年开始与中职学校合作招收"3+2"学生 1 个班，2019年开始招收轨道交通机电设备专业方向 1 个班，2020 年"3+2"招生扩大到 2个班，年度招生共 6 个班，计 253 人，在校生达到 610 人。

制冷专业自从 2001 年被确定为浙江省重点建设专业以来，进行了一系列的专业建设与改革，逐步形成了鲜明的特色，2004 年通过验收正式成为省级重点专业。2007 年 8 月，空调工程技术实训基地成为学校第一个中央财政支持的国家级职业教育实训基地。2010 年 7 月，"空气调节技术"课程被评为国家精品课程。2014 年 7 月，制冷专业国家教学资源库核心课程——"中央空调工程设计"课程由浙商院负责建设。2016 年 12 月，浙江省高校"十三五"优势专业建设项目立项。2017 年 8 月，空调专业实训基地被列为浙江省示范性实训基地。2018 年 7 月，冷链物流应用技术协同创新中心被省教育厅立项为"浙江省应用技术协同创新中心"。2019 年 7 月，空调专业被教育部"高等职业教育创新发展行动计划（2015—2018）"认定为骨干专业，冷链物流应用技术协同创新中心被列为国家应用技术协同创新中心。

40多年来，学校制冷空调专业共培养毕业生4538人，为社会培训技术人员6585人次。空调工程技术专业担负着浙江省各级制冷设备维修工职业资格的培训考核鉴定工作，是浙江省服务业制冷空调技术人员的培养基地。

依据空调工程技术专业的人才培养目标和核心工作岗位，学校经过多年的努力，在校内建成了较为完善的校内实训基地。建有12000平方米的工科实训楼，共投入1500万元建成了制冷系统综合实训室、冷库综合实训室、中央空调实训室、给排水实训室、空调电器实训室等校内实验实训室20个；其中投入300多万元，与浙江商业机械厂、大金空调、海尔集团合作建成了实验、实训室6个。制冷系统综合实训室设备自行研发设计、制作，通过省级鉴定为国内一流，获全国商业科技进步三等奖；制冷设备实训室、中央空调实训室、空调电器实训室、给排水实训室的设备装置均是专业教师团队自行设计，符合高职教育特色，功能齐全、设备先进，在全国同类院校中处于领先水平。

2. 制冷专业群在省内乃至全国制冷行业内的江湖地位

制冷专业办学历史悠久，是省内高职院校制冷空调类专业中办学条件最好的，在校生在各类技能竞赛中取得优异的成绩，毕业生遍布浙江省及周边地区各制冷空调相关企事业单位，并成为各企业中不可或缺的骨干力量。根据学院对以往制冷空调专业毕业生的跟踪调查和用人单位的反馈，制冷空调专业的学生毕业后综合素质高、岗位适应性强、潜力大、可塑性好。迄今，已有相当一部分毕业生从一线岗位走上了领导岗位。

制冷专业拥有一支业务精湛、结构合理的高素质专业化教师队伍，在行业内具有较高的声誉。承担浙江省中等职业学校制冷专业课教师高技能培训任务，承担浙江省制冷设备维修工技师、高级技师鉴定考试命题工作，主编《浙江省制冷设备维修工技师职业技能鉴定考试指南》，主持开发制冷工、制冷空调系统安装维修工浙江省题库。自2006年以来，该专业一直为浙江省中央空调技术协作委员会主任单位、浙江省暖通空调行业协会理事长单位，是《浙江制冷》学报主办单位之一，具有依托行业办学得天独厚的优势。

制冷专业充分利用行业学会这个平台，积极开展大型行业技术研讨会、承办科普活动，定期举办浙江省层次最高、行业影响最大的中央空调技术交流盛会——浙江省中央空调技术研讨会，每届参加会议的有来自全省中央空调技术协作委员会全体会员、国内外专家学者、生产厂商、工程公司、设计研究院所和媒体代表等 400 多人。研讨会促进了浙江省制冷空调行业的发展，反映制冷空调的最新技术及应用，构筑了生产厂商、设计院所、高校、制冷空调工程企业和用户间的信息交流沟通平台，会议紧跟时代发展潮流，每届都邀请了国内外著名专家现场做主题报告，为进一步提升全省空调制冷行业技术水平做出指导。研讨会是学校师生及时掌握空调最新技术成果的一个窗口，是促进制冷专业产学合作的一个最佳抓手。自 2007 年起，学校主办的每届浙江省中央空调技术交流研讨会，都被浙江省科协列为重点学术活动项目。

为了更好地服务学生和社会，制冷专业从 2013 年开始筹建制冷博物馆。为将制冷博物馆建设成为全国一流的、集"收藏、研究与传播、文化育人、第二课堂"为一体的高校博物馆，给中国乃至世界制冷空调行业留下珍贵的历史记忆，参与建设的师生进行了大规模的调研和文献资料的收集整理工作，并成立了由中国制冷学会专家和著名企业家共同参与的制冷博物馆建设专家领导小组，共同修改完善博物馆设计方案。在建设制冷博物馆的过程中，得到了合作企业的大力支持。目前共收到大金、约克、盾安、烟冷、海尔、格力、美的等 20 多家知名企业捐赠藏品 200 余件，价值达 1000 多万元。

2019 年 10 月 1 日上午，在举国欢庆中华人民共和国成立 70 周年之际，制冷博物馆举行了隆重的落成仪式。目前，制冷博物馆已成为空调专业始业教育和部分专业课程的教学场所，成为辅助专业教学、专业实习及岗位训练的"第二课堂"，促进了学生多元化发展，成为高等人才培养的重要创新实践基地。博物馆试运行以来，已接待上千人次参观学习，同时为全校师生提供了接触、体验制冷空调专业知识的文化场所，达到潜移默化地科学普及与文化育人的目标。同时，制冷博物馆已获批成为中国制冷学会科普教育基地，它必将开展更多丰富多彩的科普活动，深化多元合作，实现科学文化育人，服务更广泛的社会群体。

3. 专业群与制冷行业龙头企业的合作人才培养

校企合作是培养高技能人才的重要途径。学校空调专业与相关企业在技能人才的培养中通力合作，校企双方共同制定人才培养方案，合作建设实训基地，企业参与课程建设和课程教学，开设企业订单班和现代学徒制教学班，共同开展产教融合教学，取得了丰硕的成果。多年来，空调专业毕业生就业

率接近 100%。

（1）与海尔集团合作办学

2004 年，空调专业与世界 500 强企业海尔集团签约，合作成立浙江商业职业技术学院海尔技术服务中心。海尔集团在学校实训楼建有 300 平方米的海尔技术服务中心，该实训室的设备均由海尔免费提供，这不仅拓展了空调专业一流实训室的建设，更为专业教师能及时地掌握最前沿的先进技术与设备提供最为有利的条件，使空调工程技术专业的实践教学内容和设备能及时地吸收技术发展的最新成果。专业教师则负责承担海尔售后人员的技术培训与产品维修服务工作，把对海尔技术员的培训工作列入专业的教学工作中来。空调专业学生则可以被安排到海尔集团及其下属的服务网点顶岗实习，直接参与设备安装、维修、销售等工作，锻炼了实际动手能力。

海尔服务中心成立至今，共为海尔杭州工贸有限公司举办了 30 多期培训班，输送了近 800 名专业技术人员。培训的内容已不仅仅局限于制冷空调领域，涉及的课程包括洗衣机、商用空调、电热器具、电动器具、空调器、电冰箱等，几乎囊括了海尔集团除 IT 产品以外的全部产品。

（2）与大金空调合作办学

为更好地落实学校"走品牌特色、校企合作、国际合作发展之路，培养适应区域经济发展的高素质的高等技术应用型人才"的办学指导思想，学校空调专业于 2013 年与日本大金（中国）有限公司举行了校企合作签约仪式。

双方约定，大金在浙商院建立大金实训中心，浙商院作为浙江省大金空调技术培训的中心，双方将本着"优势互补、合作共赢、共同发展"的原则，在技术交流、产品研制与应用、课程开发、师资培训、毕业生顶岗实习等方面进行广泛合作。

目前，大金公司已在学校实训楼建立空调实训中心，每年举办大金技术人员培训班，已培训学员 300 余人；学校与企业共同开发实训教材 2 本。实训中心的设备每年与时俱进地进行补充和更新。与此同时，学校空调专业也利用该实训中心进行专业课程教学，并邀请大金公司的工程师为学生上课、开展技术讲座，收到良好的效果。

（3）与盾安人工环境设备股份有限公司的合作办学

长期以来，学校空调专业与盾安集团建立了紧密的合作关系，学校为盾安公司提供制冷空调技术上的服务和技术人员培训，盾安公司为浙商院制冷空调专业的学生提供实习基地。学校定期安排高年级学生到盾安人工环境设备股份有限公司进行顶岗实习，盾安公司为实习生制订了详细的实践教学计划，包括学生分组、工位安排、素质教育、指导师傅安排、考核项目等，并且由技术人员集中对学生进行专业课堂教学；同时，各车间派最好的师傅进行现场实习指导，使学生收获不小，也使带队教师从中得到了锻炼。到盾安人工环境设备有限公司实习的学生不仅了解了制冷空调设备生产车间的生产流程，掌握了各种大型水冷、风冷机组的工作原理和生产组装流程，而且体会到了盾安的企业文化和员工敬业精神，为踏上工作岗位做好了心理准备。

学院专业教师与盾安人工环境设备股份有限公司中的一线技术员共同研究学生的培养计划、课程设计等要求，同时为公司提供技术支持，如末端的设计问题，小户型式中央空调设计、安装问题等。通过相互交流，双方的合作进一步深化。2020 年开始，双方已共同开展产教融合教学。

（本章编写人员：蓝少鸥　韩明珠　张晓丰）

第八章

升华：润物无声的文化品牌

第 一 节
高职特色文化品牌建设理论探索

一、高职校园文化的基本特征

高职院校作为培养一线高技能人才的摇篮，其校园文化应融入更多的职业要求、行业道德和社会元素，具有鲜明的实践型特征，使高职校园文化与社会主流文化、普通高校校园文化区别开来，从而体现高职自身的文化特色和发展规律。高职校园文化是以社会主流文化为背景，以培养高技能人才为主线，以校园精神文化为内核，通过高职全体师生共同实践并形成的价值准则、行为规范和共同信念。

随着我国经济的快速发展，经济增长方式的转变、经济结构的调整以及高等教育的大众化，高等职业教育的发展拥有了广阔空间。纵观我国高职教育的发展过程，绝大多数是由原来国家级、省市级重点中专学校升格合并或由成人高校转型而来。因此，高职院校与普通本科高校相比较，虽然缺乏深厚的理论氛围和文化底蕴，但其校园文化有着鲜明的特征。

（一）职业文化的独特性

借鉴世界发达国家的先进经验，社会经济发展到一定阶段，必然要求高等教育具有层次结构和类型结构，以适应经济社会发展对人才结构的需求。20 世纪 90 年代以来，随着我国经济的快速发展和经济结构的不断调整，企业对一线生产者和管理者提出了更高的要求。教育部《关于加强高职高专教育人才培养工作的意见》明确指出，高职高专院校培养的是适应生产、建设、管理、服务第一线需要的，德、智、体、美等全面发展的高技能应用型人才。高职教育的这种定位，要求学生的职业能力比普通本科生强，技术水平比中职学生高。因此，高职校园文化建设要紧紧围绕学校的办学主旨和教学内容，促进学生思想道德水平、职业道德素养、职业技术能力和就业创业能力的不断提高。

高职教育具有很强的实践性和职业定向性，人才培育的途径要体现三个结合，即学校与社会用人部门的结合、师生与实际劳动者的结合、理论教学与实践锻炼的结合。高职校园文化建设也要围绕"三个结合"，不断改进文化融合方式、丰富文化内涵、提升文化水平。

（二）职业文化的实践性

高职校园文化是在普通大学校园文化的基础上，融入了更多的企业文化。因此，高职校园文化与普通大学校园文化具有相同的地方，又有自身的特殊性。相同点在于：都是以学术文化和道德文化为主线，通过制度、规则、礼仪、管理、文艺体育及教学、科研、校园环境建设等环节，形成一定的价值观念、学术传统和校园文化氛围，并在领导者的办学理念、学术观念和思想方法等方面体现出来。不同点在于：高职校园文化更加突出师生员工的实践轨迹。如在人格培养方面提倡"诚信与敬业"观念，在专业学习方面倡导"求精与创新"意识，在能力培养方面注重"适应性与实践性"精神。这些内容更多是吸收了企业人才观、社会人才观的基本理念。如果说"学术自由、学校自治、教授治校"是本科大学的学者们的理想追求，那么初步具备"理论知识够用，实践能力较强，基础素质全面"的人才观，就是高职教育的显著特点。高职院校的精神实质是通过传授知识、培训技能、创新科技，培养具有较强实践能力和创新精神、可持续发展的高技能人才，满足地方经济以及全社会的发展需要。因此，高职院校的办学理念是在与企业和社会的需求的不断适应中寻求发展的结合点。高职教育的实践特征要求高职校园文化更加突出其实践性和应用性。诸如"开一个专业，办一个实体，兴一份产业，创一个品牌""不是寻找适合教育的学生，而是探索适合学生的教育""面对有差异的学生，实施有差异的教育，实现有差异的发展"等，就是高职文化的结晶体现。

（三）职业文化的渗透性

大学校园文化是一种隐性教育，对学生的品德形成产生重大影响。学生在校期间不但要接受知识、技能、价值观念和行为规范的正式学习，而且要借助校园文化的各种方式接受潜在的启发和教育。物质设施和环境布局是没有生命和情感的，但经过精心设计和创造，能够充分体现这所大学的办学思想和人文精神。职业院校的物质设施和环境设计必须符合职业教育的总体要求，体现职业文化的内涵。行为文化的渗透性体现在以提高学生专业技能和社会能力为主要目的的课外活动、规范有序的组织管理与热情周到的后勤服务中。优良的校风、学风，明确规范的制度准则，以及悬挂在学生学习、生活、活动场所的名言警句，必然对学生起到引导与约束、激励与矫正的作用。教师的人格、才华以及昂扬向上的精神风貌，也极大地促进学生集体意识和学习精神的形成。校园文化具有渗透性，高职理念和特色更要渗透到学校教学、科研、管理等各个环节，渗透到师生员工工作、学习、生活以及思想、价值观念形成的全过程，从而形成区别于普通本科学校的文化氛围。

二、高职文化品牌建设的理论基础

高校似乎从来没有停止过比拼，大学排名、专业排序、特色大学、综合竞争力等指标抢人眼球，可以预见，大学外延竞争也必将走向内涵较量。在教育部门也开始注重引导大学搞"文化校园"建设形势下，文化校园的建设措施异彩纷呈。同样，校园文化活动也开展得如火如荼，差异化的校园文化建设自然就是其品牌建设的重要方面。基于此，"文化强校"这一品牌策略也就走到了台前，正确的品牌策略、恰当的品牌营销模式也呼之欲出。可见，在这样的背景下研究"文化强校"的品牌策略显得尤为迫切。

（一）关于校园文化品牌

文化是物质财富与精神财富的总和，主要内容还是人类精神财富的结晶。校园文化是一所学校在办学过程中所形成的共同的价值观念、思维方式和行为标准，是"以文化人"和"以人化文"互动渗透的成果，是校园活动主体智慧的积淀，是人与物、主体与客体、内化与外化的辩证统一，体现了人与自然的和谐之美，体现了校园优秀的品格魅力。校园文化是大学精神的深刻体现，是大学师生的思想、大学制度与大学精神的综合显现。朱自清的《荷塘月色》曾经吸引多少有志青年向往清华园，北京大学自由的学术氛围令多少学子热切追求，美丽的厦门大学又有多少人向往，这就是大学校园文化的神奇力量，她可以使校园内的人心潮澎湃，可以使校园外的人心驰神往。

品牌就是一种名称、术语、标记、符号或设计，或是它们的组合。"品牌"原始的意义是要表达区别，当自己家农场的马跑到别人家农场，如何区分呢？就在马的身上烙个印记，于是下次就认识了。品牌的出现与使用是人类社会发展的自然历史过程，不是什么划时代的创造，不可以和蒸汽机、互联网相提并论，尤其是早期的品牌使用，其原始的差异化特征非常明显。但是，随着社会从农业文明走向工业文明，品牌被赋予了更多的内涵，可以说品牌是价值的体现，也是价值不断累积的载体。铁匠打一把刀，印上"张小泉"，证明这是张小泉家生产的，经过多人使用，大家发现这刀很好用，于是，"张小泉"慢慢成为好刀的代名词。客人到商店，直接问"张小泉"的刀有没有。如果"张小泉"的刀具进一步延伸，开始延伸到所有的铁制生活用具，经过市场检验，质量信得过，以后，只要谈到生活铁制品工具，"张小泉"就是代名词，这就是品牌形成的过程。显然，这是经过市场检验不断累积的，就像陈年的老酒，越久越有价值。

校园文化品牌是学校文化现象，以及它们所代表的利益认知、个性形象、情感属性等价值观念的总和，是学风、教风的综合反映。

（二）校园文化品牌的功能

校园文化品牌的功能是品牌功能在大学的特色表现，她首先具有品牌的一般性功能。作为一个品牌须具备四大功能：一是区分功能。品牌是标识，是图文的组合，但是其基本功能是作为区分的标志，这是作为一个品牌最基本的条件。二是信息聚合功能。品牌是象征，品牌是信息的集合，是沟通编码，是符号码，她表达着一个概念、一种思想、一种主张，她是各种象征符号的标志、文字、色彩、图案等元素设计整合到一起，包含了多种信息的浓缩。三是减少信息不对称功能。品牌就是承诺，就是担当，也是责任，尤其是名牌，

就意味着承诺和保证，她是以品牌的核心价值和利益为基础的。四是价值积淀功能。品牌可以理解为静态的实体，也可以理解为动态的物质。静态的品牌反映当下的价值，而动态的价值是时间的函数，是劳动的结晶，是长期经营的累积，是市场选择的结果。

1. 教育导向功能

高校校园文化品牌有其内在的价值追求，尤其是内涵的表述，体现了价值取向。大学的校训往往就是其集中的表现。例如，清华大学的"自强不息，厚德载物"；东南大学的"止于至善"；浙江工商大学与浙江商业职业技术学院的校训为"诚毅勤朴"，这些具有感召力的校训激励、教育着无数学子，追求道德境界，追求学业优异，追求报国之志，追求完美人生。高校校园文化品牌对学生起到潜移默化的导向作用，同时具有"润物细无声"的教育魅力。

2. 激励凝聚功能

校园文化品牌的形成是一个主客体不断统一协调，不断在时间长河中历练，不断对其办学理念进行凝练的过程，不断解读着继承与创新的深刻蕴涵。品牌的形成不是一蹴而就的，在此过程中有助于推动学校拥有全员育人、全过程育人、全方位育人的良好氛围，促使师生践行学校的教育理念，实现目标，规范行为，可以营造出催人奋进的文化氛围和精神环境，最终激励广大师生自觉地朝共同的目标努力奋斗。

3. 协调美育功能

校园文化品牌建设有视觉冲击的品牌识别设计，有大学的标志性建筑、有令人心动的大师雕像，有见证大学发展的历史物件，有陪伴大学生磨砺的假山松柏、有多年延续的校园传统活动，这些都影响着学生心理和行为，是深刻的教育平台，有助于道德文化氛围的形成，可以陶冶学生的情操、净化学生的心灵、启迪学生的智慧，激发学生的灵感、完善学生的人格，从而在立体、综合的互动实践中达成教化目标，收到不言而教的效果。

4. 辐射放大功能

大学是一个国家综合竞争力的重要体现，可谓"大学强，则国家强；大学旺，则国家旺"。无疑，国家的综合竞争力与这个国家的大学综合竞争力是呈正相关的。校园文化，一方面是在社会文化的背景下形成与发展的，深受社会文化规范的影响；另一方面，它又以自身独特的方式辐射社会，放大着其影响的功能，对社会文化和整个社会大气候产生作用。例如，北京大学的五四运动，对中国文化发展乃至社会变革都起到不可估量的重大作用。可见，大学文化品牌对学校内部的文化具有认同效应，还能帮助建立学校外部社会的影响力，实现学校品牌的文化理念在社会多个层次得到认同，并可能会对社会各个阶层产生深远的影响。

（三）高职文化品牌建设理论模型

通过检索关键词为"高职"及"品牌"的文章，按照被引用多少的排序，从前50篇中选择关联度比较大的15篇，对其建设路径的关键词进行梳理，我们发现高职品牌文化或文化品牌研究的主要模块集中在精神文化、物质文化、制度文化、行为文化，其中直接或间接反映这四个方面的占9篇，此为第一个特征。第二，指出高职文化品牌建设的职业性，有的表述为职业文化、有的表述为校企文化融合，这是高职院校相对于本科院校特色品牌文化的建设的重要表征，当然，不同的高职院校之间的特色文化还可能来自行业特色、地域特色以及历史传统等方面。

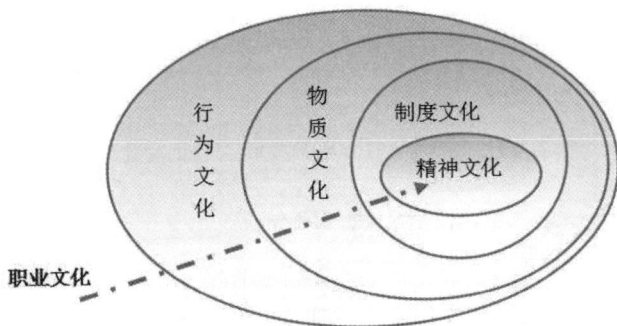

图 8-1 高职院校文化品牌建设理论模型

表 8-1　关于高职院校文化品牌建设路径部分文献整理

作者	文化品牌要素	备注
马必学、刘晓欢，2006	办学理念、学校精神、职业文化、办学特色、学术力量	
邓战军，2006	核心价值观、办学理念、形象宣传、差异化、物质文化系统、精神文化系统、行为文化系统、SIS 整体规划	
杨秀蓉，2005	核心价值、办学理念、质量、声誉、品牌个性、物质、制度、精神、内部对文化的认同、广告宣传、公关、体验营销	
石芬芳，2012	内蕴核、承载体、表征面	
王东升，2009	品牌定位、品牌专业、品牌课程、品牌学生、品牌教师、品牌形象	
葛锦晶，2012	深入人心、走进课堂、亮遍校园、得以实践、物质文化建设、精神文化建设、文化载体	浙商文化
沈楚，2007	大学精神、大学理念、高职形象、人文环境、大学制度	
李文胜，2008	精神文化（传统、大学精神、校风、企业文化）、制度文化（改革、学术自由、以人为本、激励制度）、物质文化	
崔爽畅，2009	战略规划、各项投入、挖掘特色、加强推广	
徐洋，2012	战略规划、物质文化、地方与企业共建、活动的平台、拓宽文体活动、实践锻炼	
郑苍钧，2008	行业特色文化、技能文化、传统经典、地域民俗文化	
刘海云，2014	物质文化、精神文化、节庆文化	
卢亚莲，2014	物质文化、精神文化、制度文化、行为文化	
张永成、刘兵，2013	人文氛围、校企合作、工学结合	
刘甲珉、解水青、宋辉，2013	"一主多元"（以大学文化为主线，融合传统文化、区域文化、产业文化等）、"四位一体"（精神文化、环境文化、管理文化、行为文化）	

浙江商职院文化品牌建设的探索

一、学校文化品牌建设的历史沿革

（一）传承百年铸辉煌

学校的前身是创办于 1911 年的杭州中等商业学堂，几经发展，到甲商时已初步形成自己的办学特点。以"授以商业上必需之知识技能，使将来能从事商业"为宗旨，以"体察地方商业需求人才之情况"为出发点形成了优良的办学方法及文化教学特点。沧海桑田，斗转星移，在百余年的办学历程中，学校从杭州到金华、到丽水，从西湖到碧湖，再到钱塘江畔，历经 16 次更名，15 次迁址，从一所旧式中等商业学堂发展成了具有显著商科特色的、现代化的高职院校。"国家当富强，始基端在商"，商科是学校百年办学一以贯之的特色，历次更名始终不变的就是"商"字。学校自创建之时就确立了"以从事商业为宗旨"的培养目标，1913 年，学校确立了"诚毅勤朴"的校训，作为学校精神的高度浓缩，奠定了学校商业人才培养的文化基础，成为历代师生艰苦创业的力量源泉。百余年来，一代又一代的商职院人始终秉承"诚毅勤朴"的校训，自强不息、励精图治，以生生不息的精神动力，培养了大批商业英才，成就了一个又一个的光辉业绩。

（二）内涵建设结硕果

多年来，学校以内涵建设为抓手，以示范性院校建设的标准为依据，着

力提升办学水平，走出了一条独具特色的发展道路，取得了显著的成就。学校抢抓机遇，按照示范性院校建设标准，着力落实"领导能力领先、综合水平领先、教育教学改革领先、专业建设领先、社会服务领先"等五个领先的要求，实施"三项工程建设"，即以课程建设、实训基地、专业建设为内容，推进学校快速发展。同时，成立"教师发展中心"，把提升教学质量作为着力点，努力培养一流的师资，促进了办学实力的提升。

（三）校企合作显成效

高职院校要重视产学研合作，学校不断探索政、行、企、校合作办学的体制机制，不断推进改革创新，学校依托浙江省商业集团公司，组建了"浙江商业职业教育集团"，学校先后与海尔集团、阿里巴巴、用友软件、国美电器等数十家著名企业开展合作办学、合作育人，走出了一条具有示范效应的校企合作办学之路。按照企业实际岗位需求组建班级，并进行生产性顶岗实习，将教、学、做有机地融为一体，这是"按岗组班，双向选择"新订单培养模式；同时，学校针对工学合作中出现的新问题，制订完善了一套相应的教学管理制度。目前，各个订单班都建立了班级学生党支部，强化了学生在顶岗实习过程中的思想道德教育、安全法纪教育和就业指导等，确保了工学结合的培养质量。

（四）创业教育塑品牌

近几年，学校大胆探索"五位一体"的"全真环境创业教育"的新模式，成立了创业学院。入园企业在结束六个月孵化期后，由学校进行综合测评，符合条件的创业团队成员获得创业证书和创业学分。学校深化"全方位、全过程、全员化"创业教育模式，把创业教育全方位融入学校教育管理的各环节，开设了"浙商企业家大讲堂"，推进了校企文化的深度融合，这也是弘扬浙商精神的文化大餐，是"传承文化、合作育人"的重要载体。全国许多新闻媒体对学院"全真环境创业教育"进行了多角度的跟踪报道，学校"全真环境创业教育"荣获了"2008浙江教育十大年度新闻"和浙江省高校校园文化品牌。

二、学校推进文化品牌建设的实践路径

（一）加强党的领导，突出学校文化的核心理念

不断夯实党委领导的核心地位，为文化建设指明方向。制定实施了"十三五"事业发展规划和大学章程。突出党建引领，把握正确的方向，制定了对党总支年度考核的方案，对党总支文化建设实施量化考核。党委理论中心组被评为全省县（处）级以上党委理论学习中心组先进单位（浙江省高职院校中的唯一），其中2人获得全省高校首届"最受师生喜爱的书记"提名奖。

学校实施商科文化育人战略，组建了文化建设处，编印了《文化育人工程实施方案》，深入开展了"我的中国梦"主题教育活动。加强中华优秀传统文化教育，获批省级校园文化品牌2个，为促进人文素养与专业文化融合，立项建设校级"一院一品"校园文化品牌8个，技能文化、电商文化、毓商文化、精诚文化、外语文化、图书文化、运河文化等形成品牌。开展了"最美商院人"系列推选活动，持续推进社会主义核心价值观教育融入文化育人、实践育人、网络育人等各环节，组织实施爱国主义教育工程，在五四、国庆等重大节日开展主题活动。实施志愿服务工程，组织开展志愿服务活动。实施"导师制"建设工程，完善科级及以上领导干部和党支部书记联系学生寝室制度。实施博物馆育人工程，建成了制冷博物馆。实施校史校训育人工程，将活动与校庆纪念活动融合开展。依托校本资源，探索特色课程思政路径，开展立德树人50人谈系列活动，取得了很好的效果，拍摄了校史宣传片，扩建了校史馆，校史教育成为新生始业教育的必修课，传唱校歌成为学校大型活动的必备环节。此外还建立了校友总会和各地校友分会，校友工作的深入增强了商院人的凝聚力、归属感和荣誉感。

（二）突出学校制度的固化作用，营造有温度、有力度的制度文化

进一步推进学校章程的落实，以章程为核心，推进学校治理体系和治理能力现代化，形成《校内规章制度备案管理办法》《校内规章制度审查办法》《校内规章制度实施情况评估办法》等制度，从制度上明确学校的组织结构、

管理体制等，确保了学校相关工作运行有据可依。为全面保障学校教育事业的健康发展，推行学校规章制度"立改废"工作的实施，针对校内各部门现行规章制度进行两次全面梳理，集中清理解决了大学章程实施过程中存在的文件不规范、管理无依据、制度不完善等问题。学校各部门先后出台 600 余项制度，其中新增《中国商业经济学会职教分会内设工作委员会管理办法》《关于进一步加强"道德讲堂"校园文化品牌建设的通知》等 80 余项制度，废除《修订学籍管理制度补充规定》等近 10 项制度。学校为完善督导考核机制，修订《浙江商业职业技术学院教学督导工作条例》，丰富督导工作职能，建立督导考核机制，规范督导工作开展。学校为优化专业人才培训培养工程，实施《关于教师资格认定工作的实施办法》（浙商职院〔2014〕64 号）、《教师资格认定教育教学基本素质和能力测试标准与办法》（浙商职院〔2014〕65 号）、《学校领导联系高层次人才制度》（浙商职院党〔2013〕31 号）、《关于教师到校外企事业单位挂职锻炼的规定》（浙商职院〔2014〕56 号）、《关于青年教师助讲培养制度实施办法》（浙商职院〔2013〕67 号）、《关于院校访学（交流）人员选派和管理办法》（浙商职院〔2010〕64 号）、《关于选派教职员工出国考察培训的实施办法》（浙商职院〔2010〕47 号）、《兼职、外聘教师管理办法》（浙商职院〔2006〕67 号）、《教学名师评选办法》（浙商职院〔2010〕31 号）和《关于教职员工进修培训的规定》（浙商职院〔2014〕55 号），等等，严格根据制度进行考核。

（三）突出物质环境的外显作用，建设有品位、有特色的环境文化

坚持"环境育人"的理念，进一步凸现学校百年商教文化的鲜明特色。在校门口竖立了以校训为内容的"诚毅勤朴"大型石刻，校训内涵彰显于前；校园内选立了六座主题雕塑，其中骆耕漠、章乃器塑像凸现"甘于耕漠，乃成大器"的成才观，"腾空落雁"体育造型雕塑寓意进取拼搏的职业竞争精神，"滚动的算珠"则象征着财会专业悠久的办学历史与鲜明的人才培养特色；以办学校址变迁为主线对校园道路进行了命名；以悠久办学历程中的重要人物和事迹为主线的校史广场的建成，表达了师生对学校厚重历史的缅怀；二级学院立足自身专业特色，以"职业文化"为核心，着力营造了具有真实

职场氛围的教学和实训场馆；图书馆、体育馆、教工餐厅、学生服务大厅、学生寝室、成片绿地公园环境的改善，为师生学习交流、陶冶情操提供了更多可供选择的文化场所。教学楼，突出勤奋好学的教室文化；图书馆通过"一部一品"建设，突出阅读的书香文化；后勤处突出环保绿色，食堂突出俭以养德；学生处牵头"一楼一品"建设，做好寝室环境建设，营造浓郁的生活文化氛围。

（四）突出价值追求与外在行为统一，建设有获得感、幸福感的行为文化

立德树人是教育的核心，主题教育的灵魂就在于德。以学生在校生活与成长规律为线索，形成"月月有主题"的育人主线：9月，开展以军事训练为主题的国防安全教育和校庆为主题的爱校教育；10月，开展以职业生涯规划为主题的新生入学教育和安全纪律教育；11月，开展以文明行为为主题的礼仪教育；12月，开展以创建优良学风班为主题的学风教育；1月，开展以诚信考试为主题的诚信教育；3月，开展以安全为主题的安全教育；4月，开展以营造优良学风为主题的校纪校规教育；5月，开展以塑造阳光人格为主题的心理健康教育；6月，开展以强化感恩意识为主题的毕业离校教育；7月和8月，开展以倡导服务社会为主题的社会实践教育。作为文明古国、礼仪之邦的当代大学生，不但要"知书"，还要"达礼"，这也是"德育为先"的重要体现。继续重视文明礼仪教育，以隆重、庄严、典雅的场景、情境、仪式去潜移默化地影响学生，帮助他们提升内涵、修养与气质。榜样的力量是无穷的，通过评奖评优，包括"学期奖学金"、先进班级、文明寝室等，利用身边的先进典型教育学生，组织开展"我最喜爱的母亲和父亲""我心目中的好老师"等先进典型的评选和宣传活动，制作优秀学生典型事迹宣传展板，编辑发放《百名学子话成长》。每年举办校、院两级"学风示范班""优良学风班"建设评比活动，营造优良学风。学院积极响应国家"一带一路"倡议，加强与"一带一路"沿线国家的教育合作，为全国首批通过中外合作办学国际质量认证的2所学校之一，首家通过浙江省示范性中外合作办学项目评估，连续入选2016年、2017年、2018年全国高职院校国际影响力50强。

三、学校探索特色文化品牌的建设路径

（一）"一体两翼"校园文化品牌建设体系促进人才培养质量提升

为促进人文素养与专业文化的融合，为调动职能部门文化建设的积极性，目前已经形成以弘扬社会主义核心价值观，传承商业文化为主体，以弘扬人文精神和工匠精神为两翼的学校文化品牌建设体系。经济管理学院的毓商文化节、财金学院的精诚文化节、电商学院的电商文化节等凸现了商科特色，人文学院的国学讲堂以人文艺术修养为主旨，旅烹学院饮食文化节及应用工程学院的工匠文化节，以培养工匠精神为主旨，以及艺术设计学院的艺术＋文化节，这些文化品牌活动通过三年多的培育与建设，成效显著。以学生参加竞赛为例，通过以赛促学、以赛促教，人才培养质量逐年提升。2012—2018年，学生在浙江省大学生科技竞赛中获得一等奖110项、二等奖158项、三等奖212项。2016—2018年，学校连续三年国赛获奖人数位居浙江省第一。

（二）初步形成"课程思政"的模式与经验

初步确立了课程思政"爱党爱国、诚实守信、坚毅执着、开拓进取、勤勉刻苦、积极创新、朴实自然、纯真淡泊"等8个校级层面的指标。围绕指标点，各专业结合人才培养特性，积极探索通识课程和专业课程的思政功能。2019年3月，《中国教育报》等媒体刊发学院依托校本资源探索特色课程思政路径的"课程思政"建设经验。

（三）以赛促学，以赛促创，四轮驱动双创

学校实行全真实战创业，拥有省级科技企业孵化器、省级众创空间——创业园，以"专业教育融合、创业实践提升、校园文化引领、机制体制保障"四轮驱动全面推进创新创业教育的新跨越。以创新创业竞赛—创客空间—创业孵化器—创业加速器的创业项目孵化体系，带动学校万余名学生参加创业实践活动。学校实行政校合作、校校合作、校企合作、国际合作协同育人新机制。成立滨江民营企业协会大学生创业园分会，搭建"创业基础—模拟公司—

创业实战"三级培训机制。开设"耕漠创业班"，开展创意集市、创客分享会、创业项目路演等校园活动，点燃了学生的创业激情，营造"想创业、敢创业、会创业"的创业文化氛围。

四、典型案例及启示

案例1

旅游烹饪学院"烹饪饮食文化节"

一、项目建设目标与思路

（一）指导思想

根据中共中央办公厅印发的《关于培育和践行社会主义核心价值观的意见》，发挥社会实践的养成作用，完善实践教育教学体系，开发实践课程和活动课程，加强实践育人基地建设，打造大学生校外实践教育基地、高职实训基地、青少年社会实践活动基地，组织青少年参加力所能及的生产劳动和爱心公益活动、益德益智的科研发明和创新创造活动、形式多样的志愿服务和勤工俭学活动。注重发挥校园文化的熏陶作用，加强学校报刊、广播电视、网络建设，完善校园文化活动设施，重视校园人文环境培育和周边环境整治，建设体现社会主义特点、时代特征、学校特色的校园文化。

（二）建设目标

①创建一批层次高、受欢迎的精品活动。

②造就一批素质高、技能强的学生骨干。

③校际联合或校企联合，成为滨江高校园区的一个品牌项目。

④成为浙江省、杭州市对外交流的一个窗口。

（三）建设思路

加强学习，认真领会、深入学习贯彻党的十八大、十九大精神和习近平同志系列讲话精神中关于校园文化建设的指导方针和各项决定；注重调研，深入了解广大学生对学生活动的建议和意见，努力探索新时期高职学生活动

的自身特点和发展规律，不断改进活动质量；深入实践，注重在学习和调研的基础上深入实践，鼓励广大学生勇于实践、乐于实践、在学习中实践、在实践中学习；坚持创新，树立创新意识，培养创新能力，积极进行管理理念、工作方法和实践形式方面的创新；强调协作，维护团队内部的团结，拓宽团队校际交流的渠道，积极寻求与校内外企事业单位进行多种形式的合作；加大活动宣传力度，扩大宣传途径，充分利用网络、报纸、电台等媒体，扩大知名度和影响范围；营造良好的发展氛围，积极采取措施，多方寻求支持，营造学生社团蓬勃发展所需的良好的内外部环境。

二、实施方法与过程

（一）主办及承办部门组织机构及工作职责

主办方：浙江商业职业技术学院、浙江省教育发展中心滨江后勤公司

承办方：旅游烹饪学院、杭州滨文苑大酒店有限公司

协办方：杭州市中策职业学校、杭州市西湖职业高级中学

（二）活动开展基本情况一览表

	子项目	时间	地点	参与人数
第一届	启动仪式暨美食节开幕	2015.11.4	校内	3000 人
	烹饪知识竞赛	2015.11.12	2-104	80 人
	"中医养生之道管窥"讲座	2015.11.19	18-301	280 人
	饮食文化节游园活动	2015.11.5	18 号楼	50 人
	现代学徒制授帽仪式	2015.11.16	18-509	40 人
第二届	第二届美食节	2016.11.2	校内	3000 人
	烹饪专业特招生技能展示	2016.11.6	青春广场	500 人
	技能节	2016.12.7	18-301	80 人
	烹饪饮食讲座	2016.11.18	18-301	280 人

	子项目	时间	地点	参与人数
第三届	第三届美食节	2017.10.25	校内	3000人
	作品展示	2017.10.25	校内	20人
	"秋季食品营养与保健"讲座	2017.11.1	18-301	280人
	饮食文化知识竞赛	2017.11.8	2-104	80人
	厨艺大赛	2017.11.3	18号楼实训室	30人

1.项目启动仪式暨美食节开幕

图8-2 历届美食节开幕式

　　美食节由学校与浙江省教育发展中心滨江后勤集团公司联合举办。学校大一、大二年级烹饪、餐饮、西餐专业的学生，以班级为单位，组成4—6人的团队，每个团队配备1名指导老师。每个团队设计菜品或点心3—4种，并列出原料清单和预售价。所有原材料和价目经过指导老师和学院的审核之后，方可采购、制作。各团队成员通过市场调研和平时的观察，确定美食节出售的菜品或点心，并合理分工，积极准备。美食节还邀请了中策职高和西湖职高的学生团队以及校外企业餐饮主一起参与，在滨江六校的各公寓园区内巡回举办。学生在参与美食节的过程中，体会到菜品的设计、原料数量的采购、价格的定位以及宣传的手段都需要一定的技巧。通过活动，他们意识到存在的不足，周围的师生对学生们展出的美食也是连连称赞，希望以后每年都能开展此类活动。

　　2.烹饪知识竞赛

　　烹饪知识竞赛由在校各班，以3人为单位组队参加。赛前给予题库，围绕饮食保健、食品安全、中国菜系及小部分的烹饪技法为主要知识点。竞赛根据个人成绩和团队成绩，分别评出个人奖和团体奖。参赛选手在整个过程中不仅增长了理论知识，更增强了团队的凝聚力。

图8-3　烹饪知识竞赛现场及颁奖留影

　　3.饮食与保健讲座

　　养生、保健在当今社会已成为大众关注的焦点。在近三年中，学院邀请浙江中医药大学中医博士曹灵勇副教授、浙江中医药大学中医学博士陈伟燕等多位专家学者，为近200名学生开展了以"饮食与保健"为主题的讲座。

讲座内容从医学养生方面入手，介绍健康饮食所能带来的益处。通过这三次讲座，同学们感到对养生之道有着浓厚的兴趣，相信多接触相关知识后大家都能活学活用，增强自身抵抗力。

图 8-4　饮食与保健讲座现场

4. 游园活动

由院团委和学生会各部门组织、策划游园活动项目。活动内容与食物紧密联系，比如"我是吃货""张口吧花生君""玩转奥利奥""夹黄豆"等项目。同学们在玩的过程中了解到了各种食物的特性，还锻炼了动手能力，收获颇多。

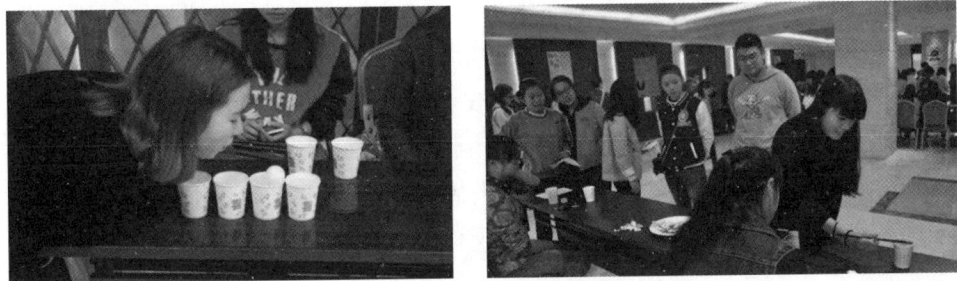

图 8-5　游园活动现场

5. 现代学徒制授帽仪式

2015 年 11 月，学院现代学徒制授帽仪式隆重举行，来自杭州中策职业学校 40 名西餐工艺五年一贯制的高一新生接受了领导的授帽。旅游烹饪学院一直致力于现代学徒制工作，此次授帽仪式就是践行"双主体"育人，培养

学生职业精神和职业荣耀的重要举措。学院通过这样的授帽仪式，加强了对学生的职业理想教育，增强学生对烹饪行业的使命感和责任感，让学生更加热爱西餐工艺专业，树立起职业理想，养成良好的职业行为习惯。

图 8-6　现代学徒制授帽仪式现场

三、成果、特色与影响

"烹饪饮食文化节"在三年的建设中通过对饮食文化的宣传，加深了同学们对饮食文化的了解，结合实践活动的开展创立了浙商院思政工作品牌。"烹饪饮食文化节"各项系列活动的举办，丰富了师生的校园文化生活，为学院的稳定和发展做出了贡献。在培养学生的动手实践能力和树立健康营养膳食理念的同时，结合校企合作，在与中职院校合作的过程中，使该项目在校园乃至社会上产生了一定的影响力。

1.创立思政工作品牌

学院在"一院一品"活动开展的过程中，在不断完善活动育人、品牌育人、文化育人工作的同时，还发挥实践育人功能，加强实践阵地建设，在不断完善与提炼中形成了浙商院"五五三微文化育人工程"思政工作品牌。文化节中的饮食健康文化讲座是育人工程中"百家讲坛"的重要组成部分，美食节、厨艺大赛、游园活动等是育人工程"百花齐放"中的集中体现，"一院一品"

活动更是育人工程"三螺旋"的关键要素。

2. 提升学生的实际动手能力和参与能力

"烹饪饮食文化节"中的活动是在教师诱导下的学生自主行为，培养了学生的主体意识、自主意识、参与意识，带动了学生社团的活力，促进了学生自我管理能力的提高。学生主动到各类实践性活动中收集问题，通过自己的分析及努力发现问题，学生的实际动手能力得到锻炼。

3. 作品质量不断提升

近三年来，学院深入推进"烹饪饮食文化节"项目的建设，不断增加对学生烹饪技能、雕刻工艺等专业辅导的投入，使学院学生的作品质量得到显著提升，在参加各类校级、省级、国家级的专业比赛，以及开展省侨联培训班等培训任务中，专业技能得到大幅提升，作品质量越来越精益求精。

4. 营养保健理念更加深入人心

学院"一院一品"活动，不只是一项校园活动，更旨在引起人们对饮食健康的关注和重视。如活动中的中餐菜品展示、中餐烹饪大赛、中医养生讲座等均弘扬了中华民族传统文化，倡导健康饮食理念，增进同学们对健康饮食文化的理解，加上活动潜移默化的隐形教育，师生们从中认识到美食背后强大的人文力量和对营养保健价值的一种深深认同。

5. 深化与滨江后勤公司、中职学校的合作

"一院一品"活动由学校与浙江省教育发展中心滨江后勤集团公司联合举办，活动期间与后勤集团公司开展了交流并建立了联系，就烹饪饮食等方面进行了广泛的交流与学习，深化了学院开展与滨江后勤公司的校企合作工作。杭州市西湖职业高级中学与杭州市中策职业学校也作为协办单位参与其中。这两家单位作为学院3+2中高职衔接合作学校，通过参与美食节的活动，学生提早认识今后的母校，提前融入校园文化氛围，做好中高职有效衔接，从而提高了学习积极性。

6. 文化品牌活动由学校延伸到周边地区，产生一定的影响力

在"一院一品"活动创建中，学院"烹饪饮食文化节"项目入选为重点培育项目，活动涉及人员多，覆盖面广，师生关注度高，对校园及滨江高教园区高校及周边社区都有较大影响力。除在校内开展"一院一品"活动外，学生还进入社会各级组织、周边社区等地宣传健康饮食的理念。同时，"一

院一品"活动与志愿服务相结合,志愿者去敬老院与老人们一同制作糕点,与浦沿街道环卫工人一起包汤圆过冬至等。每届美食节、系列讲座等活动都受到滨江各高校师生的欢迎,浙江中医药大学、杭州医学院等高校与学校积极开展联谊活动。

7. 饮食文化传播更为广泛和深远

通过作品制作、饮食健康知识讲座、烹饪饮食知识竞赛等活动,全校同学成为健康文化饮食传播的使者。活动同时展示了学生的特长才艺,提高了学生的生活实践技能,搭建起师生沟通交流的桥梁,促进了校园饮食文化的健康发展。此外,学校以烹饪工艺国家资源库项目为传播平台,将烹饪饮食文化传播到全世界,惠及每一个美食爱好者、每一个营养与保健需求者。

四、未来发展规划

1. 新一轮申报、建设

学院将结合上一轮活动的经验,在新一轮"一院一品"校园文化品牌建设工作申报工作中继续深化改革活动形式,进一步总结提炼"烹饪饮食文化节"相关经验。

2. 提炼品牌内涵,充分发挥品牌价值

"烹饪饮食文化节"将继续围绕诠释品牌理念、提升品牌认同、传递品牌价值、践行品牌使命、贯彻品牌主张为核心主题,面向全校师生,通过讲座、品牌活动、知识竞赛等挖掘"烹饪饮食文化"品牌内涵,充分发挥品牌价值。

3. 与烹饪工艺国家资源库结合,将工匠精神弘扬下去

在后期的建设中将与烹饪工艺国家资源库相结合,继续弘扬旅游烹饪学院烹饪专业的工匠精神,为成就学生未来的职业梦想奠定基础。

4. 三年目标

在未来三年中,将继续深化学院"一院一品"建设工作,继续提炼总结相关经验,进一步提升活动影响范围,努力打造滨江高教园区内具有一定知名度、广泛参与度的校园文化品牌。学院、浙江省教育发展中心滨江后勤公司、周边企业(酒店)、中职学校、社区五位一体,共同参与共同创建。

案例2

阅读战疫情 知识赢未来

——浙江商业职业技术学院第十二届读书文化节

2020年的这个春天有些特殊，一场突如其来的疫情阻隔了读者与图书馆间的距离，但图书馆的各项推广活动没有停歇。2020年4月23日是第二十五个世界读书日，以"阅读战疫情 知识赢未来"为主题的浙江商业职业技术学院第十二届读书文化节活动在"云"上拉开序幕，与浙商院师生在"云端"别样相聚，让众多浙商院师生在疫情防控这一特殊时期，感受阅读的美好时光，汲取知识的力量。在图书馆的精心策划下，在党委宣传部、马克思主义学院，以及各二级学院的共同努力下，历时近两个月的读书文化节于6月19日圆满落幕。

本届读书文化节以"阅读战疫情 知识赢未来"为主题，开展了"云阅读 线上打卡21天"习惯养成活动、"科普阅读 知识战疫"线上答题竞赛活动、"晒青春视觉 留存抗疫记忆"摄影比赛活动、云记"疫"系列观影微征文比赛活动等14项活动，吸引6000余人次师生参与，近600人次获奖，达历年获奖人次之最。本届读书文化节活动项目虽没有往年多，但内容很丰富，有阅读打卡、各类竞赛、专题讲座、交流互动、专题展览等，既结合当下全民战"疫"的大环境，又充分满足师生个性需求，营造了浓厚的书香氛围，有利于提升师生文化素养。

一、线上展播，扩大交流互动

由于疫情原因，往年读书文化节最隆重的开幕式与闭幕式从线下"搬"到了线上，图书馆首次以"云开幕""云闭幕"的方式与大家相见。开幕式采取当下流行的线上展播形式，形式活泼，让人耳目一新，更有号召力与感染力。"云开幕"中，校党委委员、宣传部部长朱有明致辞，2019年度"借阅之星"教师代表陈煦与学生代表梁樱曦发言，观展集锦视频与云闭幕系列活动集锦视频，将读书文化节开展的活动更直观、更完整地呈现给每个读者，

让不在现场的读者也能看到活动中每时每刻的精彩场面。

为增加与读者的交流互动，图书馆还在读书文化节期间开展"云观影 亮观点"线上微话题讨论活动。展现校园生活的图书馆微电影《万卷之恋》被剪辑成 10 个主题视频小片段，细分为 14 个微话题，在微信公众号上定期展播供读者欣赏，学生可在线上留言讨论，聊聊那些美好的校园经历，回味校园幸福的阅读生活。线上微话题讨论活动一经推出，就受到了同学们的热烈欢迎，大家各抒己见，后台共收到 800 余条留言，这些留言拉近了图书馆与读者之间的距离。

二、线上打卡，培养学习习惯

世界著名心理学家威廉·詹姆士说过："播下一个行动，收获一种习惯；播下一种习惯，收获一种性格；播下一种性格，收获一种命运。"为培养师生良好的学习习惯，更好地推动全民阅读、终身学习，本届读书文化节开展了"云阅读 线上打卡 21 天"阅读习惯养成与"名师云相约 线上听讲座"打卡活动，阅读打卡活动参与者须坚持 21 天在小组里打卡，并发布阅读心得，讲座打卡活动须连续 10 天每天完成 30 分钟的线上打卡。其中 1138 人参与阅读打卡活动，1267 人参加线上听讲座打卡活动。这些线上打卡活动引导师生在疫情期间通过云阅读、云讲座的方式，养成长期自觉学习的习惯，开阔眼界、增长见识；同时，也向读者更好地推广了图书馆的相关数字资源。

三、线上竞赛，比拼才艺知识

本届读书文化节共开展了第二届全国"图书馆杯"主题图像创意设计大赛、"晒青春视觉 留存抗疫记忆"摄影比赛、云记"疫"系列观影微征文比赛、"赞抗疫英雄 讲战疫故事"朗读比赛、"科普阅读 知识战疫"线上答题竞赛、"走进电子资源 享受全新阅读"图书馆资源知识（线上）竞赛、"以笔讴英雄 以文传力量"战疫书画比赛等 7 个竞赛类项目。这些竞赛形式多样，既有知识类竞赛，也有征文、摄影、朗诵、设计、书画类比赛。摄影比赛与书画比赛记录展示了疫情期间浙商院师生积极向上的精神风貌和敢于担当的时代风采；微征文比赛以文诵情，讴歌疫情期间的最美身影、最美人物和最美事件；朗诵比赛用声音致敬最美逆行者，以朗诵的方式为祖国加油；两项知识竞赛参与人数最多，加深了读者对疫情防控与图书馆电子资源的了解。

线上竞赛的火热程度，再次显示了师生对学校读书文化节的欢迎和喜爱。

四、线下展览 战"疫"记忆留存

由于疫情原因，读书文化节线下活动以展览为主，分别举办了"众志成城 抗击疫情"专题图片展，摄影、微征文比赛优秀作品展与"以笔讴英雄 以文传力量"战"疫"书画、非遗剪纸作品展。

三场线下展览皆与疫情主题相关，吸引了2000余人现场观展。图书馆积极发挥思想教育阵地作用，充分利用好丰富的战"疫"素材，将其转化为打动人心的教育资源，讴歌抗"疫"英雄，礼赞抗"疫"事迹，赞美大爱精神，弘扬主旋律，传播正能量，引导学生爱国、爱党、爱社会主义，强化新时代的大学生在抗"疫"时期应有的责任和担当。

不知不觉间，学校读书文化节已举办了12届，面对突如其来的新冠肺炎疫情，本届线上线下结合、丰富多彩的读书文化节活动，既缓解了疫情期间的焦虑情绪，又使广大师生感受到读书的别样温暖。2019年8月21日，习近平总书记在读者出版集团考察调研时强调，要提倡多读书，建设书香社会，不断提升人民思想境界、增强人民精神力量，中华民族的精神世界就能更加厚重深邃。图书馆积极践行习近平总书记的讲话内容，发挥文化育人阵地作用，引导广大师生把读书当成一种生活常态，在阅读中提高思想水平、坚定理想信念、提升精神境界，培养创新精神和实践能力，努力营造浓厚的校园读书氛围，为推进校园文化建设、助力"双高"建设贡献智慧力量。

第三节

德以树人、文以济商的文化品牌培育

一、德以树人　厚德载物的道德讲堂

当今社会已经进入到一个多元化的阶段，市场经济的发展、人们财富的增加，社会结构和人们的价值取向都发生了一系列变化。随之而来的是传统道德观念受到的严重冲击，以及一些思想道德领域出现的问题。[①]大学生作为社会未来发展的主力军，承担着国家未来建设发展的重任，多年来党和国家高度重视大学生思想道德教育，也相继出台了许多政策和措施来推进这项工作。党的十八大报告提出，社会主义核心价值体系是兴国之魂，决定着中国特色社会主义发展方向。要深入开展社会主义核心价值体系学习教育，用社会主义核心价值体系引领社会思潮、凝聚社会共识。为了强化价值观导向，引导大学生树立正确的价值取向，各高校也都在积极探索大学生思想道德教育的有效途径。"道德讲堂"就是在这样的社会背景下应运而生的。

（一）"道德讲堂"活动的建设开展与特点

"道德讲堂"以提升公民思想道德修养和文明素质为核心理念，以社会公德、职业道德、家庭美德、个人品德为教育主线，以"身边人讲身边事，身边人讲自己事，身边事教身边人"为主要实践方式，自 2009 年 11 月在常

---

① 张鹏路，赵银祥．"道德讲堂"对坚定大学生践行"中国梦"理想信念的价值研究 [J].
河北联合大学学报（医学版），2014(2)：276−277.

州市钟楼区开始试点建设以来，得到了中央文明办的肯定，并成为公民思想道德建设的品牌实践案例在全国推广。①

总体来说，"道德讲堂"的一般流程包括"省吾身""唱歌曲""学模范""诵经典""谈感悟""送吉祥"等固定环节。开展"道德讲堂"对于高校来说，是对师生进行礼仪、诚信、和睦及友善为核心的道德教育，通过听、看、讲、学、议、悟等形式，发掘、学习、讨论、感悟发生在师生身边的善行，从身边出发，将道德的力量进行广泛传播，让学生感受先进人物的优秀品质，从而转化为实际行动，推进德育工作的开展。

（二）"道德讲堂"在学生德育工作中的优势
1. 创新宣教模式，"模范"贴近生活

我们可以看到，过去的德育教育形式较为固定，基本是老师讲、学生听。老师是宣讲主体，选取一些公认的道德榜样并传播给学生。这类教育形式有一定的传播效果，但是理论性较强，形式较为古板，学生参与度低。在内容选取上，由于传播者（老师）和受众（学生）从年龄层次、知识结构、生活经历等方面都有一定的差距，老师所讲的理论或者选取的案例，对于学生来说有距离感，缺乏普遍的认同感，较难产生共鸣。从传播学角度来说，信息的内容（即传播者传播的内容）是否为接受者所关心、感兴趣，是否重要、新鲜，是否可靠、可信，这一点是受者价值判断的中心点，也是决定传播效果的关键所在。②从这点上，我们可以分析出，以往德育教育所传播的信息内容如果让学生这些受众群体感觉有距离感，那么其传播效果一定会受到影响，从而很难达到预定的教育效果。

"道德讲堂"与以往的宣教模式最大的不同是其主体的变化：原来课堂上宣讲的主体都是书本上、媒体里出现的模范人物，大家在台下聆听、学习，但是在"道德讲堂"中，宣讲的主体就是发生在周围的人和事，他们可能是周围的同学，也可能是每天给同学上课的老师。这使得"道德讲堂"的"道德榜样"变得生活化、多元化。比如，浙江商业职业技术学院"道德讲堂"

① 孙晔晗. 构建大学生核心价值观教育载体"道德讲堂"[J]. 新西部(理论版)，2015(24)：128.
② 陈波. 传播学视野下的高职院校形象塑造[D]. 苏州：苏州大学，2009.

自2013年12月启动以来，以各二级学院、校团委为承办单位，先后开展了"见义勇为　感动商职""扬职业道德　展职业形象""尊老爱幼　共筑家庭美德""树勤奋之德　弘坚毅之神""道德贸易""以德持人　以儒促商""诚信、责任、共赢——做最美浙商人""增强网络道德意识，共同建设网络文明""在逆境中成长""诚信·善心·孝行"等20次主题讲座，受到了师生们的积极响应，其中有些讲堂是针对学生的，也有一些讲堂是针对全校师生员工的，如"弘德树人　师韵兰香"就是以学校全国模范教师潘小慈事迹为例进行宣讲的，这对全校教职员工师德师风建设有积极的推动作用。在这个传播过程中，"道德讲堂"充当了一个很好的信息传递媒介，通过宣讲、学习、谈感悟、做承诺等环节，受众对所受到的教育有很好的反馈效果。

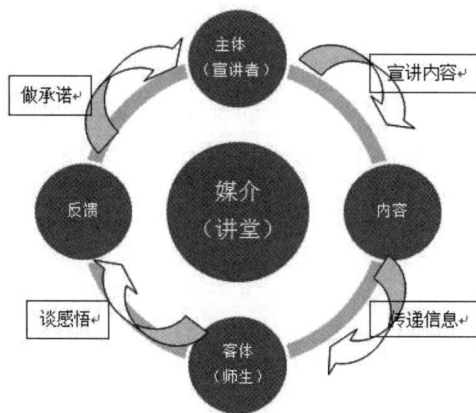

图 8-7　"道德讲堂"传播模式

2. 精准定位内容，形式丰富多样

要提高宣讲效果，关键是讲堂要有针对性的主题设计。学校在上级对"道德讲堂"建设共同要求的基础上，立足学校实际，高度注重校情校史、专业实际、师生特点，注重选题内容的针对性，每一期讲堂主题的选定，紧密结合参加对象，精心确定讲堂主题。如，参加主体为老师的，就确定以"弘德树人　师韵兰香"为主题，以该校全国模范教师潘小慈事迹为主，通过"身边的感动"感动身边的人；如参加主体为学生的，则根据所在学院、所在专业的不同，

精心选取不同的主题及其所需要的故事内容，让参加对象深感亲近。如，外国语学院以"道德贸易"为题对外贸专业学生开展道德宣讲，经济贸易学院承办时则选取"以德持人 以儒促商"的主题，信息技术学院承办时则以"增强网络道德意识，共同建设网络文明"为主题，等等，其中，"以德持人 以儒促商"一讲，还特别邀请本专业的校友返校为学弟学妹们讲述自己的亲身经历。宣讲内容针对性强，主题内容设计精准，学生参与度高，能引起共鸣，德育效果好。

"道德讲堂"每确定一个主题后，要求宣讲员围绕流程进行宣讲，其中也可以穿插创新环节。学院在固定流程的基础上，根据选题内容设置具体环节，如赞师风、做承诺、做点评、领导寄语、情景剧表演、猜谜语等，创新形式，不拘一格，在展现主题内容的前提下，轻说教、重共鸣，以接地气的方式让参加对象耳濡目染、感同身受，有效提升了讲堂的影响效果。

（三）"道德讲堂"的实施效果与积极影响

1. 将德育工作外化于行、内化于心

众所周知，道德的榜样具有很强的价值引领作用。一些书面教育相对来说较为抽象，通过"道德讲堂"的开展，树立起一系列真实的、贴近生活的鲜活"榜样"，通过宣传他们的高尚品德和感人行动，将抽象的道德规范形象化，让师生在参与"道德讲堂"的同时对这些品质产生共鸣，在无形中学习到道德榜样的优秀品质，从而约束和规范自己的行为。对于学生来说，这种教育模式更容易被认同，这对促进学生道德品质及价值观的形成、构建有着十分积极的作用。对于高校的教职员工而言，参与有针对性内容的"道德讲堂"，有助于促进人格的自我完善，使学习到的精神能够外化于行、内化于心。[1]

2. 构建良性运行机制 形成德育新阵地

"道德讲堂"在高校的顺利开展，离不开学校党委的领导和支持，同时也需要各有关部门相互合作、协调运作。各部门的协作对推动"道德讲堂"

---

[1] 张岚.论道德榜样对大学生道德发展的影响 [J]. 学校党建与思想教育，2016(2)：24-25.

的开展起到了积极的促进作用，也为讲堂的健康有序可持续发展提供了有效的组织保障。各二级学院及有关部门作为"道德讲堂"开展的组织方，发现、挖掘身边一个个感人的故事，推出一个个具有影响力的典型人物，通过真人真事，尤其是切实发生在周围的感人事迹，真正让师生通过"道德讲堂"接受一次又一次精神的洗礼。拉近传统意义上"道德模范"的距离感，鼓励大家发现自己周围的善行善举。通过机制的有效构建、主题的精心选取、环节的创新设计、成果的辐射推广，"道德讲堂"发展成为校园开展思想道德教育的新阵地，成为较为成熟的校园文化建设的重要品牌，对巩固高校文明校园创建成果、提升师生思想道德修养和校园文明程度起到了积极的作用。

（四）历年"道德讲堂"活动情况

表8-2　浙江商业职业技术学院历年"道德讲堂"活动情况汇总

讲次	时间	主题	内容	召集单位
第一讲	2013年12月5日	见义勇为感动商职	①省吾身：静思1分钟 ②唱歌曲：唱一首歌《浙江商业职业技术学院校歌》 ③学模范：视频《2012感动中国十大人物之陈斌强》；《见义勇为·感动商职》赵济锋的故事 ④诵经典："义"的理解 ⑤谈感悟：谈一谈对于道德模范事迹的感悟 ⑥送吉祥：送道德小礼品 ⑦做承诺：课后对照自身不足做一个承诺 ⑧做点评：由宣传部部长对第一讲做点评	浙江省商业集团有限公司
第二讲	2013年12月25日	扬职业道德展职业形象	①省吾身：静思1分钟 ②唱首歌：唱首歌《浙江商业职业技术学院校歌》 ③学模范：《2009年感动人物——导游文花枝》视频《最美司机吴斌》、学生模范代表发言 ④诵经典：《道德经》 ⑤谈感悟：在场学生谈一谈对于职业道德教育的感悟 ⑥送吉祥：送道德小礼品 ⑦做承诺：课后对照自身不足做一个承诺 ⑧做点评：由党总支副书记刘晨做点评 ⑨唱歌曲：《让世界充满爱》	旅游烹饪学院党总支

续表

讲次	时间	主题	内容	召集单位
第三讲	2014年4月1日	尊老爱幼 共筑家庭美德	①省吾身：静思1分钟 ②唱首歌：《时间都去哪了》 ③学模范：2013年"感动中国"获奖者姚厚芝视频、感人的爱情故事、学生模范代表发言 ④诵经典：有关家庭美德经典诗句、格言的讲解 ⑤谈感悟：在场学生谈一谈对于家庭美德的感悟 ⑥送吉祥：猜谜语送吉祥礼品 ⑦做承诺：对照自身不足做一个承诺 ⑧做点评：由党总支书记郑义臣做点评	人文学院党总支
第四讲	2014年4月24日	树勤奋之德 弘坚毅之神	①省吾身：静思1分钟 ②唱首歌：唱首歌《浙江商业职业技术学院校歌》 ③学模范：《身残志坚的无臂女孩雷庆瑶的追梦人生》、学生模范代表发言（樊志婷发言） ④诵经典：宋濂《送东阳马生序》以及孟子《生于忧患 死于安乐》故事的解析 ⑤谈感悟：在场学生谈一谈勤奋和毅力对于大家品质、品德影响的感悟。 ⑥送吉祥：送道德小礼品 ⑦做承诺：课后对照自身不足做一个承诺 ⑧做点评：由党总支副书记余益峰做点评	应用工程学院党总支
第五讲	2014年6月4日	道德贸易	①省吾身：静思1分钟 ②唱首歌：唱首歌《浙江商业职业技术学院校歌》 ③学模范：全国第四届道德模范宁凤莲："诚实守信、以德经商"模范；李国武："用道德标准做食品"典范 ④践行方案：道德贸易 ⑤谈感悟：在场学生谈一谈通过上述环节的学习，对大家品质、品德影响的感悟 ⑥做承诺：课后对照自身做一个承诺 ⑦做点评：由学院党总支副书记胡叶茂做点评	外国语学院党总支

续表

讲次	时间	主题	内容	召集单位
第六讲	2014年10月16日	以德持人以儒促商	①省吾身：静思1分钟 ②唱首歌：唱首歌《浙江商业职业技术学院校歌》 ③学模范：宁凤莲　诚信立业、学生模范 ④诵经典：讲解《道德经》第三十八章 ⑤谈感悟：在场学生谈一谈对于职业道德教育的感悟（陈杨，应佳妮，洪颖，程罗婷，谢晴雯） ⑥做承诺：课后对照自身不足做一个承诺 ⑦点评：由党总支副书记蓝少鸥做点评 ⑧唱歌曲：《和你一样》	经济贸易学院党总支
第七讲	2015年11月27日	道德模范树榜样核心价值正能量	①省吾身：PPT2；《论语·学而》打印版 ②唱首歌：《长风向海》 ③诵经典：邱宁 ④学模范：陈姣 ⑤谈感悟：刘知豪，韩飞，汤丽君，方硕瑾 ⑥送吉祥：小礼品 ⑦做承诺：制作承诺表，请参加人员签名 ⑧做点评：钱部长	浙江省商业集团有限公司
第八讲	2014年11月12日	增强网络道德意识，共同建设网络文明	①省吾身：静思1分钟 ②唱首歌：唱首歌《浙江商业职业技术学院校歌》 ③学模范：《宝贝回家网创始人》、《中国网事·感动2013》、学生代表发言 ④诵经典：《大学之"慎独"》 ⑤谈感悟：在场学生谈一谈对于网络道德教育的感悟 ⑥做承诺：课后对照自身不足做一个承诺 ⑦做点评：由党总支副书记吴小松做点评	信息技术学院党总支

讲次	时间	主题	内容	召集单位
第九讲	2014年12月18日	逆境中成长	①省吾身：听一曲"阳光三叠"，自我反省1分钟 ②唱歌曲：由陈亚彬老师领唱校歌，全体人员一起合唱 ③学模范：看一些德模范人物或故事主人翁先进事迹，由主持人介绍后宣布宣讲人（周耿）发言。宣讲人发言结束后主持人再做补充。由白桦林话剧社为我们带来话剧——《逆境中成长》。 ④诵经典：由环艺1328班刘云同学带领回顾海伦·凯勒的故事，通读经典，巩固提升道德认知和道德情感 ⑤做承诺：做道德承诺，自我牢记 ⑥写德字：书法协会会长软笔书写大德字，每位来宾写下一个"德"字。向道德模范周耿学长送"德"字，以示敬意 ⑦书校训：请徐同林老师给同学书校训 ⑧谈感想：现场邀请同学谈感想，由参会人员评议身边好人故事，品悟道德力量，升华自身境界 ⑨送吉祥：赠送"道德讲堂"活动礼品（一本小记事本），记录成长点滴	艺术设计学院党总支
第十讲	2015年1月4日	诚信善心孝行	①听首歌：听经典歌曲的同时观看歌曲MV ②学模范：观看《2013年感动中国》方俊明的视频 ③讲事迹：《金森兴——孝道篇》、金森兴同学讲述自己的故事 ④诵经典：《道德经》第八章 ⑤授礼仪：讲解礼仪知识、礼仪操 ⑥悟家书：读一封家书 ⑦谈感悟：在场学生谈一谈对于道德大讲堂的感悟 ⑧做承诺：全场师生一起做承诺 ⑨做点评：由校宣传部部长张国宏点评	财会金融学院党总支

续表

讲次	时间	主题	内容	召集单位
第十一讲	2015年4月22日	弘德树人师韵兰香	①省吾心：一问，我爱课堂吗；二问，我爱学生吗；三问，教育是否让我充满了成就感 ②唱歌曲（团委金绍锋、应用工程学院孟庆生、财金学院杨怡飞、旅烹学院胡菁菁）歌曲《爱因为在心中》 ③学模范："至高荣耀" CCTV2012教师节晚会叶笃正先生视频；全国模范教师潘小慈事迹介绍，宣传部部长张国宏、人事处处长周英豪送匾，请张宝忠校长揭幕 ④赞师风：学生项羽婷朗诵《你是这样的人》 ⑤说感言：人文学院钮倩、经济贸易学院沈侃、应用工程学院齐盛 ⑥做承诺：经贸学院教师高树昱师德承诺宣誓誓词 ⑦寄心语：校党委书记骆光林寄语 ⑧送吉祥：教育经典著作《给教师的101条建议》	宣传部人事处团委
第十二讲	2015年5月21日	继承爱国传统弘扬中国精神	①省吾身：静思3分钟 ②唱首歌，诵经典：唱首歌《中华人民共和国国歌》，学生模范代表发言 ③学模范：《长征》视频，学生模范代表发言 ④谈感悟：大学生该如何爱国 ⑤做承诺：课后对照自身不足，做一个承诺，学生模范代表发言 ⑥做点评：由党总支书记郑义臣做点评	人文学院、社科部
第十三讲	2015年6月19日	身残志坚自强不息	①省吾身：静思1分钟 ②唱首歌：唱歌曲《隐形的翅膀》 ③学模范：《身残志坚无臂男孩刘伟的追梦人生》、学生模范代表、应电1227班金鹏程事迹介绍发言（班级同学代表孙吴晶、杨琦和班主任余有芳老师发言） ④诵经典：周易的《天行健》以及晋书《车胤传》故事的解析 ⑤谈感悟：在场学生谈一谈勤奋和毅力对于大家品质、品德影响的感悟 ⑥送吉祥：送道德小礼品 ⑦做承诺：课后对照自身不足做一个承诺 ⑧做点评：由党总支副书记余益峰做点评	应用工程学院党总支

讲次	时间	主题	内容	召集单位
第十四讲	2015年9月23日	立德树人为人师表	①省吾心：张淑英一问，我爱课堂吗？二问，我爱学生吗？三问，教育是否让我充满了成就感 ②唱歌曲：歌曲《爱因为在心中》 ③学模范：4分钟视频；经贸学院吴俊老师事迹介绍 ④赞师风：学生幸丹丹朗诵《只要你坚强》 ⑤说感言：吴俊老师说感言 ⑥做承诺：学生代表宣誓 ⑦寄心语：蓝少鸥	经济贸易学院党总支
第十五讲	2015年12月17日	创业铸就梦想行动实现价值	①唱歌曲：唱首歌《浙江商业职业技术学院校歌》 ②诵经典：《从小事做起的王永庆》 ③学模范：采访视频（5分钟）学生模范代表发言 ④做承诺：学生代表带领成员做道德承诺，自我牢记 ⑤绘梦想：现场作画，绘制创业梦 ⑥谈感悟：在场学生谈一谈对于创业道德教育的感悟 ⑦做点评：邀请学院领导评价同学们的创业梦 ⑧省吾身：静思1分钟 ⑨送吉祥：送道德小礼品	艺术设计学院党总支
第十六讲	2015年12月29日	商业道德	①嘉宾介绍（1分钟） ②省吾身：静思1分钟 ③唱首歌：唱首歌《浙江商业职业技术学院校歌》 ④学模范：a.荆楚楷模—江家姐弟"诚信为人、诚信做事"b.道德模范孙世福："做人讲良心、做食品讲诚信" ⑤谈感悟：在场学生谈一谈关于商业道德的感悟 ⑥做承诺：课后对照自身不足做一个承诺 ⑦做点评：由创业教育学院院长何伏林做点评	外国语学院党总支

讲次	时间	主题	内容	召集单位
第十七讲	2016年4月14日	以热爱祖国为荣——我为G20峰会添光彩	①省自身：静思1分钟 ②唱歌曲：唱首歌《中国冲冲冲》 ③学模范：刘晨书记做G20服务生培训项目介绍、学生代表王旭发言 ④诵经典：《天下兴亡　匹夫有责》 ⑤谈感悟：在场学生谈一谈对"我为G20峰会添光彩"的感悟 ⑥送吉祥：送小礼品 ⑦做承诺：课后对照自身不足做承诺 ⑧做点评：嘉宾点评	旅游烹饪学院党总支
第十八讲	2016年5月27日	常怀感恩之心——感恩父母	①省自身：静思1分钟 ②学模范：连虹伟述说母亲故事、讲述金森兴奋的行孝 ③颂母亲：《我爱你们，我的父母》 ④谈感悟：在场学生谈一谈对"父母行孝"的感悟 ⑤送祝福：送小礼品 ⑥唱歌曲：唱首歌《感恩的心》 ⑦做承诺：课后对照自身不足做承诺 ⑧做点评：嘉宾点评	信息技术学院团委
第十九讲	2016年6月3日	弘扬雷锋精神做新时期道德楷模	①省自身：静思1分钟 ②唱歌曲：唱首歌《雷锋精神传承发扬》 ③学模范：弘扬雷锋精神 做新时期道德楷模 ④诵经典：《雷锋日记》摘抄 ⑤谈感悟：在场学生谈感悟 ⑥送吉祥：送小礼品 ⑦做承诺：课后对照自身不足做承诺 ⑧做点评：嘉宾点评	人文学院党总支
第二十讲	2017年11月15日	以诚立身以信立业	①唱国歌：电商17094班领唱 ②论时代：吴小松书记解读"社会主义核心价值观"；杭州烧皮鞋事件视频＋材料 ③谈职业精神：企业管理者谈电商职业道德 ④诵经典：诗词朗诵 ⑤唱校歌：由国贸17068班同学演唱 ⑥学模范：讲故事——经营"良心药"；教师代表发言 ⑦做承诺：打假小品表演；毕业班学生发言 ⑧送吉祥：送电商学院设计小礼品 ⑨做点评：校园文化建设处王勇做点评	电子商务学院

续表

讲次	时间	主题	内容	召集单位
第二十一讲	2017年11月20日	精诚道德讲堂	①唱国歌 ②看事例：托尔斯泰的人生事迹；北大校长蔡元培的事迹 ③诵经典：诗词朗诵《陋室铭》 ④论影响：郭晶晶、霍启刚的行为视频；李兆会和车晓的事件；邀请人文学院院长张国宏谈谈对此的看法 ⑤唱校歌：由2017级院十佳歌手获奖者演唱 ⑥学模范：任正非纯朴生活与王健林出门的对比视频 ⑦做承诺：学生干部鲍琳莉发表感言并带头做出承诺；全体学生填写朴以求真倡议书并承诺 ⑧送吉祥：书记送小礼品给领导；进场签到时观众领取小礼品 ⑨做点评：校领导帮点评总结	财会金融学院
第二十二讲	2018年5月18日	青春与担当	①唱响青春：唱校歌 ②自省青春：观赏青春励志视频 ③聆听青春：嘉宾演讲 ④颂扬青春：朗诵《少年中国说》 ⑤青春宣誓：入团誓言改编歌曲 ⑥青春寄语：观看自制视频 ⑦青春感悟：学生谈感受 ⑧青春祝福：宣传部副部长做点评、观众领吉祥礼品	艺术设计学院
第二十三讲	2018年6月13日	弘扬"红船精神"走在时代前列	①论时代——旅游烹饪学院党总支副书记刘晨发言 ②唱歌曲：唱《校歌》 ③学模范：视频港珠澳大桥（开天辟地、敢为人先的首创精神）、《南仁东》（坚定理想、百折不挠的奋斗精神）、刘晨书记介绍浙商院周夕容（立党为公、忠诚为民的奉献精神） ④诵经典：《天下兴亡　匹夫有责》 ⑤谈感悟：在场学生谈一谈对"红船精神"的感悟 ⑥送吉祥：送小礼品（书签） ⑦做承诺：课后对照自身不足做承诺 ⑧做点评：嘉宾点评	旅游烹饪学院

续表

讲次	时间	主题	内容	召集单位
第二十四讲	2019年12月19日	弘扬工匠精神 提升职业道德	①自反省 ②唱歌曲：唱《工匠梦》 ③颂经典：诵读《论语》有关工匠精神或职业道德的相关篇章，并配合抢答环节 ④学模范：特邀请应用工程学院优秀毕业生、省级高技能领军人才郑雄结合个人工程实践案例、参赛经验等，分享个人在专业道路上不断攻克技术难关，最终取得优异成绩的心得体会；应用工程学院党总支书记何荣华谈对榜样人物的看法 ⑤重传承：学生干部胡嘉琛发表感言做出承诺 ⑥谈感悟：应用工程学院教师代表梁超老师、学生代表卫乐楷分享此次活动的感悟，表示通过此次讲座，对工匠精神的含义有了更深刻的理解，并表示要攻坚克难，不断提升专业技能 ⑦做点评：校园文化建设处处长王勇做点评	应用工程学院

二、文以济商 文传古今的国学讲堂

（一）扬国学精粹，弘人文精神——"国学讲堂"开设情况概述

在构建社会主义核心价值观的过程中，国学中的道德准则和伦理规范，对提升国人道德水准、维持良好社会秩序具有重大意义。2015年6月，由浙商院和浙江复兴国学研究院主办、人文学院承办的"国学讲堂"开讲仪式在报告厅举行，体现出浙商院对复兴和发扬中国文化传统美德的坚定信心。张宝忠校长在发言中鼓励学生，通过参与"国学讲堂"，聆听国学的智慧、培养优雅情怀、厚积人文底蕴、激发民族精神，共同来营造传统文化与商业文化完美融合的商职院校园文化氛围。从2015年至今，浙商院已成功举办国学讲堂讲座十余次，下面将从基本经验、主要做法与未来展望三个方面，对"国学讲堂"的开设情况予以概述。

（二）基本经验

1. 传承文化精髓

习近平总书记曾指出："一个国家、一个民族的强盛，总是以文化兴盛为支撑的。没有文明的继承和发展，没有文化的弘扬和繁荣，就没有中国梦的实现。"可以说，传承文化精髓，弘扬国学精粹，理应是国学讲堂开设的宗旨之一。

在一次讲座中，应邀主讲人魏庆培教授围绕"中国传统文化的十大价值"，旁征博引，对当下的文化现象进行了深度剖析。并通过对《论语》《道德经》等经典文献的解读，重点阐释了传统文化折射出的"仁者爱人"的天下胸怀、"内圣外王"的价值追求、"自强不息"的品格意志、"和合中庸"的人生哲学、"坚守良知"的道德理想等。

2. 培养理想人格

国学讲堂以传承文化为根本目的，培养学生理想人格。透过国学讲堂，鼓励新时代大学生坚持独立思想，坚持反省与批判精神，拥有人文情怀，满怀求真求实求知的热情，立足现实、超越现实、走向诗意人生。浙商院文学博士贾继用教授就在一次讲座中，围绕中国人要有博大的理想、宏大的抱负、包容的精神、高尚的理想人格、浪漫情怀与进取精神等内容，运用了大量古今中外名人事迹，指出了弘扬中国人精神的时代价值。马克思主义中国化与弘扬中国传统优秀文化，乃至内化为中国人的精神品质，是增强文化自信、实现文化自觉的必由之路。

3. 打造国学品牌

国学作为中国传统文化的主要载体，对我国社会进步和经济发展具有重大意义。浙商院国学讲堂在成立之初就旨在与国学院一起，共同打造具有商科特色的"国学讲堂"品牌。如，浙江警察学院的社科部主任余丽芬教授就曾围绕"宁波帮"之"志存高远、勇于进取，审时度势、把握商机，诚信为本、义内求财，相助相亲、和合共赢"的精神内涵举行了专题讲座，让师生深刻感受到"商"的智慧、魅力与意义。

（三）具体做法

浙商院"国学讲堂"主要邀请校内外的专家学者，为师生带来多角度、广视野的文化讲座，并力求贴合浙商院学生的现状，突出商科院校的特色。

表8-3 "国学讲堂"开设情况一览表

时间	地点	主题	主讲人	参与人员
2015.6.3	报告厅	国学的现实意义	浙江复兴国学研究院执行院长陈梦麟	学校宣传部、教务处、学生处、团委、人文学院负责人及相关教师，以及学生共300余人参加了讲座
2015.11.26	5号报告厅	国学文化和传统诗词	浙江大学人文学院客座教授、复兴国学院副院长王翼奇先生	浙商院300余名大学生聆听了讲座
2016.3.16	报告厅	传统文化与现代德育	华侨大学文学院院长、硕导孙汝建教授	副校长李贤政、人文学院副院长王勇及有关老师出席了讲座
2016.6.25	18号楼三楼报告厅	大变革中自我重生	浙江复兴国学院院长助理、时代传媒创始人蒋易君先生	复兴国学院院长陈梦麟，浙江省经信委处长骆云伟，浙江省商研所副所长叶耀庭、我校副校长李贤政、宣传部部长张国宏、人文学院部分教师，还有30多家企业中高层管理者，以及学生共300余人参加了讲座
2016.9.21	18号楼三楼报告厅	易经与人生	浙江大学文学博士蒋青林先生	人文艺术教研室相关教师及200余名学生参加并聆听了讲座
2017.4.6	报告厅	国学中的人生智慧	浙江理工大学生态哲学研究所所长郑显理副教授	校党委委员、副校长李贤政，相关师生共300余人出席讲堂
2017.5.4	3-212教室	中国人的精神	人文学院人文艺术教研室主任贾继用博士	人文学院专、兼职老师、学生200余人参加了此次讲堂
2017.5.10	报告厅	书法如来神掌	学校纪委副书记、中国书法家协会会员、浙江省书法家协会教育委员会副秘书长徐同林副教授	经管学院潘慧明教授、人文学院贾继用博士及相关老师、各学院学生共300余人出席讲堂
2017.11.2	报告厅	"宁波帮"精神及其当代	浙江警察学院社科部主任余丽芬教授	人文学院院长张国宏教授主持，学院部分师生共300余人出席讲座

续表

时间	地点	主题	主讲人	参与人员
2017.11.24	报告厅	穿行在传统与现代之间的鲁迅	人文学院教师、文学博士黄道友	200余名师生出席了讲座
2018.3.19	报告厅	国学传统与智慧人生	浙江大学人文学院教授、国学智慧与领导力提升研究所所长张应杭	讲座由副校长李贤政主持，人文学院有关老师及学生近300人到场聆听
2018.4.19	报告厅	中国传统文化与理想人格培养	杭州师范大学副教授、硕士研究生导师赵玉强	讲座由人文学院院长助理陈煦主持，人文学院院长张宏国、人文艺术教研室主任贾继用等相关师生300余人聆听了讲座
2019.6.12	报告厅	中国传统文化的当代价值	浙江警官职业学院教授魏庆培	讲座由人文学院人文艺术教研室主任贾继用教授主持，我校师生200余人聆听了讲座

除此之外，还结合书法比赛、经典诵读比赛等活动，多维度地推广传统文化和国学精粹。

（四）展望未来

回顾浙商院举办"国学讲堂"的缘由和历史，"国学讲堂"已为广大同学构建了学习优秀传统文化的平台，已成为同学们聆听国学智慧、培养优雅情怀的有效途径。在国家高度重视中华优秀传统文化的新形势下，学校要进一步发挥"国学讲堂"的优势，使其在涵育学生文化修养和坚定理想信念方面发挥重要作用。人文学院作为"国学讲堂"的承办单位，今后将进一步发挥师资优势，立足商科高职学生的实际，紧密围绕立德树人的根本任务，精心谋划，举办富有针对性的专题化国学讲座，努力将"国学讲堂"打造成浙商院传承和弘扬中华优秀传统文化的优质平台。

（本章编写人员：王　勇）

第九章

———

延伸：优势独具的国际交流文化

高职教育走向国际化是必然的发展趋势。国际性是商科的关键要素之一，作为一所商科特色的高职院校，浙商院一直高度重视教育国际化战略，致力于开展多层次、宽领域的国际交流与合作，提高整体办学水平和社会服务能力。浙商院目前为中国教育国际交流协会中外合作办学专业委员会发起单位和首批理事单位、浙江省教育国际交流协会高职分会副会长单位。在贯彻落实国家"一带一路"倡议的过程中，学校以教育国际化为主要抓手，立足自身特色和专业优势，主动对接"一带一路"需求，注重国际服务能力建设和中华传统文化输出，相继建立了国际乒联杭州培训基地、浙江省海外中餐人才培训基地、中国华侨文化交流基地、东方国际教育交流基地等。国际化办学成效显著，浙商院于 2016 年、2017 年、2018 年连续三年获评全国高职院校国际影响力 50 强。

第一节
享誉业内的中外合作交流

1993 年，日本东海调理师专门学校访问团来访，开启了浙商院和境外学校在中国烹饪知识方面的广泛交流。通过合作办学、师生互访、学术交流、招收留学生等形式，学校先后与日本、法国、澳大利亚、美国、泰国、新加坡等国的 50 多所学校开展国际交流与合作。

一、凸显商科特色，搭建国际交流平台

学校依托中国教育国际交流协会、留学基金委、省外专局、有色金属行业协会、合作办学国外合作院校等平台积极推进师资国际化培养，拓宽了教师的国际视野，学习、吸收了学科前沿理论与教学理念，构建了中法商业经济研究中心、国际商科职教联盟、中荷国际旅游人才研究中心等 5 个国际学

术交流平台。通过开展集体备课、学术研讨等活动，师资的跨文化交流水平和国际化教学科研能力得到了有效提升，师资国际化服务平台初步建成。

为加强商科职教交流，分享办学经验，共谋发展，共同提高，自 2018 年开始，学校连续承办新商科职业教育国际论坛，参会国内外院校、机构 200 余家。论坛邀请了 50 多位国内外专家开设新视角、新路径、新维度的精彩讲座，讲座涵盖新商科人才培养、新商业变革、新商业模式、新商科教育发展等多维视角，吹响了商科建设新号角，开启了职业教育新篇章。浙商院作为国际商科职教联盟牵头单位和承办单位，在会上做了商科特色办学的专题报告，有效提升了院校专业国际化水平和社会影响力：新商科人才培养与品牌建设（2018 年）、商业文化与新商科职业教育（2019 年）、人工智能背景下商科职业教育产教融合的发展逻辑与实践探索（2020 年）。

二、引进优质资源，推进中外合作办学

中外合作办学是全球化趋势的必然产物。通过合作办学引进国外优质的教育资源是提升我国教育国际竞争力的有效路径。在这个大背景下，学校不断加强与国外知名院校和职业教育机构的沟通与联系，仔细分析鉴别国外优质教育资源的内涵要义，通过强强合作、资源共享和优势互补，最大限度地提高合作效益，增强学校的办学功效。学校经过实地考察，充分磋商，确定与澳大利亚、法国、美国等国的高校开展合作办学，引进先进的教学理念、课程体系、教学内容、人才培养等方面的办学经验。2006 年 9 月，学校首个中外合作办学项目／中澳视觉传达艺术设计（平面设计）项目获批，而后又新增中法市场营销、中美电子商务、中美物流管理等 3 个项目。至此，学校共有 4 个教育部备案的中外合作办学项目。

1. **"分层教学＋分级评估＋弹性学制＋个性化培育"的教学模式**

学生学习分为语言学习阶段和专业学习阶段，每个阶段又根据学生语言水平能力和专业能力分成不同层次和子阶段。语言学习阶段，根据学生语言水平编成 A，B 两个层次班级，并实行动态管理，根据学生的学习状况每学期进行一次调整。通过分层教学，学生学习的积极性和主动性提高了，学生

的竞争意识、自信心和成就感增强了。同时分层教学也使教学更具针对性，并促使教师通过研究解决教学中的各种实际问题，从而提升项目整体教学水平和教学能力。专业学习阶段，根据学生专业能力水平划分为专业1、专业2、专业3三个子阶段。强化阶段间的升级评估，如果达不到升级条件则需要留级。推行全员育人导师制，开展个性化培育和赏识教育。

2. 持续构建以全英文教学为特色的课程体系

《中华人民共和国中外合作办学条例》是中外合作办学所遵循的最高准则。学校在满足条例规定的4个三分之一要求的前提下，坚持问题导向，强化英语教育教学，培养具有国际视野并通晓国际规则，具备较高的理论素养和良好的品德修养、扎实的人文基础和中外文化底蕴、较强的跨文化意识和国际交往能力，能用英语进行交流、阅读与写作，熟练掌握相关专业基础知识的国际化应用型技术技能人才。注重强化听、说、读、写训练和阅读词汇量的积累，通过激励学生参加英语四、六级考试激发学生内生动力。引进TED等参考材料，将语言学习和后续专业学习有机衔接，构建沉浸式语言学习环境并注重激发学生学习兴趣。

以中美电子商务项目为例，在引进美方专业课程标准的同时，通过创建课程词汇表、建设测试题库、列选课程主题、按指定主题增加补充材料，推进教材的本土化建设。利用信息化手段，构思建设阅读辅助工具帮助学生提高外语文献阅读便利性，构思建设自制词汇学习工具以配合外教课和双语课的学习。引进外教助教机制，协助学生管理和课程资源建设。在三年间，已建设3门在线开放课程和1门浙江省精品在线开放课程。

3. 塑造中外合作办学项目——浙商院模式

以"引进、借鉴、吸收、本土化改造"的办学理念，以中外合作办学条例为基本遵循，推进项目管理，培养了大批适应浙江中小外向型企业一线基层外贸、文化、艺术、管理类岗位需要，能进行多元文化沟通、懂国际规则的创新型复合型技术技能人才。国际化专业建设成效初显并初具吸引力。近年来，共招收1000余名来自荷兰、意大利、尼泊尔等50多个国家和地区的留学生来校进行酒店管理、烹饪工艺、电子商务等专业的长短期进修和培训。

中澳合作项目通过借鉴澳大利亚的办学理念和教学经验，引进"培训包"，并以提升学生综合素养与职业能力为骨架，构建了"工学结合"的课程体系。

项目确立了"创意与技能并重"的教学理念，形成"工作室制"工学结合人才培养模式，以项目带动、校企合作的形式开展工学结合的特色教学。在实际教学过程中，教师把企业设计项目带入工作室教学中，引导学生参与整个项目的设计和施工过程，训练学生的创新思维能力和实践操作能力。同时引进企业内部管理运行机制，打造教学、实训、对外经营的企业氛围。中澳项目与浙江省邮电印刷集团等多个企业签订顶岗实习协议，共同构建了"工作室制"教学平台，企业积极参与专业人才的培养目标、培养规格、培养方案的制定，企业专家承担专业课程的教学任务，教师定期到企业挂职锻炼，真正做到了"教、学、做"一体化。

中法合作项目引进的法方课程，占项目专业课程总数的48%，课程标准由合作双方共同设计，既融合了法方相关职业技能要求，又彰显了浙商院课程教学特色，构建了以培养品牌营销业务主管职业技能为中心的人才培养模式，以职业化的培养目标、企业化的培养过程、实战化的培养途径以及国际化的培养平台，打造"基于工作过程的国际名品营销人才培养"的课程体系；创建了以实战磨炼为手段，职场、赛场相融合的教学训练模式；实施了以成效评估为依据，量表测评、过程测评、业绩测评相互结合的"三评"考核机制，形成具有国际化视野的国际名品营销"RIPE"四维联动人才培养体系。

图 9-1　"RIPE"四维联动人才培养体系

中美合作项目形成了"标准对接、借鉴吸收、创新改造、输出中国模式"的合作办学模式，推动了电子商务人才链和产业链有机衔接，形成中职、高职、应用型本科纵向贯通，以及学历教育与职业培训横向融通的现代职业教育体系。面向未来，学校将进一步拓展电子商务专业群国际合作渠道，把电子商务群国际化专业技术教学标准、培训标准与教学资源输出到相关国际与地区以培养电子商务与数字贸易领域人才，更好地服务国家"一带一路"倡议。

4. 完善的质量保障体系和管理制度

完善内部质量监控机制。学校通过优化顶层设计、完善管理架构、优化协调机制、完善制度建设等策略，建立了完善的内部质量保障体系。通过外事工作领导小组制度、中外项目管理小组例会制度、教学督导制度、教学定期内审制度、集体备课制度强化过程管理。通过配强配专班主任队伍、建立家校群，同时开展有针对性的班会、群组和职业规划课等活动、实行全员育人导师制等，强化行政班的管理，保障项目的办学质量。

积极参加外部质量认证。质量认证由中国教育国际教育交流协会组织，按照政府、社会、会员单位共同认可的质量标准要求，为中外合作办学提供质量保障。中澳合作办学项目被选为全国首批质量认证试点院校的两所学校之一，于 2013 年 12 月接受了专家组的现场考察。专家们通过听取办学报告，开展对项目管理人员、项目专业教师、基础课教师、澳方管理人员及教师、在校学生、毕业生代表、合作企业及用人单位等的访谈，通过听课、查阅原始资料，实地考察教学场地、实训设备、图书阅览室等活动，对项目概况、项目实施及项目成效等方面进行了充分了解，对中澳合作项目办学成效予以高度肯定。该项目还被评为浙江省首批示范性中外合作办学项目。

案例 1

标准引领　培养国际化营销人才

学校依托悠久的办学历史、深厚的学术背景及雄厚的师资力量，全面整合国内外优势教育资源，与法国商业研究和行为学院（IDRAC，简称法商学院）联合推出面向国际项目——市场营销（中法合作）专业。目前，专业办学结出硕果，并进入质量提升新阶段和发展新常态，已有多名学生赴法留学深造，学生参加各级营销竞赛，均获佳绩，更有学生取得了法国、英国高校的硕士学位。

三、优化师资队伍，提升师资国际素养

"内培""外引"结合，打造高水平国际化师资团队。浙商院每年拨出专项教学经费聘请来自美国、英国、澳大利亚、法国等国家的外教8—10名，外教队伍无论是在国籍、专业，还是所教授的课程等都显现出多元化、专业化的特点，学历层次也有明显提升。学校现有海外留学背景的教师62名，越来越多具有国际化教育背景的海归人才在一定程度上优化了学校的师资队伍结构。加大内培力度，2015—2019年共派遣218名教师出国访问、研修，教师三个月以上访学比例居全省高职院校前列。学校还依托中外合作办学项目平台，通过"口语提升班""中西文化系列讲座""师资国际素养提升班"等活动，从国际化视野、国际化胸怀、国际化意识与国际化能力四个维度出发，多措并举提升师资国际化水平，构建了由英语教师＋专业教师＋外籍教师＋企业兼职教师组成的国际化教学团队。

学校重视服务国家"走出去"战略，鼓励教师申请国家汉办公派出国，积极参与汉语国际推广，传播中国文化。2010年，浙商院基础部教师贾继用博士应菲律宾圣路易斯大学的邀请，作为汉语教学专家到菲律宾圣路易斯大学土格加劳分校进行了为期十天的汉语教学。2011年，浙商院人文学院教师黄道友老师被国家汉办录取为国家公派对外汉语教师，赴埃及爱资哈尔大学任教，任期两年。任教期间，正值埃及爆发革命后的混乱时期，时局不稳，社会动荡，开罗大街上游行示威不断，流血冲突时有发生。黄道友本着高度的责任感和使命感，面对困难，忠于职守，鼓足干劲，努力与其他中国教师一起开创了爱资哈尔大学汉语教学的新局面，得到了外国同行的肯定，受到了中国驻埃及大使馆领导的表扬。

四、提升学生能力，助力国际视野养成

发挥高职高专英语课堂主阵地作用，培育学生文化自信。课堂上，英语教师要把中国文化浸润到教学的各个环节，将培养学生高度的文化自信贯穿于教学活动的始终，实现语言教学与文化教学的同频共振。学生对比、分析、鉴别中外文化的内涵及异同，培养了敏锐的鉴别力，加深了对中华文化的了解和认同，增强了民族自豪感与爱国情怀。

积极开展"第二课堂"活动，提升学生英语应用能力。2008 年以来，学院以"国际文化节（原外语文化节）"为载体，开展"第二课堂"活动，延伸课堂教学，锻炼学生创新精神和自我管理能力，提高学生用外语处理与未来职业相关的业务能力，推动校园国际文化建设的蓬勃发展。经过十三年的积淀和发展，文化节的影响力和辐射力不断扩张，为全校师生提供了一个共同学习、共同进取、共同感知外语文化的和谐环境，已成为全校师生共同参与、中外学子各得其乐的文化盛事。

文化节各类活动的开展实现了"四个结合"，即"教与学"结合、"学与练"结合、"课内课外"结合、"国内国际"结合。活动主要包括：语言类（新概念英语朗诵比赛、实用英语写作大赛、E- 报社、英语讲故事比赛）、讲座类（文化论坛）、才艺类（外语歌曲大赛、英语短剧比赛、外语配音比赛）、职业类（职业之星—Be Professional!）、娱乐类（英语游园活动、原声电影周）、综合类（Mini 世博会、外语风采秀），这些活动融经典性、时代性、职业性、知识性、趣味性、国际性于一体，拓展了学生国际视野，提高了学生的跨文化交际能力和国际理解力。

学院还注重推动学生参加海外实习、专业研究和长短期交流项目，立足学生专业核心竞争力的提升，通过搭建国际化双向交融平台，建立制度、资金保障举措，营造了内外共融、东西互济的开放发展新格局。为学生提供外语培训和留学教育服务；扩大基于学分互认的境外高校校际交换生规模；支持学生参与国际大赛、海外实习、带薪实习、夏令营、暑期游学等活动，提升学生外语应用水平。近三年，参加专业研修项目的学生共计 171 人次，参加国际赛事并获奖 34 人次。

案例 2

促进中西文化交流　提升中国饮食文化国际影响力
——记 15 名烹饪专业学生参与暑期赴美社会实践活动

2016 年，学校共选派了 15 名烹饪专业的学生参加暑期赴美社会实践活动。他们在美国工作期间，一方面主动融入美国当地文化，另一方面积极向国际同行传播、推广源远流长、独具一格的中国饮食文化。通过这段海外实习经历，学生收获良多，磨炼了意志，增长了见识，训练了口语，综合素质得到了大幅度提升。更重要的是，他们作为中华文化的传播者，展示了中国人的风采和积极向上的精神风貌。餐饮 1505 班施倩倩在实习报告中写道："此次赴美社会实践使我的专业知识和技能更为精进，而且还大大提升了我的英语水平和跨文化交际能力。尤为重要的是，我感受到了祖国国际影响力的提升，作为中国人，我很自豪。"

图 9-2　烹饪专业学生与外国同事合影

第二节
蜚声海外的中餐培训项目

一、新时代民族文化自信的需求

习近平总书记指出，"当今世界，要说哪个政党、哪个国家、哪个民族能够自信的话，那中国共产党、中华人民共和国、中华民族是最有理由自信的"。2013 年 9 月和 10 月，国家主席习近平在出访中亚和东南亚国家期间，先后提出共建"新丝绸之路经济带"和"21 世纪海上丝绸之路"的重大合作倡议，得到国际社会高度关注。中国提出的国家级顶层合作倡议——"一带一路"（The Belt and Road，缩写 B&R），是丝绸之路经济带战略构想和 21 世纪海上丝绸之路经济带战略构想的简称，符合欧亚大陆经济整合的大战略。依靠中国与有关国家既有的双多边机制，借助既有的、行之有效的区域合作平台，"一带一路"旨在借用古代丝绸之路的历史符号，高举和平发展旗帜，积极发展与沿线国家的经济合作伙伴关系，共同打造政治互信、经济融合、文化包容的利益共同体、命运共同体和责任共同体。2015 年 3 月 28 日，国家发展改革委、外交部、商务部联合发布了《推动共建丝绸之路经济带和 21 世纪海上丝绸之路的愿景与行动》。

中国五千年的发展史，一半是烹饪文化，这话有一定道理。作为国家烹饪职业教育中重要的"浙菜黄埔"系理应在文化自信中自觉担当起文化使命，不断推动当代中国饮食文化走向世界的中心。中国的烹饪和餐饮文化具有浓郁的东方魅力和独一无二的民族特色，其作为中国"软实力"重要组成部分，顺应了"一带一路"文化相通、文化输出的要求。中餐已经不仅仅是一种烹饪技艺，或是简单的经济载体，而是世界了解中国及中国传统文化的一扇窗口。"一带一路，美食先行"不仅让更多国际友人体验到"舌尖上的美味"，更让他们领略到中国传统文化的博大精深，体验到中国日新月异的改革进程。

二、承担繁荣海外中餐使命的条件

（一）浙江海外华侨分布

浙江作为全国侨务资源大省，在海外拥有 202 万华侨华人，遍布包括"一带一路"沿线在内的 180 多个国家和地区，是一支重要而独特的侨情资源。为深入践行国家"一带一路"倡议，浙江省侨联制定了"海外万家中餐馆"行动计划，目标是要在 50 个国家 100 个城市 10000 家中餐馆直接传承中华餐饮文化，最终目标是影响到海外的 50 万家中餐馆。浙籍海外中餐从业侨胞是浙菜经济在海外繁荣发展的关键力量，是中华文化在海外传播与发展的重要推动者，是中外文明交流互鉴、互联、互通的主要实践者。中华饮食文化中蕴含的文化魅力不仅将全球华侨华人凝聚在一起，增强了中华民族的文化自信与文化自觉，更吸引着世界的目光，让世界关注中国，了解中国，爱上中国。

（二）海外中餐餐饮业态分布

据不完全统计，目前海外中餐馆已达 70 万家，产值 3000 亿美元，就业人数逾 1000 万人，基本占据了中国餐饮市场的半壁江山，并呈现出从西式中餐向正宗中餐方向发展的新态势。不过海外中餐厅主要分布在欧美和东南亚，以谋生开立的占多数，国内餐饮企业开设的分店或加盟店占少数。

2019 年发布的《全球中餐发展形势报告》显示，80% 以上的海外中餐业受访者呼吁抓紧组建行业协会，发挥行业协会在联络国内餐饮业与海外中餐馆之间、海外中餐馆与所在国政府之间的作用。

海外中餐馆呈现从小规模、碎片化、实体经营向多样化、专业化、网络化经营的发展趋势。早期的海外中餐普遍停留在手工作坊阶段，菜品主要集中在鱼香肉丝、麻婆豆腐等少数几道家常菜上。如今，在中餐业相对发达的

美国、荷兰、英国、德国、法国等国家的正宗中餐馆里，已能够吃到菜品十分丰富的中餐。一些有实力的中餐馆还进行跨界转型，兼做或转做食材、食品加工机械、厨具等的供应，部分也尝试与当地广告业、旅游业、地产业结合。

中餐是中华文化传播的重要载体，传播饮食文化就是传播中国文化。海外中餐传递的文化元素主要包括烹饪文化、历史文化、装饰艺术、音乐、书画艺术五大类。

（三）学校烹饪专业的地位

浙商院于1974年开设的烹饪工艺与营养专业，是浙江省首批重点建设专业和浙江省优势专业。学院现为全国烹饪职教联盟、中国饭店协会教育工作委员会会长单位，主持建设了烹饪工艺与营养专业国家职业教育专业教学资源库、浙菜数据库，烹调工艺与营养实训基地为省级示范性基地建设项目和浙江省海外中餐人才培训基地，获得海内外的高度认可。2010年，被评为浙江省非物质文化遗产传承教学基地——"杭帮菜"烹饪技艺传承教学基地。2018年，被浙江省侨联授予"浙江省海外中餐人才培训基地"；同年，获评"改革开放四十周年中国餐饮行业培养人才突出贡献单位"、中国浙江（国际）餐饮美食博览会暨第八届浙江厨师节突出贡献奖。2019年，被中国侨联授予"中国华侨国际文化交流基地"；同年，入选中国特色高水平高职学校和专业建设计划建设单位。浙商院将海外中餐烹饪技能培训班列为重点工作，着力推动餐饮行业发展与职业教育创新。同时，在西班牙设立了"西班牙中餐学院"，与加拿大太平洋教育集团签署了共建"浙商院加拿大中餐烹饪学院"框架协议书，积极推动中餐烹饪走向世界。

三、服务国家战略，践行"浙菜走出去"

浙江商业职业技术学院与浙江省侨联联合举办海外中餐烹饪技能培训班，顺应了广大海外侨胞的需要，是浙江省侨联精准服务海外侨胞的重要举措之一，旨在进一步提升海外中餐馆烹饪技能，振兴海外中餐业，弘扬中华美食，加快中国浙菜走出国门的步伐，得到了中国侨联和浙江省委、省政府的大力支持和充分肯定。

两个单位的长期合作，有力地推动了浙商院教育国际化的进程。浙商院作为"浙菜黄埔"和"百年浙商人才培养的摇篮"，积极服务国家"一带一路"倡议和浙江省"浙菜走出去"战略，为推动海外中餐标准化与产业化发展、弘扬中华文化、振兴华侨经济、增强海外联谊、促进民间外交、实现中华民族的复兴大业贡献力量。独特的浙菜饮食文化是浙江对世界的美味献礼，也是浙江向世界展现魅力的"金名片"，是讲好浙江故事、促进中外文化交流、提升中国文化魅力、增强中华文化自信的重要纽带。

学校与浙江省侨联合作举办海外中餐烹饪技能培训班，获得中央和省级领导的重要批示。

批示如下：（1）中央政治局委员、中宣部部长黄坤明等领导就"万家海外中餐馆，同讲中国好故事"做出批示；（2）时任浙江省委书记车俊就"万家海外中餐馆"活动批示：希望省侨联在现有工作基础上，不断巩固、提升和创新，使"万家海外中餐馆"活动更有成效、更有影响；（3）时任浙江省省长袁家军就"万家海外中餐馆"计划批示：以"万家海外中餐馆"为平台，品中华美食、讲好浙江故事、传扬中国声音。请宣传部对侨办给予支持。

（一）培训项目情况

2017 年至 2021 年，浙商院承办的海外中餐烹饪技能培训班共举办了 9 期，累计培训来自 79 个国家和地区的学员 847 人，受到了社会各界的广泛好评。

每期培训班不仅理论与实践培训内容丰富，还安排了盛大的开班、结业典礼及文艺活动。培训班邀请的授课教师既有知名营养专家，又有权威浙菜大师和顶级酒店行政主厨，各个学员既能够学到科学、前沿且实用的浙菜烹饪技能，又在培训过程中获得厨艺、友谊双丰收，培训同时举行了厨艺比拼、烹饪技艺切磋、振兴海外中餐馆事业研讨等活动。

2017 年 8 月，在第三期培训班结业典礼上，浙江商业职业技术学院成立了海外校友会，聘任陈海群为会长、李多为副会长、李阮春为校友会顾问。2017 年 10 月，第四期培训班以"同讲浙菜好故事，同唱我的中国心"为主题，时任省侨联党组书记岑国荣，浙江省侨联副主席张维仁，浙江商业职业技术学院党委书记骆光林、校长张宝忠，浙江省餐饮行业协会会长章凤仙等领导

出席了结业典礼。典礼由省侨联党组成员、秘书长周松一主持。典礼最后在全场人员激动人心的《我的中国心》齐唱声中胜利结束。此后，结业典礼上同唱《我的中国心》成为保留节目。2019年9月，第九期全体学员录制了一场别开生面的"快闪"——唱响《我爱你，中国》活动，时任浙江省侨联党组成员、副主席张维仁，浙江商业职业技术学院党委副书记应金萍参与录制，他们用饱满的热情和嘹亮的歌声，为祖国的繁荣昌盛送去最诚挚的问候与祝福。

（二）互联网＋教学实施

培训班不拘泥于传统面授教学，还积极运用线上"互联网＋"的理念与技术，创新教学方法，开发"互联网＋"远程课程体系，打造网络课程平台。浙商院主持建设完成的"烹饪工艺与营养传承与创新"国家职业教育专业教学资源库，联合11所高校、中国烹饪协会等6个行业协会、洲际集团等15家餐饮企业以及50余个全国烹饪大师工作室，涵盖中国八大菜系，归纳及整理中国烹饪非物质遗产的标准、工艺、文化。库内目前有1万多个菜点、4680个工艺视频、5000个文化典故、25000条资源，线上学员24500余名。该教学资源库作为线上教学工具是对线下培训的重要补充。

依托国家教学资源库和中国烹饪资源库的网络资源平台，丰富课程内容、完成专业授课，大大提升了教学效果。课程内容涵盖了中餐营养学搭配、传统浙菜制作以及实用菜品烹饪等，还设置了参观国际厨师节作品展、烹饪技能切磋等环节，理论教学与实际操作相结合。

（三）海外文化技艺交流

浙商院烹饪资源库负责人王丰、李鑫老师受海外侨胞的邀请，参加了美国"2019年世界名校新年盛宴活动"，并于2019年2月2日至16日分别走进耶鲁大学、哈佛大学、麻省大学、康涅狄克大学和美国烹饪学院5所名校开展交流讲学活动，为世界顶尖名校师生传授中餐厨艺和中华烹饪文化，开展中外烹饪技艺交流，积极推广烹饪资源库。中国职教烹饪名师进入世界名校讲学，对弘扬发展中国饮食文化，与世界人民友好交流产生了积极的推动作用。

海外侨胞通过学习烹饪资源库丰富的教学资源，领略到了中国传统烹饪文化的博大精深，体验到了"舌尖上的魅力"，大家共享共创中餐好味道，同讲同写中国好故事，同做中国传统烹饪文化的弘扬者、传播者。

图 9-3　在哈佛大学后厨推广资源库

图 9-4　法国侨领李阮春、阿联酋侨领李多等学员在学习烹饪资
　　　　源库(《人民日报》)

（四）海外餐饮办学探索

　　充分利用学校海外校友会、国际商科教育联盟在海外的资源，建立"中尼商学院""西班牙中餐学院"；充分利用浙商院主持的烹饪工艺与营养资源库为海外学院开展中餐培训、开办海外中餐专业，以及输出中餐国际化教

材及教学标准等奠定基础。充分利用全球美食直播、录播平台，持续打造"海外烹饪空中学院"微信小程序，为海外办学开辟远程教学提供便捷渠道。

　　基于"烹饪工艺与营养传承与创新"资源库的相关素材和国务院新闻办"丝路书香工程"2015年立项项目的支持，"烹饪工艺与营养传承与创新"资源库项目建设成员李鑫老师出版了《美食中国》西班牙语版、马来西亚英文版等系列专著，完成了罗马尼亚文版本的出版，完成了法语、波斯语、俄语版的立项和出版前期准备工作。

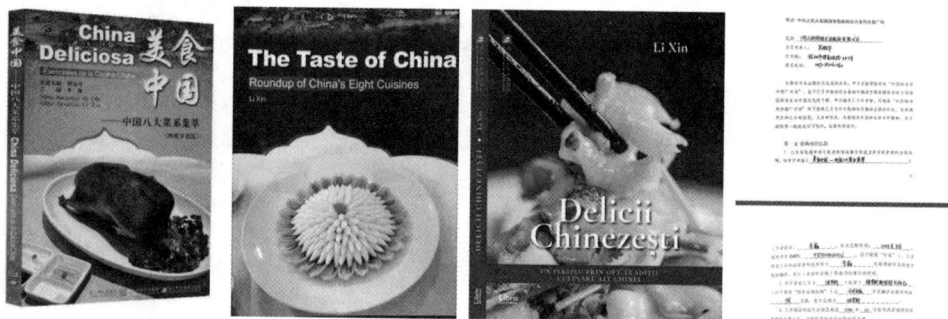

图 9-5　"美食中国"系列丛书

　　该套丛书对国家"一带一路"中国文化输出具有推广价值，符合烹饪资源库的社会辐射功能，为烹饪资源的国际化奠定了基础，为今后职业院校的海外办学在课程资源输出上提供了条件。

　　2017年至2019年，浙江商业职业技术学院与尼泊尔国家计算机研究学院合作的办学项目"中尼班"已经开办了四期。尼泊尔来华留学生在学院要完成为期十个月的理论学习，特色课程有"酒店应用性技能""中餐制作""中国饮食文化"等。所有的尼泊尔留学生都注册了烹饪资源库，以便于学习中国传统饮食文化知识。烹饪资源库在来华留学生中的推广，有利于弘扬中国饮食文化，增进邻国友谊。

四、展望

（一）服务海外中餐的内涵建设

如今的海外中餐作为中国文化软实力代表和民间公共外交桥梁，正在经历着创新和变革。身为中餐业的从业者和中华文化的传播者，传承和发扬以"色香味意形"为载体的中华饮食精神、文化、艺术，是大家义不容辞的责任，期望通过培训班这一契机汇集能量和智慧，携手同行，共谋发展，一起将悠久灿烂的中华饮食文化传遍世界。

浙商院与省侨联、省餐饮协会将会持续开展深度合作，充分发挥学校在烹饪专业建设和人才培养方面的优势，以优质的教学资源、高效的教学手段，为浙江省海外中餐烹饪技能培训班的参训学员提供全方位的教学服务与保障工作，以食为媒画好同心圆，助力海外中餐业转型升级。

（二）海外中餐项目的延伸

为进一步做好海外中餐相关项目，浙商院力争达到以下目标：一是强化文化引领，勾勒浙江特色。以浙菜为载体，有机融入浙江优秀传统与现代文化精神，勾勒浙江特色，讲好浙江故事，让浙菜成为世界了解浙江、了解中国的窗口。二是发挥商科优势，推动提质增效。在坚守浙菜本味的同时，发挥商科教育优势，推动海外中餐经营管理模式创新升级，助力海外中餐高质量、可持续发展。三是多方互联互动，形成发展合力。以海外中餐项目为依托，建设交流平台，积极开展对外交流研讨，吸纳社会各界力量。例如，形成省侨联、省交通集团、浙商院三方联动，将信息、资源的交流形成合力，共同开展为侨服务。

图 9-6　浙江省第三期海外中餐烹饪技能培训班成员合影

图 9-7　浙江省第四期海外中餐烹饪技能培训班上课现场

图 9-8　浙江省第五期海外中餐烹饪技能培训班成员合影

图 9-9　浙江省第六期海外中餐烹饪技能培训班成员合影

图9-10 浙江省第七期海外中餐烹饪技能培训班现场

图 9-11　浙江省第八期海外中餐烹饪技能培训班结业典礼

图 9-12　浙江省第九期海外中餐烹饪技能培训班授课现场

第三节

来华留学教育的商院演绎

一、"一带一路"的使命担当

伴随经济全球化的浪潮席卷世界，教育国际化已成为世界教育发展的大趋势。在此进程中，为应对全球化的挑战，提升高等教育的国际竞争力，并在日益激烈的人力资源竞争中居于优势地位，吸纳培养大批优秀外国留学生已逐渐成为世界各国的共识。对于中国而言，大力发展来华留学教育，既有利于完善国家教育名片，增加社会及经济效益，也有助于巩固国家间友好关系，促进文化外交的顺利实施。

浙江省是开展来华留学教育较早、吸纳外国留学生较多的省份，质量与规模长期居于全国领先地位。学校牢固树立"窗口意识"，集聚资源，凝结力量，打造更具国际竞争力的来华留学生教育品牌，努力成为展示中国高职教育发展水平的"重要窗口"。通过加强顶层设计、构建国际化教育资源建设，进一步提质增效，构建区域特色的职业教育国际化格局，提升职业教育国际化水平和综合实力，真正体现"引领改革、支撑发展、中国特色、世界水平"的高质量发展目标，以此不断促进来华留学教育行稳致远，培养更多国际化技术技能本土人才，更好地服务国家"一带一路"倡议、"留学中国"行动计划和浙江省的高等教育强省战略。迄今为止，已培养来自100个国家1000余名外国留学生，所占在校生比例近三年连续位列全省同类院校前三名。

二、留学生教育的品牌建设

（一）"汉语＋"语言留学生培养

浙商院以"汉语＋"模式下的多元汉语人才培养为特色，开展外国留学生汉语语言教学。在强化留学生基本汉语交流能力的基础上，突出语言的实用性、工具性和职业性，以语言教学助力留学生的技术技能学习。在汉语言教学过程中，增加了中华优秀传统文化和高职特色专业技能选修课程，形成了"文化＋汉语＋技能"的高职特色语言留学生培养模式。近三年来，共招收 250 多名汉语言留学生，分别来自美洲、欧洲、非洲、亚洲的 42 个国家。

（二）"现代学徒制"专业留学生培养

学校充分利用酒店管理专业优势深化产教融合，与浙江商业集团雷迪森旅业开展密切合作，推行校企双主体育人，探索双向互通的职业教育合作框架，在荷兰、尼泊尔酒店管理专业来华留学生中创新性地推进"现代学徒制"视域下的"五双六融合"育人模式，通过实施"课堂实岗双阶段、线上线下双环境、学校企业双导师、语言技能双课程、中国本国双文化"来深化"理实融合、课程融合、师资融合、校企融合、文化融合、评价融合"。至今已累计培养学生 400 多名，育人效果明显，得到了合作学校、国内企业和留学生母国企业的高度认可。

（三）"感知浙江"留学生社会实践平台建设

浙商院和浙江商业集团共建留学生社会实践基地，为留学生搭建全方位多维度感知浙江、了解中国的平台，让他们更加全面深入地体验中国社会、经济、文化等方面的发展水平，从而成为知华、友华、亲华的民间外交使者，服务国家公共外交。2020 年 7 月，来自加纳、津巴布韦等 6 个非洲国家的首批留学生社会实践小分队在三个服务区进行了为期一个月的社会实践活动。通过实践活动，留学生进一步提升了语言技能和跨文化交际能力，更深入地了解了中国文化和浙江区域文化，真切感受到了中国在 2020 年抗"疫"之战中为推动构建人类命运共同体的大国使命担当和中国特色社会主义的制度优势。

留学生大卫说："这对我们来说是一段非常难忘的经历，让我们对美丽浙江、美丽中国有了全新的认知。在服务区实地感受到浙江人民的热情与温暖，感觉像回到了自己的家里。"另一名留学生黄杰林赞叹道："服务区的一些管理理念非常先进，在新冠肺炎疫情背景下，服务区有序复工复产，都令我印象深刻，值得我们国家学习！"

（四）留学生"第二课堂"建设

注重留学生"第二课堂"建设，在汉语言课程中增加开设剪纸、书画赏析、书法、太极拳、茶道等中华优秀传统文化课程。同时，依托"国际文化节""留学生之家"等校园文化品牌，举行"感知浙江"与"留学浙江"等体验项目，增进文化交流和互动，让留学生潜移默化地感受中华文化，体验中华文化的魅力，培养其对中华文化的亲和力和认同感，借助留学生这一媒介推进中华文化的世界传播，进而不断提高我国文化软实力及国家影响力。

三、留学生教育的商院愿景

（一）明晰来华留学教育发展定位，推进内涵式发展

以"构建人类命运共同体"理念为引领，站在服务我国"大国外交"战略、服务"留学中国""留学浙江"行动计划的高度，围绕学校自身职业特色和专业优势推进来华留学教育，为"一带一路"沿线国家的中国企业培养本地化的"中国通"技术技能人才。深入解析留学生来源国不同的产业发展特点，精准对接"一带一路"沿线国家的个性化人才培养需求，探索双向互通的职业教育合作框架，积极推进与沿线国家高职教育课程互认、职业教育资格资历互认政策的构建，完善多种形式留学生学分转换机制，提升与沿线国家教育体制对接的可行性，促进来华留学生教育实现内涵式发展。

（二）稳步扩大来华留学生规模，优化来华留学生结构

体现高职特色，开展"汉语＋专业＋中国文化＋技能"的来华留学教育。稳步扩大来华留学生规模，尤其是"一带一路"沿线国家的留学生招生规模，

分国别以订单项目形式实现生源的稳步拓展,保障留学生有"来处"、知"归处"。建立留学生校友联系机制,发挥校友作用,充分利用已经毕业的"一带一路"沿线国家或地区的留学生和正在浙商院就读的留学生资源,"内外互动"搭建留学生招生平台,建立畅通的交流渠道,争取更多的优质生源来就读,优化来华留学生生源结构和学历结构。

（三）加强留学生职业教育，塑造高职特色留学生教育品牌

发挥职业教育实践能力强的特色优势,按照课程内容与职业标准对接、教学过程与生产过程对接的要求,在培养方案中订制或嵌入企业文化课程和技术技能培训项目,优化专业留学生人才培养方案,体现高职产教融合校企"双元"育人特色,创高职留学生教育特色项目,打造"留学商院"品牌。积极探索来华留学生培养模式和培养制度的改革,构建校企协同育人机制,着力提升来华留学生培养质量,提高留学生的实践能力和创新能力。

（四）加强中华文化认同，提升弘扬中华文化的能力

为留学生创建从课内到课外、从校内到校外的多位一体中华文化体验活动,课内以留学生需求为导向设计"中华文化认知课程、中华传统艺术课程、跨文化交流课程"等系统化文化课程,推动中华优秀文化融入留学生的学习生活;优化课堂教学,采用体验式教学、项目教学、案例教学、情境教学、浸入式教学等形象、互动的授课方式满足留学生多层次、多角度了解中华文化的需求;课外充分利用社会力量,安排留学生参观孔庙、现代互联网小镇、良渚文化村、安吉余村等体验式校外实践活动,拓展中华文化认同路径,强化用英语诠释和传播中华文化、讲好中国故事的能力建设,培养既具有深厚的专业素养、优秀的职业技能,又具有广博通识的来华留学生人才,为民心相通充分发挥桥梁纽带作用。

（本章编写人员：黄益琴 李 鑫）

第十章

展望：服务区域发展的使命担当

■ **第一节**

商科特色的办学追求

一、办学使命的商科坚守

清朝末年，随着清政府《奏定学堂章程》的颁布，全国各类实业教育应运而生，纷纷兴办实业学堂"以振兴农工商各项实业，为富国强民之本计"。实业学堂的办学宗旨强调传授生产知识，"练其艺能，务其他日成才""各得治生之计"。因此，清末的实业教育本质上就是职业技术教育。

浙商院的前身为创办于 1911 年的杭州中等商业学堂，学堂设立普通商科专业，"以授商业所必需之知识艺能，使其能从事商业为宗旨，以各地方人民至外县外省贸易者日多为成效"，是浙江省新式商业教育的先驱，也是当时全国为数极少的商业专门学校之一，所培养的商业专门人才对全省乃至全国经济发展和生产力的提高发挥了积极的作用。

悠悠百年，峥嵘岁月。学校脱胎于封建教育，起步于民国岁月，辗转于抗日烽火，重生于崭新中国，腾飞于改革春风，尽经 15 次迁址，16 次易名，走过了一条艰难的发展道路。但每一次更名都保留着一个"商"字，每一次变革都没有放弃对商科办学的追求，始终坚守着培养商科人才的使命担当。

回顾学校在中华人民共和国成立之前的三十九年办学历史，虽几经迁址、更名，历经风云变幻，但办学成效显著，商科特色日益彰显。学校以"职业需求、学成致用"为导向，注重商事知识传授的"精密正确"，强调"欲预备将来之职业，固不可无相当之知识；而所得知识尤必十分精密正确，然后能达于应用"。同时，十分注重学生实习，以训练"纯熟之技能"，使其毕业后都能立足于社会。

至今，学校举办高职教育二十余年，借助我国高职教育快速发展之东风，抢抓机遇，主动作为，乘势而上，取得了高质量的发展。学校坚持以培养德智体美全面发展的社会主义事业建设者和接班人为使命，面向地方经济社会发展需要，走以就业为导向、产教融合、校企合作的发展之路，致力于培养高素质技术技能型商业人才，致力于建设国内一流、具有显著商科特色的高等职业院校。

二、专业设置的商科特色

在杭州中等商业学堂创办后的三十余年历程中，学校只设普通商科，以后也只增设了少数相关科目，直到中华人民共和国成立时，学校仍以商科为主体，并拥有了会计科、统计科、银行科等相关专业。2001年学校正式筹建时共有11个专业，在校生6000余人。2011年百年校庆时学校拥有34个专业及方向，在校人数已超过万人。

"十三五"以来，学校充分把握区域经济发展特点和产业发展要求，始终以打造商科特色品牌为目标，主动适应区域经济和社会发展的需要，面向新技术、新产业、新业态、新模式，围绕商贸流通、旅游餐饮、文化创意、节能环保等浙江省重点发展产业，进一步调整优化专业布局，强化专业建设，先后新增物联网应用技术、金融管理、商务数据分析与应用、动漫设计、跨境电子商务等专业，撤销了智能控制技术、金融保险、计算机控制技术、游戏软件、文秘、数字媒体应用技术、动漫制作技术等专业，形成了以连锁经营、电子商务、会计、烹饪工艺与营养、环境艺术设计、供热通风与空调工程技术等优势专业为骨干的六大商科特色专业群。2018年，学校新增动漫设计专业，停招了数字媒体应用技术专业和动漫制作技术专业；同时，为适应浙江省轨道交通行业的迅速发展，满足轨道交通方面人才的迫切需求，2019年，学校新增供热通风与空调工程技术（轨道交通）和应用电子技术（轨道交通）两个方向。近几年浙江省尤其是杭州市跨境电子商务发展迅速，另外资产评

估作为现代高端服务业，也越来越受到社会各方的关注和重视。为适应这些新情况、新要求，学校于 2020 年开设了跨境电子商务专业和物流管理专业（轨道交通）方向、会计专业（资产评估师）方向，以适应行业发展和市场需求，更好地服务地方经济发展。

到"十三五"期末，学校共有财经商贸、旅游、文化艺术、电子信息、土木建筑、教育与体育等 6 大类 33 个专业，其中 25 个专业对应第三产业，分属 4 个专业大类（财经商贸、旅游、文化艺术、教育与体育），占 75.8%；8 个专业对应第二产业，分属 2 个专业大类（土建、电子信息），占 24.2%。截至 2020 学年，浙商院招生的 6 大类 33 个专业中，财经商贸大类占总专业三分之一以上，除环境艺术、展示艺术等少数专业外，其他专业的应用方向也主要面向商业领域，90% 的专业具有鲜明的商科特征。学校商科特色进一步凸显，各优势特色专业在省内外同类院校同类专业中的优势进一步凸显，综合竞争力位于全国同类院校前列，在全省乃至全国有一定的知名度。

表 10-1 "十三五"期末浙商院招生专业大类分布

专业大类	专业大类设置专业情况		专业名称
	设置专业数	专业所占比例	
财经商贸大类	12	36.4%	电子商务、移动商务、商务数据分析与应用、国际贸易实务、跨境电子商务、投资与理财、会计、金融管理、市场营销、物流管理、工商企业管理、连锁经营管理
电子信息大类	6	18.2%	计算机网络技术、电子信息工程技术、应用电子技术、物联网应用技术、数字媒体应用技术、动漫制作技术
文化艺术大类	6	18.2%	环境艺术设计、艺术设计、展示艺术设计、视觉传播设计与制作、数字媒体艺术设计、动漫设计
旅游大类	5	15.2%	烹调工艺与营养、西餐工艺、餐饮管理、酒店管理、导游
土木建筑大类	2	6%	供热通风与空调工程技术、建筑智能化工程技术
教育与体育大类	2	6%	旅游英语、商务英语
总计	33		

第二节
服务发展的价值实现

随着我国进入新的发展阶段，产业升级和经济结构调整不断加快，各行各业对技术技能人才的需求越来越紧迫，职业教育的地位和作用日益凸显。《国家职业教育改革实施方案》明确指出，要牢固树立新发展理念，服务建设现代化经济体系和实现更高质量更充分就业需要，对接科技发展趋势和市场需求，完善职业教育和培训体系，优化学校、专业布局，深化办学体制改革和育人机制改革，以促进就业和适应产业发展需求为导向，鼓励和支持社会各界特别是企业积极支持职业教育，着力培养高素质劳动者和技术技能人才。近年来，职业教育培养了一大批支撑经济社会发展的技术技能人才，在服务国家战略、服务区域发展、服务脱贫攻坚等方面发挥了重要作用。

一、对接区域发展，提供人才支撑

对接区域发展，培养高素质技术技能人才、为区域经济发展提供智力和技术支持是高职院校服务社会的重要职能。高等职业院校培养的学生，是技术技能人才的主要来源，对于提升人力资本质量、推动产业升级和经济高质量发展具有重要意义。2021年有关数据显示，各级各类职业院校每年培养毕业生约 1000 万人，在制造业、战略性新兴产业和现代服务业等领域，一线新增从业人员 70% 以上来自职业院校。因此，作为高等教育的重要类型，高职教育为培养适应经济社会特别是区域发展的应用人才发挥的作用尤为重要。

（一）彰显办学特色，教学成果实现跨越式发展

浙商院先后入选国家优质高等职业院校、中国特色高水平高职院校和专业建设计划建设单位及浙江省高水平职业院校建设单位，累计培养了 10 万余名优秀人才。近年来学校招生规模稳中有升，生源质量不断提高，全日制普通高等学历教育规模数超过 1.3 万人，2020 年招生分数线超省控分数线 194 分，连续 5 年获浙江省教育厅教学业绩考核 A 等。"十三五"期间获得国家级教学成果奖 6 项，国家职业教育专业教学资源库 1 个，国家精品资源共享课 1 项，国家精品在线开放课程 1 项，教育部第二批 1+X 证书试点项目 6 项、第三批 10 项，国家"十三五"规划教材 20 本，中央财政支持实训基地 3 个，国家级生产性实训基地 2 个，国家级师资培训基地 1 个，浙江省海外中餐人才培养基地 1 个。获发明专利授权 24 项，发表一级及以上期刊论文 80 余篇。建成中国首家制冷博物馆和"冷链物流应用技术协同创新中心"。学校立足商科特色，重视人才培养，始终追求不断超越，教育教学和科学研究结出累累硕果，立足学科优势，积极发挥对区域经济发展的内在驱动作用。

（二）对接区域产业发展格局，专业建设高水平推进

浙商院重视社会服务平台搭建，分别与义乌市、龙游县、嵊泗县、舟山市定海区等建立战略合作关系，为地方旅游、餐饮、商贸等特色经济发展服务，并与圆通速递、海康威视、大华电子、数联中国、杭州地铁、中国邮政集团浙江省分公司等企业合作，为行业、企业定向输送了一大批专业技术人才。

在搭建平台的同时，学校立足特色高水平专业群建设，创新新商科人才培养模式。2018 年学校与义乌市人民政府签署了战略合作框架协议，合作共建"电子商务学院"，正式开展电子商务专业人才的本土化培养和服务于全国高校电子商务专业毕业生的"双实双创"办学模式探索。与此同时，学校以优势特色专业为依托，不断深化服务浙江省交通投资集团产业发展，与浙江商业集团组建"浙江交通商贸学院"，深入开展人才定向培养工作。新商科专业毕业生办学属地（杭州滨江）签约率居在杭高校第二名，在校生全真岗位网销贡献额居浙江省高校前列。

职业教育专业教学资源库是教育领域落实"互联网＋"战略推进教育创新发展的综合改革项目，是适应信息时代、变革学习方式、促进知识吸收的

重要载体。烹调工艺与营养专业以"烹饪工艺和营养传承与创新"国家职业教育专业教学资源库建设为契机，不断丰富教学资源，主动服务国家战略，弘扬中华美食文化，建构将资源建设在三大平台上的体系结构模式，资源建设与平台建设协同作业，通过平台来提高资源的使用效率和效益并反哺平台。教学资源库使用传播的效率和效益、社会服务能力和用户满意度等指标大幅提升，烹饪专业教学资源库彰显出强大的内生动力，赢得了社会各界的广泛赞誉。

二、发挥资源优势，服务企业发展

与其他类型的教育不同，高职教育对外部因素的依赖性更大，从教育形态来看，高职教育与经济社会发展的关系也十分密切。在高职院校发展中，服务社会和推动产业发展是其基本职能所在。职业教育与产业发展有对应的适应性关系，集中表现在职业教育为产业发展提供内驱力的同时，产业的发展和调整也对职业教育的改革有着指导作用，二者互为促进、协同发展。

（一）提高师资队伍科研能力，提升产业服务水平

学校围绕发展目标，结合区域经济建设与社会发展需求，充分发挥自身资源优势，大力开展以应用研究、高职教育教学研究、成果转化、技术研发与服务为主的创新性工作，努力提升专业研究水平和社会服务能力，多措并举支持和鼓励师生开展科技创新，促进了技术技能积累和科研成果的转化。学校制定和完善了《科研平台建设与管理办法》《科研项目经费管理办法》《科研工作业绩计分及奖励办法》《专利管理办法》《教师科研工作量考核办法》《科研成果评审及奖励办法》等系列科研管理制度。同时，学校改革专业技术职务评聘制度和教师考核办法，优化二级管理和绩效考核方案，制定"教师下企业"激励制度等，激发了教师承担科研和技术服务的积极性，培养和造就了一批高素质的科研人才和科技创新带头人。"十三五"期间，浙商院获得各类科研成果奖励130多项，纵向课题立项500多项，承担企业技术研发与服务课题300余项，技术服务产生经济效益达1.5亿元。获得各类专利授

权 440 多件，软件著作权 25 项，公开发表论文 1500 多篇，为培育高层次科研项目和高质量科研成果、提升立地式研发服务与创新能力、有效服务区域经济社会发展打下了坚实的基础。"十三五"以来，成功转让和实施专利 130 多项，超过规划预定目标的 11%。为地方改革发展建言献策，涌现出一批紧密结合经济社会热点问题、破解发展难题的优秀研究成果，累计 11 项研究成果被各级政府采纳。

（二）推进产教深度融合，形成校企"双向赋能"

校企协同育人是职业教育人才培养普遍遵循的规律，在服务区域经济的同时，学校以"产教融合、合作育人"为主线，以"职教集团"和"区域联盟"为平台，以"合作共赢"为动力，大力推进合作办学、合作育人、合作发展，积极探索校企一体化育人的长效机制。学校与圆通速递合作成立"中国快递大学"，与集团下属企业轨道交通集团、国大雷迪森等企业合作，先后组建轨道交通学院、维嘉酒店管理学院等多元主体办学实体；通过开展"引企入校"工作，先后引入浙江省饭店业协会、浙商财险、物美等行业、企业，推进兼具生产教学功能的共建共享型实训基地建设，依托入校企业建立紧密型校企产教融合关系。学校大力推进现代学徒制教学，在通过国家级现代学徒制试点验收的基础上进一步扩大试点专业范围，与曼卡龙珠宝、绿城物业管理等企业合作探索校企联合招生、联合培养的长效机制，先后开设物美课长班、百诚家电顾问班、绿城物业班，校企协同深化现代学徒制教学模式改革。2009 年学校首先开办移动商务专业方向，2010 年成功获教育部申报目录外专业（移动商务），成为我国第一所开办移动商务专业的高校。电子商务等专业探索"学校＋企业"的双主体人才培养模式，推进学生与员工身份一体化，学生以员工身份实际参与企业生产经营活动，进一步密切校企关系，实现学校与企业双赢的局面。学生在"双十一"期间累计为企业实现销售额达 69.36 亿元，形成企业、学生、专业协同发展的产教融合创新发展平台。

三、发挥品牌优势，助力终身教育

《国家职业教育改革实施方案》中指出，高等职业学校要培养服务区域发展的高素质技术技能人才，加强社区教育和终身学习服务。党的十八大以来，随着我国社会经济发展进入新常态，为了适应时代的发展变化，我国从战略层面上也做出了调整和改革，在国家宏观层面的战略调整指引下，我国职业教育必须适应新的时代变化，根据社会发展对未来从业者的实际需求，与社会各个就业岗位进行有效对接，全面调整人才培养模式，并且能够适时与从业者职业生涯的发展保持密切联系，为从业者提供终身指导，从而提升职业教育的人才培养质量和整体功效，为国家各项战略规划的有效实施提供坚实的人才保障和智力支撑，满足多层次多样化教育需求。

职业教育是横跨三大产业的类型教育。当前，随着我国社会的高质量发展向各个领域不断延伸，各行各业对具有较高素质的技术技能人才的需求愈加迫切，对从业人员的技能水平和综合素质也提出了更高要求。因此，继续教育和各类技能培训的需求日益增加。

（一）做深做实已有平台，积极拓展合作交流

学校坚持以服务浙江区域经济与社会发展为目标，努力拓展社会服务职能，先后设立了国家职业技能鉴定所、浙江省商业经济研究所、浙江省旅游研究所、浙江省应用工程技术研发中心等多个应用型研究机构，建有浙江省商业服务业人才培养基地，杭州市萧山区、滨江区高技能人才培养基地，以及中国饭店业、海尔集团等10多个人才培养基地；先后与10多所中西部院校建立了交流合作关系。非学历培训服务达46.6万人／日，学校总体继续教育事业到款1.44亿元。

浙商院是"浙江省商业饮食服务业国家职业技能鉴定所"，是1995年经浙江省劳动厅批准设立的省级职业技能鉴定所，也是浙江省最早成立的鉴定所之一。2011年被浙江省人力资源和社会保障厅授予"金牌职业技能鉴定所"称号，2012年被国家人力资源和社会保障部授予"国家示范职业技能鉴定所"称号。浙商院是"省紧缺工种高技能培训定点机构"，是省商务厅认定的"电

子商务专业人才实训与鉴定基地"，是省教育厅认定的"全省中小学、中职师资培训基地"；被杭州市职业技能指导中心认定为"杭州市首批职业技能培训定点机构"，连续多年被杭州市人力资源和社会保障局评为"职业技能培训品牌机构"。经过多年的发展，"浙江省商业饮食服务业国家职业技能鉴定所"逐步成为一个工种特色鲜明、设施设备齐全、质量过硬的国家职业技能培训场所和鉴定品牌。目前，主要面向在校大学生的双证制培训和面向各企事业单位的各类职业技能培训，年培训规模达 10000 人次以上。同时，面向全省开展中式烹调师、中式面点师、西式烹调师和式面点师等 16 个工种的职业技能资格鉴定，鉴定等级涵盖初级工（5 级）到高级技师（1 级），累计职业技能鉴定人数达到 6 万人次，受到社会各界的广泛赞誉。

（二）以特色平台为纽带，深入探索实践"双三元"职教模式

学校借助自身雄厚的师资力量和先进的实训基地条件，积极推进与政府、院校、企业、行业的合作，技术技能服务覆盖面日益扩大，社会声誉日益上升。大力开展面向在职人员、社会人员及大学生的技能培训及各类学历继续教育，形成了多元化的办学格局，为浙江省应用性技术人才培养和区域经济发展提供了强有力的保障。5 年来，学校针对高技能人才、紧缺急需人才等在职人员及再就业人员开展的技能培训达 1.2 万／人·天，针对中职学校和普通中小学开展的"双师型"教师技能培训和教师教学能力提升培训达 1 万／人·天，针对大学生就业开展的大学生专业技能岗前培训、创新创业培训及各类学历继续教育达 5 万／人·天。此外，学校还与地方政府进行战略合作，开展的政府机关行政管理能力提升培训达 0.3 万／人·天。

学校以技能鉴定所等平台为依托，积极开展岗位、就业与再就业、大学生创业等培训活动，不断开拓继续教育市场，努力服务地方经济发展，稳步发展学历教育，大力拓展非学历继续教育，社会服务能力明显提高，为区域经济社会发展提供人才支撑，为地方经济发展和产业转型升级做出了积极贡献。

四、依托专业特色，传播中华文化

中餐在逐渐融入亚洲各国社会的过程中不断成长、不断创新，促进了中外美食行业合作。在世界文化多元化的大背景下，中国美食将成为文化交流互鉴中十分重要的纽带。中国烹协发布的《2019亚洲餐饮发展报告》从消费力、品质力、期待力三个维度对世界各菜系在亚洲餐饮市场上的竞争力进行综合考察，中餐当选第一。该调查显示，高达94%的受访者在对中餐感兴趣的同时，表达了想要深入了解中国餐饮文化的意愿；87.5%的受访者认为，美食交流互鉴是各国文化文明沟通的重要途径。

中餐在市场上的强势表现，有利于中国文化以饮食为载体，在海外得到广泛传播。近年来，海内外餐饮界的交流越来越频繁，中华的美食文化正以越来越自信的姿态走向世界，展示了博大精深的中华文化。

（一）建设专业教学资源库，共建共享谋发展

为传承和创新中华烹饪技艺，学校主持了"烹饪工艺与营养传承与创新"国家职业教育专业教学资源库，联合长沙商贸旅游职业技术学院等11所高校、中国烹饪协会等6个行业协会、洲际集团等15家餐饮企业，近50个全国烹饪大师工作室联合共建共享。截至目前，完成了素材资源3万个，其中视频、动画、微课类素材资源占比60.60%，原创视频8600多个。除资源库网络平台外，资源库面向全球大众，开发汇集了中国名菜点、中式面点师、中式烹调师、家常菜点、面点教程、二十四节气菜点、大师直播课堂、中国烹饪文化讲堂、八大菜系等内容的"烹饪空中学院"微信小程序，大大方便了社会用户的使用。目前用户遍布全国，还包括美国、法国、荷兰、巴西、尼泊尔等20多个国家和地区。

通过资源库建设，专业群教师教育教学改革的理论水平和实践能力得到了提升，专业教学标准、课程标准得到了优化。学校构建了专业核心系统化课程11门，其他模块和拓展系统化课程29门，技能知识点微课4050个，典型工作任务100多个，建设了中式烹调师、西式烹调师的职业技能模块10个，集成中国烹饪文化的数字博物馆1个。校际协同为全国同类院校培育了一批

骨干教师，引领推动了全国烹调工艺与营养专业群的发展，促进了教育教学水平的整体提高。

（二）整合优化专业群建设，扩大社会影响辐射面

自 2017 年以来，浙商院充分利用烹饪专业群优势，借助烹饪专业教学资源库平台，牵手浙江省侨联，顺应广大侨胞的需求，借势而动，面向海外近 70 万家中餐馆开展了"万家海外中餐馆，同讲中国好故事"活动。截至 2020 年底，该项目已经组织了 10 期共 60 多个国家 800 多人次的海外中餐培训，取得了极大的国际影响。学校不仅获得了浙江省侨联授予的"浙江省海外中餐人才培养基地"称号，还得到中共中央宣传部、中国侨联等领导的高度评价与支持，同时也获得包括《人民日报》在内的国内多家权威媒体的追踪报道。学校举办的"万家海外中餐馆，同讲中国好故事"活动得到中央政治局委员、中宣部部长黄坤明的肯定批示。学校先后获得"中国餐饮三十年桃李芬芳卓越奖""全国餐饮职业教育优秀院校""改革开放四十年浙江餐饮业桃李芬芳卓越奖"等荣誉，在国内外享有"浙菜黄埔""中烹黄埔"的美誉。

五、服务世界盛会，赢得国际赞誉

职业教育是培养技术技能人才，促进就业创业创新、推动中国制造和服务上水平的重要基础，实践性是职业教育育人模式所具有的内在本质属性。服务国际大型赛事、活动，一方面提升了学生的职业素质；另一方面提升了学生的心理素质，开阔了学生眼界，提升了学生的专业实践能力。同时，依托世界级盛会平台，有利于提高课程标准和要求，进一步了解行业、企业最新动态，促进学校和政府、行业、企业的深度融合。

1974 年，学校的前身浙江商校在浙江省首开烹饪职业教育，如今浙商院毕业生中已经有很多金牌厨师、金牌导游等行业顶级人才。如杭州楼外楼公司董事长沈关忠、杭州名人名家董事长李红卫等耳熟能详的名字都是浙商院的优秀校友。一届又一届优秀的毕业生用他们精湛的专业技能、过硬的礼仪素养以及丰富的实战经验向业界证明了浙商院服务高规格大型活动的能力和

水平。从派遣 65 名学生服务 2008 年北京奥运会和残奥会，到组织 118 名学生服务 2010 年上海世博会，再到遴选 108 名学生服务 2016 年 G20 杭州峰会，在这些高规格的国际活动中总能见到浙商院学生的身影。除此之外，在北京"中非合作高峰论坛""乌镇世界互联网大会""世界浙商大会""杭州国际动漫节"等大型活动中，浙商院学生也多次受到组委会及上级领导的高度评价和嘉奖。在做好服务的同时，学校还积极发挥专业优势服务社会，承办了"联合利华饮食策划杯"第八届全国烹饪竞赛团餐专项赛、2019 浙江招牌菜争霸赛、浙江省农家乐特色菜大奖赛、浙江省厨师节和省级职业技能大赛等活动。统计数据显示，浙商院是省内选派高规格赛事、会议服务人员最多的高职院校。

第三节

服务发展的价值提升

一、学校发展的新机遇

（一）成为国家优质校和"双高"建设单位是学校发展的重要里程碑

1. 入选省优质高职院校建设单位

"十三五"时期是学校实现跨越式发展的重要阶段。2017年6月，浙江省教育厅、浙江省财政厅发布了《关于公布高职重点暨优质建设校名单的通知》（浙教高教〔2017〕23号），确认5所高职学院为省重点建设高职院校，15所高职学院为省优质高职院校建设单位。浙商院成为浙江省优质高职院校建设单位，标志着学校内涵建设取得了显著成效。开展高职重点暨优质校建设，是推进全省高职院校新一轮改革创新的建设项目，旨在提升全省高职教育办学水平和综合竞争力，力争有若干高职院校跻身全国先进行列。浙商院以省优质高职院校建设为契机，按照"强化特色，培育优势"的建设目标，深入开展优势特色专业和高素质人才队伍建设，提升人才培养质量和技术创新服务能力，明确了"创新体制机制，提升治理水平和办学活力""深化产教融合，夯实专业群建设综合平台""对接四大产业，打造商科特色六大专业群""推进师德师风建设，强化双师双能素质""搭建三大工作平台，促进技术技能积累""构建国际协作平台，培养国际商科人才"等6大方面共19个项目的建设任务，致力于打造商科特色优势专业，致力于培养商科特色高素质技技能人才，致力于传承、弘扬和创新商科特色文化，致力于提升服务区域发展的能力，最终实现"成为具有创业教育优势和显著商科特色的国内一流、国际知名的优质高职院校，打造商业职业教育的中国品牌"的战略目标。

2. 入选国家优质校

2015 年 10 月，教育部印发了《高等职业教育创新发展行动计划（2015—2018 年）》（以下简称《行动计划》），这是教育部贯彻落实《国务院关于加快发展现代职业教育的决定》，对我国高等职业教育创新发展做出的全面系统的部署，描绘了我国高等职业教育改革发展的路线图。《行动计划》明确提出，鼓励支持建设一批办学定位准确、专业特色鲜明、社会服务能力强、综合办学水平领先、与地方经济社会发展需要契合度高、行业优势突出的优质专科高等职业院校，建设 3000 个左右的骨干专业。持续深化教育教学改革，大幅提升技术创新服务能力，实质性扩大国际交流合作，培养杰出技术技能人才，增强专业教师和毕业生在行业企业的影响力，提升学校对产业发展的贡献度，争创国际先进水平。

依据教育部《关于确定〈高等职业教育创新发展行动计划（2015—2018 年）〉任务（项目）承接单位的通知》（教职成司函〔2016〕30 号）要求和《浙江省高等职业教育创新发展行动计划（2016—2018 年）实施方案》（浙教办高教〔2016〕87 号）精神，全校上下统一思想，明确目标，厘清思路和行动方向，制定了《浙江商业职业技术学院贯彻落实〈高等职业教育创新发展行动计划（2016—2018 年）〉实施方案》，成立了实施"创新发展行动计划"领导小组。作为浙江省示范性高职院校，浙商院结合自身的办学实力和"十三五"发展目标，认真贯彻《行动计划》的各项要求，积极承担和落实各项建设任务和项目，共承接 38 项建设任务、12 个建设项目。学校对任务进行分解，明确责任分工和牵头部门，明确任务的实施进度，将有关任务和项目融入学校"十三五"的建设目标，与学校的专业建设、师资队伍建设、实训基地建设、校园文化建设等紧密结合，努力构建内涵建设运行和保障机制。学校坚持以立德树人为根本，以服务发展为宗旨，以促进就业为导向，以深化改革为动力，坚持产教融合、校企合作，坚持工学结合、知行合一，优化专业结构布局，创新人才培养模式，提高人才培养质量，努力服务"一带一路"，较好地落实了《行动计划》中的各项要求。

通过《行动计划》的贯彻实施，学校整体办学实力显著增强、人才培养质量持续提高、服务经济社会发展水平明显提升。2019 年 7 月 1 日，教育部印发了《关于公布高等职业教育创新发展行动计划（2015—2018 年）项目认定结果的通知》（教职成函〔2019〕10 号），认定 200 所高等职业院校为优质专科高等职业院校；同时，还认定了 2919 个骨干专业、1164 个生产性实训基地、440 个"双师型"教师培养培训基地、46 个虚拟仿真实训中心、480 个协同创新中心、98 个技能大师工作室等项目。浙商院被教育部认定为国家优质专科高等职业院校，同时获批 7 个国家骨干专业、2 个国家级生产性实训基地，获批 1 个国家级协同创新中心、1 个国家级师资培训基地。国家优质校的认定，标志着学校办学正式进入"国"字号的序列。

3. 入选国家"双高计划"建设单位

"十三五"以来，浙商院以落实教育部《行动计划》为契机，全面推进"十三五"规划的各项建设任务。努力扩大优质教育资源，完善专业布局，专业建设水平进一步提升；不断创新和优化校企合作办学体制机制，办学活力进一步激发；加强技术技能积累，师资实力进一步提高，服务区域发展能力进一步增强；大力开展教学改革创新发展，积极开展教学诊断和改进，完善质量保障机制，人才培养质量、可持续发展能力和办学实力显著提升。"十三五"期间，学校新增优势专业 4 个、特色专业 5 个、省级示范性实训基地 5 个，2 个全国首批 100 所"现代学徒制"试点专业和 1 个"烹饪工艺与营养"国家职业教育专业教学资源库顺利通过了教育部的验收，获得评审专家的高度评价。学校连续 5 年在全省高职高专学校教学工作及业绩考核中取得 A 等成绩。2019 年学校获评"浙江省课堂教学创新校"。学校从省级优质校提升为国家级优质校，实现了跨越式发展。同时，学校积极探索与本科院校合作办学新模式，2020 年 5 月，经省教育厅批准，浙商院与杭州电子科技大学联合培养电子商务、国际经济与贸易本科专业人才，招收 2020 级本科新生 93 名，办学层次得到了提升。

2019 年 3 月，教育部、财政部印发了《关于实施中国特色高水平高职学校和专业建设计划的意见》（教职成〔2019〕5 号），决定集中力量建设 50 所左右高水平高职学校和 150 个左右高水平专业群，重点支持一批优质高职学校和专业群率先发展，打造技术技能人才培养高地和技术技能创新服务平台，引领新时代职业教育实现高质量发展。学校紧紧抓住这一大有可为的发展机遇，依靠多年来积累的扎实的办学基础和强劲的发展势头，提高站位，把握使命，积极争取。2019 年 12 月 18 日，教育部、财政部印发了《关于公布中国特色高水平高职学校和专业建设计划建设单位名单的通知》，浙商院进入"双高计划"建设单位行列，这是学校发展史上重要的里程碑，为建设具有"中国特色、世界水平"的商科高职学校和专业群提供了强大的动力。

2020 年 12 月，浙江省教育厅、财政厅发布《关于公布高水平职业院校和专业（群）建设名单的通知》（浙教厅函〔2020〕157 号），学校在成功入选中国特色高水平高职学校和专业建设计划建设单位的基础上，又成为浙江省高水平高职学校建设单位，电子商务专业群和烹调工艺与营养专业群被确定为省级 A 类建设专业群。

（二）"双高计划"为学校高水平重新起航提供新动能

从争创国家级"优质校"到争创"双高计划"的全国首批"双高校"，双料"国字号"桂冠的骄人业绩为浙商院第二个百年的重新起航和高质量发展提供了强大的动能。

实施"双高计划"是落实《国家职业教育改革实施方案》、促进高职教育高质量发展的重要举措，也是着力打造"中国特色、世界水平"高职教育的重大实践探索。"双高计划"立足于我国经济由高速增长阶段转向高质量发展阶段的时代背景，必将高水平地促进教育链、人才链与产业链、创新链的有机衔接，为经济高质量发展提供高素质技术技能人才支撑。"双高计划"的实施打破了原有示范校、骨干校、优质校等身份壁垒，为高职院校提供了一个公平发展、重新起航的平台和前所未有的发展机遇。"双高计划"实行滚动淘汰机制，每五年一个支持周期，实行总量控制、动态管理、年度评价、期满考核，有进有出，这种优胜劣汰机制将进一步激发学校的内生发展动力，体现了竞争开放、扶强扶特的价值取向，也为高职教育高质量发展创造了新空间。同时，列入"双高计划"的学校将获得重点支持，中央财政通过现代职业教育质量提升计划专项资金对"双高计划"给予奖补支持，为高职院校高水平发展提供了资金保障。

"双高计划"是高职教育改革步入深水区的攻坚之战，是破解我国职业

教育发展难题，引领高职改革创新发展的行动指南。"双高计划"强烈牵引高职院校特色化发展，强调按照高等职业教育办学规律办出水平，强调扶优扶强，强调高职教育向类型教育发展，关注高水平建设的广度和深度。在大力推进"双高计划"的同时，2020年9月教育部和国家发展改革委等9部门联合发布了《职业教育提质培优行动计划（2020—2023年）》（教职成〔2020〕7号），进一步强调了"提质培优、增值赋能、以质图强"的发展要求，提出要坚持服务高质量发展、促进高水平就业的办学方向，坚持职业教育与普通教育不同类型、同等重要的战略定位，加快构建纵向贯通、横向融通的中国特色现代职业教育体系，大幅提升新时代职业教育现代化水平和服务能力，为促进经济社会持续发展和提高国家竞争力提供多层次高质量的技术技能人才支撑。"双高计划"和"提质培优计划"是职业教育"十四五"高质量发展、高水平建设的总动员、总纲领。浙商院要切实抓住发展新机遇，探索差别化的发展路径，推动专业建设特色化、多样化，要结合区域功能、产业特点，建立健全产教对接机制，集中优势资源着力深化改革，打造特色、厚积实力、补齐短板、激发活力，真正建成具有显著商科特色的高水平高职院校。

（三）区域经济高质量发展是推动学校发展的强大引擎

"十四五"时期是我国经济高质量发展的重要阶段，国家重大战略的实施和区域高质量发展的态势为学校发展注入了新动力，同时也给学校服务经济发展带来新的挑战。在全面建成小康社会的关键时期和决胜阶段，党和国家提出了"一带一路"倡议，提出了"长江经济带"及"长三角一体化发展"等重大发展战略，做出了"中国制造2025""工业4.0""大众创业、万众创新"等战略部署。《长三角地区一体化发展三年行动计划（2018—2020年）》提出到2020年，长三角地区基本形成世界级城市群框架，并加速推进长三角地区三省一市间的产业融合和创新发展。浙江省打造八大万亿产业重大举措和全面实施富民强省十大行动计划的实施，必将带来了更多的创新机遇和发展空间。

新一轮科技创新和产业革命的加速演进也将带来新机遇和新挑战。物联网、云计算、大数据、人工智能、5G、区块链等新一代信息技术加速突破，生物技术、新材料技术、新能源技术广泛融合渗透，催生大量新产业、新业态和新模式，将推动形成新商业文明社会，以互联网为核心的信息经济将成为经济转型升级的新引擎。产业发展是推动职业教育发展的动力，产业结构决定职业教育结构。信息经济时代的新商业文明社会对高端技术技能人才供给的结构、维度和质量等提出了新要求。学校必须牢牢抓住经济高质量发展的历史机遇，把握科技和产业发展趋势，切实贯彻落实国家科技政策，着力提升服务社会发展的贡献度，提高社会服务成效。

二、学校中长期发展的愿景

（一）学校中长期发展的指导思想

以习近平新时代中国特色社会主义思想为指导，牢牢把握社会主义办学方向，全面贯彻党的教育方针，牢固树立新发展理念。认真贯彻全国教育大会精神，落实《国家职业教育改革实施方案》。坚持立德树人根本任务，扎根中国大地办教育；坚持以服务国家战略和区域经济社会发展的宗旨，提升服务发展贡献度；秉持"商通天下，文传古今"的精神内核，放眼世界，面向未来，厚植百年商文化的根基，促进中华优秀传统文化与学校百年商教优势相辅相成融合育人，推动商业职教与商业流通共生共长走向世界。紧紧抓住"一带一路"倡议的实施、长三角区域一体化发展、浙江省八大万亿产业发展需求和我国高职教育高质量提升的历史机遇，立足新时代，聚焦新商科，以高质量发展为核心，以"双高计划"项目建设为契机，深化产教融合、校企合作，强化内涵建设和商科特色塑造，走高标准、强实力发展之路，着力培育厚德崇商的浙商传人。全面提升办学水平、人才培养质量、技术服务能力和国际影响力，为打造浙江职业教育强省和服务区域经济社会发展做出新贡献。

（二）学校中长期建设总体目标

以深化产教融合为主线，精准对接区域产业发展和人才需求，全面实施"双高计划"和"提质培优行动计划"，全力实现高质量发展，着力提升学校服务产业转型升级的能力。学校综合办学实力和水平位于全国同类院校前列，

建成具有创业教育优势和显著商科特色的国内一流、国际知名的高水平高职院校，成为中国"商业职业教育"的卓越品牌，成为中国特色职业教育高质量发展的"典型样本"，为增强区域产业核心竞争力提供有力支撑，为区域经济社会繁荣发展做出突出贡献。

到2023年实现"两个突破、三个卓越、四个标杆"的发展目标。实现"两个突破"：一是深化学校综合改革，完善现代大学制度，学校治理能力建设实现重大突破；二是构建商科特色的人才培养体系，商业文化传承与创新取得重大突破。建成"三个卓越"：一是培养卓越的技术技能人才，造就具有浙商精神特质的新商科人才；二是建成卓越的电子商务专业群，成为助推区域电子商务产业高质量发展的人才培养高地；三是形成卓越的社会服务能力，成为同类院校中服务区域经济发展的典范。打造"四个标杆"：一是打造校企命运共同体的标杆，产教融合协同育人模式特色鲜明，"浙江商业职教集团"成为全国示范性职教集团；二是打造创新创业教育与商业职业教育紧密融合的标杆，双创教育的"浙商模式"成为高职院校双创教育改革的领跑者；三是打造管理信息化及教学信息化的标杆，人工智能、大数据、区块链、云计算技术等运用走在同类院校前列，教师信息化素养培养和教学资源建设成效显著；四是打造教育国际化的标杆，国际化办学优势显著增强，建成海外中餐学院等中外文化交流品牌，为我国职业教育发展提供"浙商方案"。

到2035年全面实现治理体系和治理能力现代化，学校服务国家重大战略和区域经济社会发展的能力日益强劲，支撑高质量发展的制度、标准体系日益完善，综合实力稳居全国职业院校前列，办学品牌和国际影响力显著提升，建成具有中国特色、世界水平的电子商务专业群，成为实践"一带一路"倡议和高职教育"走出去"战略的样板，为世界职业教育发展铸就先进的"中国样本"。

三、服务区域发展的未来展望

服务发展能力是考量高职院校办学水平的重要标尺，是高水平院校建设的价值追求。国家"双高计划"强调了"服务国家战略、融入区域发展、促进产业升级"的政策导向和"先行先试，率先发展"的改革思路，为学校发展指明了方向，提供了广阔的空间。作为国家优质校和高水平专业群建设单位，要充分发挥"双高"建设这个大舞台，挖掘办学优势，提升办学实力，寻找服务发展的突破口，扩大社会影响力。

浙商院中长期发展目标之一是形成卓越的社会服务能力，打造服务发展新高地，成为同类院校中服务区域经济发展的典范。"双高计划"实施以来，学校坚持以服务发展为宗旨，立足区域经济社会发展需求，确立"强服务、重培育、抓创新、促应用"的服务发展新理念，构建专业、平台、基地、团队、成果"五位一体"服务发展新模式，以专业为载体，以平台、基地为纽带，以团队和成果为支撑，多措并举推进服务区域发展。学校以"双高计划"为强大引擎，以补齐技术创新短板、提升技术服务能力为内在要求，准确把握我国经济由高速发展向高质量发展转变的重大历史机遇，瞄准产业转型升级需求，对接科技发展趋势，强化技术技能积累与创新，提升了服务发展贡献度，也促进了学校高水平、高质量发展。

（一）对接产业需求，打造一批特色鲜明的高水平专业

专业是人才培养的载体，是服务区域经济社会发展的纽带，也是衡量学校办学水平的主要标志和集中体现，是学校得以展示办学特色的重要窗口。学校牢固确立人才培养的中心地位，深化改革，打造特色，坚持"专业建设与行业发展对接、培养目标与企业需求对接、技能训练与岗位要求对接、职业素养与企业文化对接"的专业建设理念，坚持以"一流专业建设、一流人才培养"为目标，以优势特色专业建设为核心，把专业群建设和专业布局优化作为攻坚任务，以4个"十三五"优势专业、5个特色专业为龙头，构建了以连锁经营、电子商务、会计、烹饪工艺与营养、环境艺术设计、供热通风与空调工程技术等专业为核心的6大商科特色专业群，形成了"依托行业、校企合作、资源共享、优势互补、共建共享"的专业建设模式，在改善专业基础条件、加强专业师资队伍、创新专业培养模式、深化教育教学改革、强化服务区域发展等方面，进一步增强建设力度，培育和凝练专业特色。各专业群之间实现错位发展，形成了鲜明的差异化发展特征，提升了专业建设总体水平。

2019 年 7 月，教育部公布了《高等职业教育创新发展行动计划（2015—2018 年）》项目认定结果，浙商院被教育部认定为国家优质校，电子商务专业群被列入国家高水平专业群建设计划，电子商务、会计、烹调工艺与营养等 7 个专业被认定为国家骨干专业，烹调工艺与营养实训基地和电子商务专业群综合性实训基地被认定为生产性实训基地，会计"双师型"教师培养培训基地和冷链物流应用技术协同创新中心获得教育部认定。2019 年 12 月，经省教育厅评审，学校被认定为全省高校"课堂教学创新校"。

表 10-2　浙商院"行动计划"项目认定结果

项目类别	认定数量	专业或项目名称
国家优质校	1	
国家高水平专业群建设计划	1	电子商务专业群
国家骨干专业	7	供热通风与空调工程技术、环境艺术设计、烹调工艺与营养、会计、商务数据分析与应用、移动商务、电子商务
生产性实训基地	2	烹调工艺与营养实训基地 电子商务专业群综合性实训基地
"双师型"教师培养培训基地	1	会计"双师型"教师培养培训基地
协同创新中心	1	冷链物流应用技术协同创新中心

浙商院始终坚持以产教融合为主线，以"现代学徒制"人才培养为抓手，校企联合建立合作学院和实践基地，初步形成了校企命运共同体。作为全国首批 100 所"现代学徒制"试点单位，学校全面推进现代学徒制人才培养模式的改革与实践。连锁经营管理和电子商务两个国家现代学徒制试点专业，分别与物美华东公司、浙江百诚网络科技有限公司等企业深度合作，围绕"学生双身份、学习双场所、育人双导师、考核双评价"的现代学徒制培养基本要求，在双主体协同育人等方面进行了有益的探索实践，为合作企业的高速发展输送了一批高技能复合型的紧缺人才。在国家级两个现代学徒制项目试点的同时，全面推进和加大校内 7 个项目的试点力度，充分利用提前招生等政策机制，校企双方共同确定录取标准，共同制定人才培养方案和一系列体现现代学徒

制特点的管理制度，推进企业全过程深度参与人才培养，基本形成具有商科特色的现代学徒制人才培养新模式，提升了现代学徒制的内涵。

随着我国进入新的发展阶段，产业升级和经济结构调整不断加快，各行各业对技术技能人才的需求越来越紧迫，职业教育的重要性越来越突出。"双高计划"的实施也将进一步增强各校专业群建设的竞争压力。面向未来，学校必须坚持以服务区域经济社会发展为使命，深刻把握"引领改革、支撑发展、中国特色、世界水平"的专业群建设内涵要求，着力打造一批具有商科特色、一流实力、支撑发展的高水平专业和专业群。

1. 对接产业需求，优化专业布局，彰显商科特色

坚持需求导向设置和优化专业布局，进一步完善专业动态调整的长效机制。将区域产业发展趋势和产业政策作为设置和调整专业的重要依据，依据国家战略和区域发展需求，在总体稳定现有专业规模的基础上，增强专业与区域产业发展的契合度，与产业转型升级相适应，调整部分不适应社会需求和竞争力较弱的专业。紧跟产业跨界融合的发展趋势，及时优化专业布局，培育对接新兴产业和跨界融合的特色专业，培养复合型人才。坚持开放开门办学，变革专业发展方式，树立以服务求支持、以支持求发展的发展思路，深入研究产业发展规律及其人才类型、结构、层次和规模需求，关注市场、适应市场、服务市场，在服务需求中增强专业优势。坚持办学特色定位，结合学校的历史、文化、办学条件等优质专业资源，发挥现有专业的比较优势，进一步夯实电子商务、财会金融、现代流通、烹调工艺与营养、空调电子、艺术设计等六大专业群的办学基础。强化商科特色的专业发展格局。创新专业建设模式，推行专业建设责任制，建立绩效评价与动态投入机制。加大对重点专业、特色专业的扶持力度，做强做精，集聚优势，持续扩大品牌专业的知名度和影响力，力争有更多的专业开展本科人才培养。

2. 深化产教融合，打造校企命运共同体，支撑产业发展

时代发展要求高职教育服务国家战略、促进产业升级，为建设教育强国、人才强国做出重要贡献。产业发展要求高职教育促进创新成果与核心技术产业化，服务中小微企业的技术研发和产品升级。要坚持以"产教融合、合作育人"为主线，进一步拓宽校企联合办学的渠道和深度。与行业龙头企业、领军企业深度合作，共建一批产教融合基地，共建一批生产性实训基地，共

建应用技术协同创新和研发中心。加强专业群实践教学基地的系统管理与开放共享，综合利用云计算、大数据、物联网、人工智能等新一代信息技术，改造和提升校内实习实训环境和条件，建设一批智慧实训室，提升实践教学基地管理的智能化水平，提高实践教学基地的共享度、使用效率和实践教学质量。深化现代学徒制人才培养，探索招生即招工、一体化育人的长效机制，形成与商科特色人才培养相适应的人才培养新范式，成为现代学徒制人才培养模式创新的引领者。遵循职业教育办学规律和学生职业成长规律，吸引行业、企业人员参与专业改造、调整和建设，校企共同制定人才培养方案，共同确立课程体系、课程标准，共同开发教材，共同承担教学任务，实现教学过程与生产过程有机衔接，使合作企业成为学校教学和训练的场所、教师挂职锻造"双师"素质的平台、学生创业就业的基地、教师科技研发和社会服务的窗口。创新利益驱动机制，通过优势互补，找到双赢的利益结合点，明确校企双方在人才培养中的相互关系和责任义务，真正实现合作共赢，形成具有示范效应的校企命运共同体。

3. 强化资源整合，打造专业群竞争优势，提升服务发展能力

围绕区域产业结构发展趋势，抓住国家"双高"专业群建设的重大契机，依据产业链的职业岗位群内在逻辑关联、以优势特色专业为龙头进行专业群资源的整合统筹，努力打造电子商务、财会金融、现代流通、烹调工艺与营养、空调电子、艺术设计等六大高水平专业群。促进专业群内部的教学资源能够真正实现共建共享，形成优势互补、协同发展的建设机制，在教学团队建设、课程建设、科研平台、实训条件等内涵建设上形成合力，同时各专业也要实现错位发展、差异化发展，形成鲜明的专业特色，丰富商科办学特色的内涵。强化专业群与区域产业集群之间的互动关联，建立专业发展与产业发展同步协调的动态机制，根据产业跨界融合的发展趋势，面向行业新业态和产业链延伸，及时调整和开设新兴的特色专业或方向，推进专业交叉融合，培育专业群发展新的增长点，促进专业群自我完善，增强专业群服务行业企业和区域发展的能力。在六大专业群整体提升的基础上，重点打造电子商务专业群，努力成为国内一流的卓越品牌，为国内电子商务产业高质量发展提供强大的人才和智力支撑。以专业群为基础，进一步推行大类招生和大类培养，形成跨专业、多元化的人才培养范式，促进复合型人才培养。通过与"走出去"

企业合作承接企业海外员工教育培训等方式，参与到国际事务中，积极参加或组织国际专业技能竞赛，开展国际职业教育交流，促进中外人文交流和专业文化交流。充分发挥浙商院专业优势，开展多种形式的继续教育。按照育训结合、长短结合、内外结合的要求，面向在职员工、退役军人、进城务工人员、转岗人员、城镇化进程中的新市民、城乡待业人员、农村实用人才等社会群体开展职业技能培训鉴定，为职工的再就业和企业人员的素质提升、知识更新提供培训，为农村劳动力转移、城镇化发展和复退军人提供项目化培训，与就业教育、创业教育、全民教育相结合，为地方社会发展提供智力支持，努力成为示范性职工继续教育培训基地。

（二）集聚优势资源，建设一批技术技能创新服务平台

技术技能创新服务平台，既是科研人员进行科技创新、技术研发、技能应用的舞台，也是提升团队创新能力、实践能力，增强专业竞争优势的重要支撑，是提高办学实力和人才培养质量的重要基石。学校一贯坚持以市场为导向，紧跟区域产业发展趋势，依托自身资源优势，主动对接地方经济，着力打造多元技术技能创新服务平台，初步建成了一批各有特色的技术技能创新平台。浙商院"冷链物流应用技术协同创新中心"于2018年7月被浙江省教育厅认定为"省级应用技术协同创新中心"，2019年7月被教育部认定为"国家级应用技术协同创新中心"，实现了国家级科研平台的重大突破。"冷链物流应用技术协同创新中心"围绕冷链物流技术创新和应用技术人才培养模式改革两条主线，与协同中心核心企事业单位开展全面合作，形成了一批具有自主创新的产品和技术；完成了浙江省人力资源与社会保障厅委托的新工种"制冷工"从初级工到技师共4个技能等级的鉴定题库建设，有力地提升了浙江省职业技能鉴定的规范化、标准化、科学化和现代化水平，促进了全省冷链物流技术技能的积累。近两年来，学校以"冷链物流应用技术协同创新中心"为龙头，先后建设了智慧流通协同创新中心、智慧营销协同创新中心、大数据与智慧商业研究所、电子商务新经济产业研究中心、旅游住宿新业态研究中心、中法商业经济研究中心等技术技能创新平台。同时积极探索技术技能创新平台建设管理机制，制定了《浙江商业职业技术学院科研平台建设与管理办法》，为确保平台建设成效提供了制度保障。

随着职业教育"双高计划"的持续滚动式实施，学校将紧紧抓住高职教育高质量发展的大好机遇，结合国家和区域经济社会中长期发展战略和学校专业群发展规划，将技术技能创新服务平台建设纳入学校整体规划，有层次、有重点、分阶段推进平台建设，努力建成一批不同类型、各有特色、有显著成效的创新服务平台群。一是充分发挥国家级应用技术协同创新中心的龙头作用。结合制冷空调专业群建设要求，深入推进国家应用技术协同创新中心"冷链物流应用技术协同创新中心"建设，开展冷库设备设施改造应用技术研究、冷链物流基础装备提升关键技术研发等科技攻关，为冷链物流技术转型升级提供技术技能支撑，努力将中心建成具有广泛辐射、引领和品牌示范效应的高水平应用技术协同创新中心。二是整合资源，搭建多元技术创新服务平台。标志性技术技能成果的取得、创新和突破源于科技、人才、资金、技术等资源的互动和融合。要充分整合全校资源，优化平台布局，明确平台方向和定位。各专业学院将平台建设作为专业群建设的重要内容，统筹规划、精心策划创新服务平台的定位、目标和任务。非专业学院也要结合相关学科、区域人文社科及国际交流合作等领域的发展要求，确立平台定位与功能。以学院为单位，每个学院建成1—2个具有专业特色的高水平技术创新服务平台。各平台明确平台建设方案和预期成果，在充分做好前期论证的基础上，分析平台建设的必要性和可行性，确立平台建设目标、建设思路与运行模式、建设内容、团队分工、绩效指标及预期成效（包括年度目标）等，形成完整的建设方案。加强平台管理制度建设，优化完善《科研平台建设与管理办法》等管理制度，优化运行机制，实现由重过程管理向重项目目标和标志性成果转变。各平台要组建一支有实力的团队，由相关专业负责人和具有高级职称及博士学位的教师组成团队成员，有合理的团队梯度和明确的任务分工。

技术技能创新服务平台是学校"产、教、研、用"一体推进的重要载体，很大程度上反映了学校的整体技术创新能力和水平。相信通过高水平技术技能创新服务平台的建设，必将有助于提高学校人才培养质量和科学研究水平，提升学校核心竞争力，实现学校高水平办学的目标。

（三）深化产教融合，创建一批"产、学、研、用"协同服务基地

浙商院充分发挥国家骨干专业和省级优势特色专业实力，先后建成了制冷空调与智能控制技术服务基地、智慧商务与数字营销研发服务基地等一批产学研用协同服务基地。"双高计划"实施以来，学校先后与140多家企业签订了横向技术合同，技术服务到款额达1100多万元，横向课题产生的经济效益达7100多万元，技术服务覆盖面日益扩大，专业服务产业发展的能力显著提升，产生了良好的社会影响和经济效益，提升了学校的社会贡献度。浙商院制冷空调与智能控制技术服务基地，持续追踪行业发展新技术，以"微控制器应用技术"为支点，开展技术革新，助力中小企业技术转型升级。与浙江嘉园智能科技有限公司联合开发智慧水阀表远程计量监测与管控系统。基地项目团队开发的高功率因数高恒流精度原边反馈LED驱动芯片，在宁海县鹰峤电气有限公司、宁波乐铂科技有限公司、宁波乐邦斯比泰电源技术有限公司等多家公司应用。与浙江商业机械厂有限公司协同开发"中间喷液冷却双级活塞压缩机""高效节能半封闭式制冷压缩机""双级压缩机喷液阀控制器""热泵系统微型通道换热器"等多项新技术、新产品，促进了冷链技术转型升级，为区域经济发展和产业升级提供了强有力的技术技能支撑。

"产、学、研、用"协同服务基地是深化产教合作、打造校企命运共同体的桥梁和纽带，能将各自优势力量和优质资源集聚融合，有效对接各自需求，促进教育链、人才链与产业链、创新链有机衔接。新阶段，学校将通过建设多渠道、多层次、开放性的"产、学、研、用"协同服务基地，强化合作链条，实现资源共享、优势互补、合作共赢，努力推动学校高质量发展与区域产业创新发展、经济高质量发展的相互贯通和协同促进。以深化产教融合为路径，以技术应用研究、成果转化和技术服务为重点，全面推进"产、学、研、用"协同服务基地建设。按照"资源与成果共享，责任与风险共担"的原则，与行业领先企业深度融合，共建一批兼具技术攻关、成果推广、人才培养、技能传承、管理创新等功能的"产、学、研、用"协同服务基地。依托服务基地，对接企业技术创新需求，校企集聚技术创新优势，合力形成有机整体，有针对性地共同承担人才培养、高质量技术创新、技术推广应用等任务。鼓励教师深度融入和服务企业，积极参与企业技术改造、管理创新、咨询服务等活动，

切实解决企业生产经营和技术创新中的实际问题，为企业提供良好的技术技能支撑，引导和推进企业实施创新驱动战略，助力中小微企业技术进步和转型升级。创新合作模式，拓展合作内容，不断扩大技术技能创新绩效和服务规模，凸显专业服务产业发展的能力，为区域经济结构调整、产业转型升级提供高水平技术服务。建立和完善基地运行管理机制，引导学生参与企业技术创新，校企协同培养企业急需的、具有较强核心竞争力的技术技能人才，努力把基地打造成集"产、学、研、用"于一体的区域性品牌。

（四）促进人才汇聚，培育一批技艺精湛的创新型团队

创新型团队是服务发展的基石，打造高水平的服务发展新高地必须依托高水平的创新团队。教学与科研是一种相互交融、相互支撑、相互促进的关系，高水平团队是支撑专业高水平建设、实现教学科研高质量发展的强大基石。"双高计划"实施以来，学校各专业团队获得教育部人文社科项目、浙江省科技项目、浙江省软科学研究计划重点项目、浙江省社科规划项目等省部级以上课题30多项，厅级课题60多项，面向中小企业承担各类横向课题140多项，10多项成果被各级政府部门采纳，其中国家级3项、省部级4项。教师团队技术创新水平有较大提升，团队整体实力进一步凸显，改变了过去技术创新和服务过程中"单兵作战"、研究方向单一、团队意识不强的问题，促进了优势互补，形成了创新合力，提升了研发和服务能力。

创新服务平台、服务基地与创新团队是相辅相成、不可分割的有机整体，平台和基地是提升团队技术创新能力、促进成果产出的重要载体，而创新型团队又是建设创新平台和服务基地的支撑。在新的发展时期，学校要大力推进创新型团队建设，培育一支以青年博士和科研骨干为核心的技术创新团队，形成一批技术创新与社会服务能力强劲的领军人才，孵化一批高质量的技术创新与服务成果。要以重大项目培育孵化为纽带，依托创新平台与服务基地为载体，结合现有师资队伍的专业结构与研究方向，按照"择优引进，按需引进"的原则，结合平台和基地建设实际需要的人才类型，有计划、有步骤地引进大师级领军人才，促进人才汇聚。注重学科资源的整合，鼓励和促进学科交叉融合，以新兴学科、交叉学科和跨学科的研究课题，以及在深化改革中具有全局性、战略性和前瞻性的课题作为研究重点，实现重大项目乳化

和高水平团队培育的同步推进。实施新一轮"教师素质提高计划"，校企共建"双师型"教师培养培训基地和教师企业实践基地，多措并举促进创新人才成长和团队能力提升。在团队组建中，切实选好团队带头人，打破学科和组织壁垒，增强团队的凝聚力和稳定性，使团队真正成为一个团结协作、联合攻关、名副其实的创新型群体。设立专职科研编制，设置一定比例的特聘岗位，畅通行业企业技术技能人才参与学校科技创新项目渠道。关注拔尖人才成长、后备人才培育和中青年科研骨干选拔，促进科研队伍持续均衡发展。加强校内外学术研讨交流，积极承办和参加国内外学术交流活动，开展多种形式的学术合作，拓展科技创新视野。加强学术文化建设，创造和谐、宽松的工作环境和浓厚的学术氛围，营造有利于人才成长的软环境。

（五）强化机制保障，形成一批助力企业发展的新成果

高水平的技术创新和服务成果是高水平办学的重要标志，也是学校争创一流的关键要素，在实现学校高质量发展中具有不可替代的作用。机制创新是激发创新活力、催生高水平成果的强大动力。"双高计划"实施以来，学校认真贯彻国家科研政策，先后制定完善了《专利管理办法》《科研成果获奖奖励办法》《科研工作业绩计分及奖励办法》《教师科研工作量考核办法》等系列制度，支持教师深入企业，与企业合作开展科技研发、技术推广和成果转化，初步构建了一套成果产出、成果转化激励机制，为进一步提升科技创新和服务发展的能力奠定了厚实的基础。2020年度全校共获得授权专利150项，比2019年度增加了1倍多。其中，发明8项，实用新型117项，外观设计17项；获得软件著作权8项。学校重视技术成果转化，多渠道提升技术成果转化率，成果转化取得突破性进展，2020年成功转化授权专利22项，是上一年度的2倍，获得专利转化收入17.8万元。积极做好政府专利资助经费的申报工作，2020年度共获地方政府专利资助经费20.9万元。

创新激励机制是促进技术成果产出与转化的重要保障。高水平院校和高水平专业群建设，必须有高质量的科技创新和服务成果做支撑。面对"双高"建设的新目标、新任务和新要求，学校必须强化机制创新，努力形成一批助力企业转型发展的技术技能创新和服务成果。

1. 全面贯彻国家科研政策

落实《国务院办公厅关于抓好赋予科研机构和人员更大自主权有关文件贯彻落实工作的通知》（国办发〔2018〕127号）等一系列遵循科技创新规律、破除制度藩篱、扩大教师科研自主权的"松绑"政策，赋予教师在项目实施中更大的技术路线决策权和组建调整科研团队的自主权，赋予团队负责人更多的人财物管理权，使其按照学术组织的方式规范运作。按照《中华人民共和国促进科技成果转化法》的规定，对科技成果的主要完成人和其他对科技成果转化做出重要贡献的人员，给予适当的奖励和报酬。按照《国务院关于优化科研管理提升科研绩效若干措施的通知》精神，落实"科研人员获得的职务科技成果转化现金奖励计入当年本单位绩效工资总量，但不受总量限制，不纳入总量基数"的规定；落实"科研人员在履行好岗位职责、完成本职工作的前提下，经所在单位同意，可以到企业和其他科研机构、高校、社会组织等兼职并取得合法报酬"的规定。

2. 优化和创新科技服务的激励机制

改革原有科研项目管理、科研经费管理、科研成果奖励等制度中不适应科技创新的条条框框，实施以成果质量、成果应用、服务贡献和技术价值、经济价值、社会价值为导向的绩效考核和评价激励机制，激发广大教师开展技术创新与成果转化应用的原动力。优化科研工作二级管理和绩效考核方案，在职称晋升、竞聘上岗、选拔任用、评奖评优、绩效考评中突出科技创新与服务绩效，破除"五唯"倾向，多措并举鼓励和引导教师强化服务产业的意识，拓展技术技能创新服务渠道，不断提高成果创新性和技术含量。将项目管理由重过程管理向重项目目标和标志性成果转变，强化契约精神，严格按照申报的约定进行验收评价。鼓励教师引导和带领学生参与技术创新、产品研发、专利申报与技术服务等科技创新服务活动，组建项目孵化团队，强化学生科技创新意识，提升学生科技研发和应用能力。科研管理部门强化服务意识，优化服务流程，推行一站式服务，让科研人员少跑腿，充分释放教师的创新创造活力。

3. 加大对科技创新与服务工作的经费支持力度

用好用足学校基本科研业务费，鼓励面向市场和企业需求，形成多元化的科技创新和服务经费融资渠道，确保科技创新与服务经费逐年增长。强化经费预算意识，规范经费使用，提高经费使用绩效，切实保障科技创新与服务活动的高质量开展。

斗转星移，岁月如歌。一百多年来，一代代的浙商院人坚守着商科人才培养的使命担当，致力于实现强国富民的追求与梦想，凭着一种咬定青山不放松的执着，一股勇立潮头敢为人先的拼劲，一股日积跬步至千里的韧劲，栉风沐雨，砥砺前行，用担当、奉献、激情、智慧成功地走出了一条具有商科特色的办学之路，书写着中国商科教育发展的精彩华章。新时期，浙商院迎来了高水平院校和高水平专业建设的重要历史机遇，"双高"建设是学校发展的大舞台。借助这个大舞台，学校将进一步深化"五位一体"服务发展新模式，搭建服务发展新载体，增强技术技能积累的优势和实力，全力打造成为服务区域发展的新高地。

（本章编写人员：潘陆益　王苏婷）